신앙고백을 어떻게 설교할 것인가?

- 네덜란드신앙고백 원문 번역과 설교 -

신앙고백을 어떻게 설교할 것인가?
- 네덜란드신앙고백 원문 번역과 설교 -

초판 1쇄 인쇄 2025년 06월 04일
초판 1쇄 발행 2025년 06월 11일

지은이 한동은
펴낸이 허태영
펴낸곳 에스에프씨(SFC)출판사
등록 서초구 제 2024-000047호
주소 (06593) 서울특별시 서초구 고무래로 10-5 2층 SFC출판부
Tel (02)596-8493
Fax 02)537-9389
홈페이지 www.sfcbooks.com
이메일 sfcbooks@sfcbooks.com
디자인 이웅석
ISBN 979-11-992988-3-5 [04230]
　　　　979-11-992988-0-4 [세트]

※ 신저작권법에 의하여 한국 내에서 보호받는 저작물이므로 무단 전재와 무단 복제를 금합니다.
※ 책 값은 뒷표지에 있습니다.
※ 잘못된 책은 구입처에서 교환하여 드립니다.

네덜란드 신앙고백 시리즈 3

신앙고백을 어떻게 설교할 것인가?

네덜란드 신앙고백 설교

원문번역

한동은 지음

SFC

서문 ••••• 6

시리즈 서문 - 네덜란드 신앙고백의 특징 ••••• 8

1. 하나님이 없다 하는 사람들 (시 14:1; 출 20:3-6) ••••••••• 19
2. 오직 성경만으로 (시 19:1-8) ••••••••••••••• 27
3. 직접 듣긴 너무 무서운 음성 (출 20:18-21) ••••••••• 35
4. 67번째 성경이 없는 이유 (히 1:1-2) ••••••••••• 43
5. 저자 중심적 성경읽기 (벧후 1:20-21) ••••••••••• 53
6. 남방 왕과 북방 왕의 환상이 주는 교훈 (단 11:2-35) ••••• 61
7. 성경만으로 충분합니다 (딤후 3:14-17) ••••••••• 69
8. 복을 아십니까? (엡 1:3-14) ••••••••••••••• 77
9. 나는 삼위일체 하나님을 믿습니다 (마 28:18-20) ••••• 85
10. 승천의 의미 (요 20:17-18) ••••••••••••••• 95
11. 창조주 구속주 성령님 (창 1:1-2) ••••••••••• 103
12. 보이지 않는 천상의 전쟁 (단 10:10-11:1) ••••••• 111
13. 매일 발걸음마다 예수 인도하셨네 (잠 16:9) ••••• 121
14. 인생의 목적을 이루는 새해 되십시오 (롬 8:29) ••• 131
15. 내가 죄악 중에서 출생하였음이여 (시 51:1-19) ••• 141
16. 우리의 선택이 먼저일까? 하나님의 선택이 먼저일까? ••• 149
    (롬 9:10-11)

17. 구속사는 전쟁사입니다 (창 3:15) 157
18. 성육신, 임마누엘의 성취 (사 7:10-17) 165
19. 그리스도의 신성과 인성이 우리와 무슨 상관입니까? 173
    (히 2:17-18)
20. 예수님이 세례받으신 이유 (마 3:13-17) 183
21. 그가 고난당한 이유 (사 52:13-53:12) 191
22. 오직 은혜만으로 (엡 2:1-9) 201
23. 양과 염소의 비유는 행위 구원을 말하는가? (마 25:31-46) 211
24. 예수님의 의가 우리 것이 되는 법 (롬 5:1-2) 221
25. 피를 먹지 말라 (레 17:1-16) 231
26. 예수님을 그리스도라 부르는 이유 (딛전 2:5) 239
27. 하지만 교회는 문 닫지 않습니다 (마 16:15-25) 251
28. 교회를 떠나서는 구원이 없습니다 (고전 12:12-27) 259
29. 범죄하고 타락하면 거짓교회일까? (신 31:19-30) 267
30. 솔로몬의 교회정치 (왕상 4:1-20) 277
31. 새언약의 교회정치 (딛전 3:1-16) 285
32. 모세를 비방해 벌 받은 미리암 (민 12:1-16) 293
33. 왜 지금은 할례를 행하지 않습니까? (창 17:1-14) 301
34. 성경이 말하는 세례 (요 3:5) 311
35. 성찬의 3가지 시제 (행 20:7-12) 321
36. 기독교 신앙이 조롱받는 세상에서 (단 1:8-21) 333
37. 하나님의 관심은 알곡에 있다 (마 13:24-30) 343

저자 서문

오늘날 우리에게는 신뢰할 만한 신앙고백이 여럿 있습니다. 우리 선조들은 훌륭한 신앙고백을 유산으로 남겨 주었습니다. 이러한 신앙고백은 성경에 출중한 학자들과 신자들이 오랫동안 치열한 연구와 토론을 거쳐 만들어낸 것입니다. 신앙고백이란 성경의 교훈을 체계적으로 정리한 문서입니다. 우리는 성경만이 신앙과 생활의 유일한 법칙임을 믿지만, 교회가 공적으로 인정한 신앙고백을 통해 성경을 통전적으로 이해할 수 있습니다. 따라서 신앙고백을 공부하는 것은 매우 중요합니다.

이런 중요성 때문에 개혁교회는 신앙고백과 교리문답을 설교하는 전통이 있습니다. 그런데 신앙고백을 설교하는 일은 쉬운 일이 아닙니다. 고백이 성경으로부터 나왔지만, 성경과 고백은 진리를 기술하는 방식이 다릅니다. 게다가 설교의 텍스트는 성경이어야 합니다. 성경에서 하나님의 음성을 듣기 때문입니다. 결국 고백, 성경, 설교 이 세 가지를 한꺼번에 녹여내야 하는데, 퍽 어려운 일입니다. 출판된 교리 설교집을 몇 권 읽어보았는데, 마음에 들지 않았습니다. 설교로도 아쉽고, 해설로도 부족해 보였습니다. 마치 밥과 아이스크림을 한입에 넣는 것 같았습니다. 최소한 그렇게는 하지 않아야겠다고 다짐했는데, 그 다짐을 이루었는지는 독자가 평가할 몫입니다.

본서는 네덜란드 신앙고백서의 각 항목을 따라 설교한 것입니다. 3년간(2022년-2024년) 『월간고신 생명나무』에 끙끙거리며 한 편 한 편 썼던 설교를 다듬고 묶어 내놓게 되었습니다. 네덜란드 신앙고백은 총 37항입니다. 다양한 목회 일정을 감안하면, 약 1년간 설교할 만한 분량입니다. 본서가 목사님들께는 신앙고백 설교를 시도해 보는 도전과 참고가 되었으면 좋겠습니다. 성도님들께는 우리가 믿는 바를 성경 말씀으로 확인하고 확증하는 계기가 되었으면 좋겠습니다. 네덜란드 신앙고백의 고대 프랑스어 원문 번역은 황대우 교수님이 해 주셨습니다. 시리즈로 함께 출판된 해설편(황대우)과 실천편(황원하)도 큰 도움이 됩니다. 노골적인 박해의 시대에 쓰인 오래전 신앙고백이, 기독교 신앙이 조롱받는 오늘 우리 시대 강단에서 새롭고 적실하게 선포되길 희망합니다.

2025년 4월
한동은

네덜란드 신앙고백의 특징

네덜란드 신앙고백(Nederlandse Geloofsbelijdenis)은 '낮은 땅'을 의미하는 '네덜란드' 최남단 벨기에 출신인 귀도 드 브레(Guido de Brès, 1522-1567)가 1561년에 작성한 것으로 알려져 있다.[1] 이 신앙고백이 작성될 당시, 16세기 네덜란드(화란어: Nederlanden, 독일어: Niederlanden, 영어: Netherlands)에 해당하는 불어 '뻬이-바'(Pays-Bas)와 라틴어 '벨기카'(Belgica)는 오늘날의 네덜란드 남부, 벨기에, 룩셈부르크, 그리고 프랑스 북부 지역을 일컫는 말이었다. 이미 로마 시대에 이 지역을 '벨가에'(Belgae) 혹은 '갈리아 벨기카'(Gallia Belgica)로 지칭했다.[2] 네덜란드 신앙고백은 라틴어로 '콘페시오 벨기카'(Confessio

---

1 네덜란드 신앙고백의 저자는 다음을 참조하라. Nicolaas Gootjes, *The Belgic Confession: Its History and Sources* (Grand Rapids: Baker Academic, 2007), 33-58.

2 로마 시대 지도는 다음을 참조하라. Alb. van Kampen, ed., *Atlas Antiquus* (Gotha: Justus Perthes, 1897). 라틴어로 'Belgiolum'은 프랑스 북부를, 'Belgis'는 모젤(Mosel) 강과 라인 강 유역을 의미한다. 참고. J. G. Th. Graesse, *Orbis latinus order Verzeichnis der wichtigsten lateinischen Orts- und*

Belgica)라 불리며, 여기서 '벨직 컨페션'(Belgic Confession)이라는 영어 명칭이 유래했다. 따라서 한글로는 '벨직 신앙고백' 또는 '네덜란드 신앙고백'으로 번역할 수 있다. 그러나 벨기에가 19세기 초 네덜란드로부터 독립하여 별개의 국가가 되었다는 점을 고려하면, '네덜란드 신앙고백'이라는 번역이 가장 적절할 것으로 보인다.

역사적 사실로 알려진 내용 가운데 확실하지 않은 것도 많으며, 네덜란드 신앙고백도 그 가운데 하나다. 하이델베르크 신앙교육(Heidelberger Katechismus)의 저자가 우르시누스라는 것이 '대체로 사실'인 것처럼, 네덜란드 신앙고백서의 저자가 귀도 드 브레라는 것도 '대체로 사실'이다. 역사적 사실 가운데 '대체로 사실'인 것이 '확실한 사실'보다 더 많다는 점은 역설적이다. 실제로 반박 불가능한 '절대적 사실'보다는 '대체로 사실'이 훨씬 더 많다. 이러한 역사적 사실은 역사를 배우는 이들에게 겸손을 요구한다. 엄청난 길이와 넓이와 깊이의 역사 앞에서 압도되지 않을 사람은 아무도 없다. 반면에 확실한 역사적 지식은 그리 많지 않다. 그러므로 겸손하게 배우려는 사람에게 역사는 깊은 감동의 물결처럼 흐르고 스며들어, 그 자신과 타인의 삶을 더욱 풍성하고 의미 있게 만든다. 이것이 역사적 지식의 진가다. 그러나 겸손한 자세를 동반하지 않는 역사적 지식은 다른 견해를 무자비하게 비판하는 도구로 전락할 가능성이 농후하다.

1561년 불어판 신앙고백이 네덜란드어로 번역된 것은 이듬해인 1562년이다. 불어 원본이 가장 먼저 네덜란드어로 번역된 이유는 그 지역의 시민들 가운데 불어가 아닌 네덜란드어를 사용하는 사람이 적지 않았기 때문이다. 이것은 오늘날 벨기에의 공용어가 불어와 네덜란드어인 이유이기도 하다. 16세기 당시 지금의 벨기에 위쪽 네덜란드 남부 지역

Ländernamen (Berlin: VEB Verlag, 1980), 41.

에서는 네덜란드어를 사용하는 사람들이 대부분이었다. 따라서 네덜란드어로 번역하는 것은 매우 자연스러운 일이었다. 네덜란드 신앙고백의 원본은 라틴어가 아니라 불어이며, 이것은 오늘날의 프랑스인을 위한 것이 아니라, 프랑스 북부와 벨기에, 그리고 네덜란드 남부 지역의 개혁교도들을 위한 신앙고백이었다. 프랑스의 개신교도인 위그노를 위한 신앙고백은 1559년에 작성된 프랑스 신앙고백이다.

1559년은 프랑스 신앙고백이 작성되어 박해받던 프랑스 개신교회에 의해 받아들여졌을 뿐만 아니라, 칼빈의 『기독교 강요』 최종판이 완성된 해이기도 하다. 그 라틴어 최종판의 최초 번역은 1560년에 출간된 불어판 『기독교 강요』이며, 불어로 번역된 바로 다음 해인 1561년에 네덜란드어로 번역되었다. 이것은 공통적으로 불어를 사용하는 프랑스 북부와 벨기에 및 네덜란드 개혁교도들이 제네바의 영향을 깊이 받았음을 짐작하게 한다. 제네바로부터 영적 영양분을 공급받던 프랑스 위그노는 16세기 후반 이후 프랑스의 종교 내전 동안 신앙의 독립을 위해 '낮은 땅' 지역 교회의 개신교도들과 매우 강력한 신앙적 연대감을 형성한 것으로 보인다. 프랑스 위그노와 '낮은 땅' 지역의 개혁교도들은 모두 당시 로마 가톨릭교회로부터 독립하기 위해 목숨을 걸고 싸웠다.

오늘날 벨기에를 포함한 네덜란드 지역은 16세기 당시 스페인에 속한 땅이었기 때문에, 카를 5세가 황제로 등극하기 전부터 스페인의 왕으로서 그 땅의 주인이었다. 1555년부터는 그의 아들 빌립 2세가 스페인을 물려받았기 때문에, 오늘날 베네룩스 3국은 스페인 왕 빌립의 땅이었다. 1560년부터 그 지역에 재세례파가 번성하자, 개혁교회 교인들은 재세례파로부터 자신들을 구분하기 위해 신앙을 보호하고 변호해야 할 상황에 놓이게 되었다. 한마디로, 재세례파와 다른 개혁교회의 신앙을 적극적으로 대변할 필요가 있었는데, 이런 상황에서 귀도 드 브레가 작성한 네덜란드 신앙고백의 출간은 매우 시의적절한 일이었다. 네덜란드 신앙고백은 18항, 34항, 그리고 36항에서 재세례파를 반대함으로써, 재세례파의 확산을 방지하고 개혁 신앙을 방어하는 데 아주 효과적인 대책이었다. 1561년 네덜란드 신앙고백은 '낮은 땅'에 세워진 개혁교회들을 한편으로는 로마 가톨릭교회로부터, 다른 한편으로는 재세례파 교회로부터 확실하게 구분해 주는 분명한 표지였다.

19세기 헨리쿠스 에흐베르투스 핑커(Henricus Egbertus Vinke) 교수는 네덜란드 신앙고백과 하이델베르크 신앙교육의 원문 및 각각의 번역본을 최초의 학문적 편집본으로 출간했다. 그는 네덜란드 신앙고백의 불어 원문으로 1566년 판을 실었으며, 네덜란드어 번역본으로는 1564년 판과 1582년 판을 비교하였다. 또한, 라틴어 번역본은 돌트 총회(Synode of Dort)로 알려진 1619년 도르트레흐트 국제회의(de Nationale Synode van Dordrecht)에서 공식적으로 수용한 내용을 제공한다.[3] 1561년에 출간된 불어 원본과 1년 뒤인 1562년에 네덜란드어로 번역·출간된 판본은 스-흐라펀하허('s-Gravenhage)에 있는 네덜란드 왕립도서관에 소장된 것이 유일하다. 한편, 불어 신앙고백의 초판본과 네덜란드어 최초 번역본이 발견된 것은 각각 1855년과 1864년이다.[4] 1561년의 불어 초판본은 1566년에 일부 수정되어 다시 출간되었다.[5] 현존하는 1566년 네덜란드 신앙고백의 불어 수정판 인쇄본은 제네바

---

3 Henricus Egbertus Vinke, ed., *Libri symbolici ecclesiae reformatae nederlandicae* (Utrecht: J. G. van Terveen Et fil., 1846).

4 F. L. Los, *Tekst en toelichting van de geloofsbelijdenis der Nederlandsche Hervormde Kerk* (Utrecht: Kemink & Zoon N.V., 1929), V-VI. 여기서 저자는 1855년과 1864년을 "신앙고백을 위한 행운의 두 해"(twee geluksjaren voor de Geloofsbelijdenis)라고 부른다.

5 두 판본에 대한 교과서적 비교 연구는 다음을 참조하라. J. N. Bakhuizen van den Brink, "Quelques Notes sur l'Histoire de la Confession des Pays-Bar en 1516 et en 1566" in J. N. Bakhuizen van den Brink, *Ecclesia* II. Een bundel opstellen ('s-Gravenhage: Martinus Nijhoff, 1966), 296-308.

에서 출간된 것으로, 1551년부터 제네바에 거주하다가 1561년에 정식 시민이 된 인쇄업자 쟝 보네푸와(Jean Bonnefoy)가 출간한 판본이다.[6] 그는 네덜란드 신앙고백을 1557년에 제네바에 정착한 책 판매상 니콜라 뒤 바르(Nicolas du Bar)를 위해 인쇄한 것으로 알려져 있다. 1566년 네덜란드 신앙고백의 수정판은 16세기 후반에 이미 세 차례나 언급되었는데, 프란시스쿠스 유니우스(Franciscus Junius)에 따르면, 이 수정판은 1566년 안트베르쁜(Antwerpen)에서 개최된 노회(Synode)의 결정에 따른 것이었다. 유니우스는 수정본의 복사본을 제네바에 있는 출판사로 보내 출간을 요청하였고, 허락을 받아 이를 출간하게 되었다.[7] 이 판본은 출판사 표시 없이 1580년에 출간되었으며, "왈룬 사본"(Waals manuscript)이라 불렸다. 1619년 네덜란드 도르트레흐트에서 개최된 개혁교회 국제회의까지, 이 판본은 불어로 설교하는 네덜란드 교회들에서 권위 있는 신앙고백 판본으로 인정받았다. 또한, 1581년 제네바에서 출간된 개혁신앙 고백서들의 모음집『신앙고백들의 조화』(Harmonia Confessionum)에 실려있는 네덜란드 신앙고백의 라틴어 번역본의 원본이 되었다.[8]

제네바 종교개혁자 칼빈은 자신의 고향 누와용(Noyon)이 파리 북쪽 피카르디 지방에 위치한 도시였기 때문에, 종종 자신을 '낮은 땅' 즉 벨기에 출신으로 소개하곤 했다. 그런데 그가 불어로 작성된 네덜란드 신앙고백을 달갑게 여기지 않았다고 전해진다.[9] 그러나 이것은 칼빈이 네

---

6 J. N. Bakhuizen van den Brink, ed., *De Nederlandse Belijdenisgeschriften in authentieke teksten met inleiding en tekstvergelijkingen* (Amsterdam: Uitgeverij Ton Bolland, 1976), 17-18.

7 Gootjes, *The Belgic Confession*, 97-99, 117-118.

8 Bakhuizen van den Brink, ed., *De Nederlandse Belijdenisgeschriften*, 18-19.

9 이 주장을 처음 제기한 사람은 17세기 마르티누스 스호오크(Martinus Schoock)로 보인다. 참조. Gootjes, *The Belgic Confession*, 43-46, 특히 62쪽 각

덜란드 신앙고백을 싫어했다는 직접적이고 확실한 증거가 없기 때문에 논란의 여지가 있는 주장이다. 물론, 교회들로부터 이미 공적으로 인정받은 신앙고백이 존재하는데도 누군가가 새로운 신앙고백을 작성하는 것에 대해 칼빈이 불편함을 느꼈을 가능성은 부인할 수 없다.[10] 또한, 칼빈이 교회의 혼란과 분열을 극도로 싫어했다는 점도 사실이다. 따라서 하나가 아닌 복수의 신앙고백이 동일한 언어를 사용하는 신자들과 교회들에게 혼란과 분열을 초래할 가능성을 칼빈이 우려했으리라는 추정은 충분히 개연성이 있다.

하지만 이러한 사실들을 근거로, 누군가가 네덜란드 신앙고백의 내용이 칼빈의 심기를 불편하게 만들었다거나 칼빈 신학에서 벗어났다고 주장한다면, 이것은 근거 없는 비난에 불과하다. 네덜란드 신앙고백은 내용적으로 칼빈 신학에 상당히 많은 빚을 지고 있을 뿐만 아니라, 칼빈의 후계자인 베자(Theodore Beza)의 신앙고백으로부터 받은 영향도 결코 무시할 수 없을 정도로 크다.[11] 무엇보다도, 1561년에 작성된 네덜란드 신앙고백은 프랑스 개혁교회가 1559년에 공적으로 인정한 프랑스 신앙고백에 상당히 의존적이었으며, 마치 그것을 옆에 두고 보면서 작성했을 것이라 상상한다 해도 전혀 이상하지 않을 정도다.[12] 따라서

주 18번. 이 책에서 저자 고재수 교수는 스호오크의 주장이 사실무근이라고 상당히 설득력 있게 비판한다. 그러나 원문을 근거로 볼 때, 칼빈이 신앙고백의 작성 자체에 반대한 것이 아니라, 신앙고백의 출간에만 반대했다는 고재수 교수의 주장은 어불성설(語不成說)로 보인다.

10 Bakhuizen van den Brink, ed., *De Nederlandse Belijdenisgeschriften*, 9-10. 특히 10쪽의 각주 1번을 참조하라.
11 칼빈과 베자의 영향에 대해서는 다음을 참조하라. Gootjes, *The Belgic Confession*, 59-91.
12 1559년의 프랑스 신앙고백과 1561년의 네덜란드 신앙고백을 비교 연구한 뛰어난 논문으로는 다음을 참조하라. J. N. Bakhuizen van den Brink, "La Confession de foi des Églises Réformées de France, de 1559, et la Confession des Pays-Bas, de 1561" in J. N. Bakhuizen van den Brink,

1561년의 네덜란드 신앙고백을 1559년의 프랑스 신앙고백과 '형제 신앙고백'이라 불러도 무방할 것이다. 프랑스 신앙고백의 초안을 칼빈이 작성한 점을 고려하면, 네덜란드 신앙고백 역시 칼빈 신학을 반영한 것으로 볼 수 있다. 칼빈 신학을 대변하는 제네바 신앙고백이 제네바 시에 제한적이었고, 프랑스 신앙고백이 이후 프랑스 국가의 영역을 크게 벗어나지 못했던 반면, 네덜란드 신앙고백은 역사적으로 전 세계 개혁교회가 보편적으로 수용하는 신앙고백으로 자리 잡게 되었다.

1561년에 출간된 네덜란드 신앙고백의 제목은 다음과 같다. "우리 주 예수 그리스도의 복음의 순수성에 따라 살기를 열망하는, 네덜란드에 흩어져 있는 신자들의 공통적인 동의로 만들어진 신앙고백."[13] 네덜란드 신앙고백은 제목에서뿐만 아니라 순서, 구성, 그리고 내용 면에서도 프랑스 신앙고백과 유사한 부분이 많아 사실상 프랑스 신앙고백의 확장판 혹은 자매 신앙고백이라고 해도 과언이 아니다. 프랑스 신앙고백의 제목은 다음과 같다. "우리 주 예수 그리스도의 복음의 순수성에 따라 살기를 열망하는 프랑스인들의 공통적인 동의로 만들어진 신앙고백."[14] 네덜란드 신앙고백은 제목만 프랑스 신앙고백과 일치하는 것이 아니라, 제목 아래 인용된 성경 구절(벧전 3:15)까지도 정확히 동일하다."[15] 역사적으로 프랑스 신앙고백이 네덜란드 신앙고백보다 먼저 작성되었

    Ecclesia II. Een bundel opstellen ('s-Gravenhage: Martinus Nijhoff, 1966), 309-335.

13 *CONFESSION DE FOY, Faicte d'vn commun accord par les fideles qui conuersent és pays bas, lesquels desirent viure selon la pureté de l'Euangile de nostre Seigneur Iesus Christ.*

14 *CONFESSION DE FOI FAITE DVN COMMVN accord par les Fraçois qui desirent vivire selon la pureté de l'Evangile de nôtre Seigneur Jesus-Christ.*

15 1566년 수정판에서도 1561년의 네덜란드 신앙고백 원본 제목과 제목 하단의 성구를 전혀 변경 없이 그대로 따른다.

지만, 역설적으로 후자가 전자보다 더 광범위하게 사용되었으며, 따라서 네덜란드 신앙고백이 프랑스 신앙고백보다 훨씬 더 잘 알려져 있다. 프랑스에서는 앙리 4세(Henri IV)가 1598년 위그노의 신앙을 인정하는 낭트칙령(Édit de Nantes)을 선언함으로써 개신교도와 가톨릭교도의 공존을 공식적으로 인정했으나, 루이 14세(Louis XIV)가 1685년 낭트칙령을 철회하고 프랑스를 로마가톨릭 신앙으로 되돌림으로써 위그노가 급격히 쇠퇴했다. 이 역사적 사건으로 인해 네덜란드 신앙고백에 비해 프랑스 신앙고백의 확장성은 제한될 수밖에 없었다. 또한, 미국으로 이주한 개혁교도들이 프랑스 위그노들보다 네덜란드 개혁교회 성도들이었다는 점도 네덜란드 신앙고백의 확장성에 영향을 미친 중요한 요인으로 보인다.

"프랑스 신앙고백과 스코틀랜드 신앙고백(1560년)처럼 네덜란드 신앙고백도 첫 번째 조항의 주제가 '하나님'이다. 이것은 '성경'을 제1조항의 주제로 시작하는 스위스 신앙고백이나 웨스트민스터 신앙고백과 확연히 구별되는 특징이다. 40개 조항으로 구성된 프랑스 신앙고백과 37개 조항으로 이루어진 네덜란드 신앙고백은 30개 조항의 스위스 신앙고백(1566년)이나 33개 조항의 17세기 웨스트민스터 신앙고백(1646년)보다 상대적으로 짧다. 스코틀랜드 장로교에서 16세기에 작성된 스코틀랜드 신앙고백은 17세기 웨스트민스터 총회를 통해 웨스트민스터 신앙고백으로 대체되었으나, 네덜란드 신앙고백은 17세기 초 네덜란드 남부 도시 도르트레흐트에서 열린 국제회의에서 웨스트민스터 총회와 달리 새로운 신앙고백을 작성하지 않았다. 대신 개혁교회가 전통적으로 수용해 온 네덜란드 신앙고백을 그대로 인준하였으며, 이로 인해 오늘날까지 개혁교회의 유일한 공적 신앙고백으로 인정받고 있다.

네덜란드 신앙고백의 생명력과 확장성은 16세기에 작성된 수많은 개혁신학의 신앙고백들, 예컨대 제네바 신앙고백, 베자 신앙고백, 프랑스 신앙고백과 같은 불어 신앙고백뿐만 아니라, 제1·제2 스위스 신앙고백과 같은 라틴어 신앙고백까지도 대체했다고 말해도 과언이 아닐 정도다. 오늘날까지 개혁교회의 공적 신앙고백으로 당당히 살아남은 네덜란드 신앙고백의 37개항 전체는 다음과 같이 다섯 개 항목으로 구조적으로 분류 및 요약할 수 있다.

    1. 하나님과 계시. 1–11항.
    2. 인간과 타락. 12–15항.
    3. 예수 그리스도와 구원. 16–26항.
    4. 교회와 성화. 27–36항.
    5. 최후의 심판. 37항.

한글로 번역된 네덜란드 신앙고백 37개 조항은 불어 원문에서 번역된 것이므로, 가독성을 충분히 고려하지 못하여 다소 투박하고 거칠다. 한글 번역과 함께 대조하여 제공되는 네덜란드 신앙고백의 권위 있는 불어 원문은 1561년에 출간된 초판본도, 1566년의 수정본도 아닌, 혼히 '돌트 총회'로 알려진 1619년 도르트레흐트 국제회의에서 공인된 최종 수정본이다. 이 국제회의 직후부터 네덜란드 신앙고백서, 하이델베르크 신앙교육서, 그리고 도르트 신조는 '교회 일치 양식'(Formulieren van eenheid)으로 불리기 시작했다.

한글 번역은 직역을 원칙으로 삼았으나, 문장이 너무 길 경우 끊어서 번역하였고, 의미가 자연스럽도록 하기 위해 [ ]를 사용하여 원문에 없는 내용을 삽입하였다. 또한, 일부 내용이 오해되지 않도록 약간의 의역을 시도한 곳도 있다. 즉, 일관된 번역 방식을 유지하지 못한 부분이 있음을 의미한다. 모든 번역은 번역자의 책임이므로, 미숙한 번역이나 오역이 발견될 경우 그 책임 역시 번역자에게 있다. 그럼에도 불구하고, 이것이 네덜란드 신앙고백의 불어 원문을 한글로 번역한 최초의 번역이라는 것은 부인할 수 없는 사실이며, 이를 위안으로 삼고자 한다.
번역자의 일천한 불어 실력 때문에, 네덜란드 공인 번역과 라틴어 공인 번역을 참고하여 번역하였다. 여기에 제시한 불어 원문은 1619년 도르트레흐트 국제회의에서 공인한 최종 수정본으로, 레이든(Leiden) 국립대학 교수 얀 니콜라스 바크하위전 판 덴 브링크(Jan Nicolaas Bakhuizen van den Brink) 박사가 비평 편집한 『네덜란드 신앙고백서들』에 수록되어 있다.[16] 이 책은 네덜란드 신앙고백의 권위 있는 네 가지 본문을 비교하기 쉽게, 프랑스 신앙고백 불어 원문(1559), 네덜란드 신앙고백 공인 불어 원문(1619), 라틴어 공인 번역문(1620), 그리고 네덜란드어 공인 번역문(1619) 순으로 나란히 병렬하여 제공하고 있다.
또한, 각주를 통해 1561년 초판본과 1566년 수정본을 비교 분석하였다.

---

16 Bakhuizen van den Brink, ed., *De Nederlandse Belijdenisgeschriften*, 70-145.

하나님이 없다 하는 사람들

(시편 14:1; 출애굽기 20:3-6)

Article I.

Nous cryons tous de coeur, et confessons de bouche, qu'il y a une seule et simple essence spirituelle, laquelle nous appellons Dieu, eternel, incomprehensible, invisible, immutable, infini, lequel est tout puissant, tout sage, juste et bon, et fontaine tresabondante de tous biens.

제1항. [하나님의 존재와 속성]

우리 모두는 우리가 하나님이라 부르는 유일하고 순전한 영적 존재가 계신다는 것을 마음으로 믿고 입으로 고백합니다. 그분은 영원하시고 불가해하시며 불가시적이시고 불변하시며 무한하실 뿐만 아니라, 전능하시고 완전히 지혜로우시며 공의로우시고 선하시며 모든 선이 넘쳐나는 원천이십니다.

관련성경

고후 3:17; 요 4:24; 사 40:44.

"나는 죄인입니다"는 기독교인이 잘하는 고백입니다. 믿지 않는 분들은 이 말을 이해하지 못합니다. 그리고 "당신도 죄인입니다"라고 말하면 기분 나빠합니다. '도둑질을 하지도, 살인을 하지도 않았는데, 내가 왜 죄인이야?' '나름대로 착하게 살았고, 다른 사람에게 해 끼치지 않으려고 노력하며 살았는데, 내가 왜 죄인이냐?'고 반문합니다.

하나님이 없다 하는 사람들

성경은 죄를 다르게 정의합니다. 죄는 하나님을 떠나려는 마음입니다. 하나님 없이도 잘 살 수 있다는 생각입니다. 하나님과 교제하기를 싫어하는 성향입니다. 그래서 죄인은 그 마음에서 하나님의 자리를 밀어내고 없애려 합니다. "그들이 마음에 하나님 두기를 싫어하매 하나님께서 그들을 그 상실한 마음대로 내버려 두사 합당하지 못한 일을 하게 하셨으니"(롬 1:28). 세상에 지혜 있고 똑똑한 분들이 왜 하나님이 없다고 말합니까? 죄인이기 때문입니다. "어리석은 자는 그의 마음에 이르기를 하나님이 없다 하는도다"(시 14:1).

죄의 결과는 무엇일까요? 죄의 결과는 죽음입니다. 죽음이란 하나님과의 관계가 단절된 상태를 의미합니다. 하나님이 없다 하고 하나님을 멀리하고 하나님의 자리를 없애려는 죄의 결과, 하나님과 단절되고 분리됩니다. 이것이 죽음입니다. 하나님을 떠난 상태가 죽은 상태입니다.

성경이 죄와 죽음을 어떻게 말씀하는지 좀 더 살펴볼까요? 하나님께서 아담에게 말씀하셨습니다. "선악을 알게 하는 나무의 열매를 먹는 날에는 반드시 죽으리라"(창 2:17). 아담과 하와가 범죄했을 때, 그들이 죽었습니까? 하나님이 찾아오셨을 때, 하나님의 얼굴을 피하여 동산 나무 사이에 숨었습니다. 이것이 바로 죽음입니다. 하나님과의 분리와 단절이 죽음이기 때문입니다.

에스겔은 환상 중에 골짜기에 가득한 마른 뼈를 봅니다. 하나님은 이들이 바벨론 땅에 끌려가 있는 이스라엘 백성들이라고 하셨습니다. 실제로 바벨론 땅에 있던 포로들의 목숨이 다 끊어졌습니까? 마른 뼈가 되었습니까? 그렇지 않습니다. 바벨론 땅에 멀쩡히 살아있었습니다. 그런데 왜 하나님은 그들이 죽은 지 오래되었다고 하십니까? 하나님을 떠난 자가 되었기 때문입니다. 하나님께서 임재하시겠다고 약속하신 땅과 성전에서 쫓겨났기 때문입니다. 마른 뼈가 살아나 큰 군대가 되는 환상은 결국 이스라엘 백성이 약속의 땅으로 돌아와 성전을 재건하고 하나님과 교제할 것에 대한 예언입니다(겔 37:12-14). 바벨론 포로가 죽음이고, 포로 회복이 부활입니다.

둘째 아들이 아버지의 유산을 미리 받아 먼 땅으로 갔습니다. 거기서 허랑방탕하며 재산을 탕진했습니다. 우리는 허랑방탕한 것이 죄라고 생각할 때가 많지만, 엄밀하게 말하면 그것은 죄의 증상입니다. 죄는 아버지와 함께 사는 것이 행복하지 않은 것입니다. 아버지를 멀리하고 아버지를 떠나려는 마음과 성향이 죄입니다. 죄의 결과 아버지의 집을 떠나 먼 곳으로 갔습니다. 이것이 죽음입니다. 그래서 아들이 돌아왔을 때 아버지는 이렇게 말합니다. "이 내 아들은 죽었다가 다시 살아났으며 내가 잃었다가 다시 얻었노라"(눅 15:24). 아버지를 떠난 것이 죽음입니다.

성경은 모든 사람이 죄인이라고 선언합니다. 모든 사람이 하나님을 떠나 죽었다는 선언입니다. 죽은 자는 아무것도 할 수 없습니다. 스스로 하나님을 알 수도 없고, 하나님과 끊어진 관계를 회복할 수도 없습니다. "우리 모두는 우리가 하나님이라 부르는 유일하고 순전한 영적 존재가 계신다는 것을 마음으로 믿고 입으로 고백합니다"(네덜란드신앙고백서 제1항). 왜 많은 사람이 이 고백을 하지 못할까요? 죄인이기 때문입니다. 하나님이 계시지 않기 때문이 아니라, 죄인이 하나님을 떠났기 때문입니다. 하나님과 분리되어 죽었기 때문입니다.

하나님을 만들어 내는 사람들

반면 우리는 유일하신 하나님을 마음으로 믿고 입으로 고백합니다. 이 고백의 의미를 좀 더 묵상해 봅시다. 이 고백은 언약의 열 가지 말씀 중 첫 번째 명령이기도 합니다. "너는 나 외에는 다른 신들을 네게 두지 말라." 얼핏 이 말씀은 하나님 외에 다른 신이 있다는 의미로 이해할 수 있습니다. 하나님 외에 여러 신들이 존재하지만, 그중에서 하나님만 섬기라는 뜻으로 오해할 수 있습니다(이를 단일신론이라고 합니다). 하지만 하나님 외에 다른 신이란 없습니다. 하나님만이 유일하신 참 신이십니다(이를 유일신론이라고 합니다). "그런즉 너는 오늘 위로 하늘에나 아래로 땅에 오직 여호와는 하나님이시요 다른 신이 없는 줄을 알아 명심하고"(신 4:39). "나는 하나님이라 다른 이가 없느니라"(사 45:22). 우리는 하나님 외에 다른 신이 없음을 믿습니다.

다른 신이 없다면, 왜 굳이 나 외에 다른 신을 네게 두지 말라고 하셨을까요? 존재하지도 않는 신을 어떻게 둘 수 있습니까? 예. 다른 신이 존재하기 때문이 아니라, 사람들이 하나님 외에 수많은 신들을 만들어 내기 때문입니다. 다른 신이란 인간이 스스로 만들어 낸 창작물이고 상상물입니다.

그렇다면 사람들은 왜 하나님 외에 다른 신들을 만들어 내는 것일까요? 첫째, 두려움 때문입니다. 사람들은 자신이 두려워하는 것을 섬깁니다. 그래서 예로부터 사람을 괴롭게 하고 고통을 주는 것들을 신으로 섬겼습니다. 고대인들이 파리, 이, 쥐, 메뚜기를 신으로 섬긴 이유가 바로 그것입니다. 그것이 병을 옮기고 농사를 망치기 때문에 두려웠던 것입니다. 그래서 그것에게 빌고 그것을 달래어 두려움에서 벗어나고자 했던 것이지요. 우박이 내리면 농사를 망치니까 두렵습니다. 그래서 우박의 신을 만들고 그 신에게 빌어 두려움을 달래어 했던 것입니다. 둘째, 원하는 것이 있기 때문입니다. 사람들은 자신이 원하는 것을 섬깁니다. 애굽은 나일강의 범람으로 토양이 비옥해지고 큰 수확을 얻습니다. 그래서 나일강을 신으로 섬겼습니다. 그것은 사실 풍요의 욕구를 표출하는 하나의 방식일 뿐입니다. 황소의 힘으로 밭을 갈면 생산성이 높아지니까, 황소를 숭배했습니다. 소를 원하기 때문이 아니라, 부요함을 원하기 때문입니다. 고대 신들은 대부분 풍요와 다산과 연관되어 있습니다. 사람들이 그것을 추구하고 원하기 때문입니다.

오늘날에도 마찬가지입니다. 최첨단 장비들을 동원해 현대적이고 세련된 영화를 만드는 곳에서도 돼지머리를 놓고 고사를 지냅니다. 왜 그럽니까? 두려움 때문입니다. 촬영장에 사고가 많기 때문이지요. 원하는 것이 있기 때문입니다. 영화가 대박 나기를 바라기 때문입니다. 그래서 잘생긴 배우들이 잘생긴 돼지머리 앞에 절을 하는 웃지 못할 상황이 연출됩니다. 이사하는 날도, 결혼하는 날도 귀신의 허락을 받습니다. 왜요? 새로운 환경이 두렵기 때문이고, 안전하고 무탈하기를 원하기 때문입니다. 대기업 CEO도 옷에 부적을 넣고 다니는 것을 보았습니다. 실패에 대한 두려움과 성공에 대한 욕구 때문 아니겠습니까? 올해도 사람들은 각자의 다양한 소원 성취를 위해 새해 처음 떠오르는 태양 앞에서 합장을 합니다. 우리는 고대인들처럼 메뚜기나 소를 섬기지는 않습니다. 하지만 여전히 또 다른 신을 만들고 섬기고 있습니다. 돈이라는, 권력이라는, 명예라는, 성공이라는, 건강이라는, 행복이라는 신들 말입니다. 결국 다른 신을 섬긴다는 것은 자기 자신을 섬기는 것입니다. 자신의 염려와 두려움 앞에 머리를 조아리는 것이고, 자신의 욕망과 소욕 앞에 경배하는 것입니다.

잘 생각해 보십시오. 다른 신이 어디 있습니까? 다른 신은 다른 어디에 있는 것이 아니라, 우리 마음속에 있습니다. 우리 내부에 있는 두려움, 불안, 염려가 신을 만들어 냅니다. 우리 속에 있는 욕구, 욕심, 탐욕이 흘러나와 신이 됩니다. 그래서 우리 마음은 끊임없이 다른 신을 만들어 내는 공장과 같습니다. 이런 점에서 모든 사람은 죄인입니다. 마음에서부터 다른 하나님을 끊임없이 만들어 내기 때문입니다. 하나님이 없다 하는 사람들도, 끊임없이 다른 하나님을 만들어 내는 사람들도 다 죄인입니다.

유일하신 하나님만 믿는다는 고백은 다른 신들을 치워버린다는 의미입니다(수 24:14). 우리가 세상 사람들이 두려워하는 것을 똑같이 두려워한다면, 유일하신 하나님만 섬길 수 없습니다. 세상 사람들이 염려하는 것을 똑같이 염려한다면, 우리도 수많은 신들을 만들게 될 것입니다. 세상 사람들과 똑같이 우리의 행복과 만족을 위해 산다면, 우리의 고백은 무색해질 것입니다. 사람들은 두려움 때문에 신을 만듭니다. 그러나 우리가 진정 두려워해야 할 분은 하나님뿐입니다. 두려움의 끝판 왕은 죽음이지만, 우리는 죽음보다 하나님을 두려워합니다. "몸은 죽여도 영혼은 능히 죽이지 못하는 자들을 두려워하지 말고 오직 몸과 영혼을 능히 지옥에 멸하실 수 있는 이를 두려워하라"(마 10:28). 사람들은 행복을 원하고 자아실현을 원하기 때문에 신을 만듭니다. 하지만 우리는 살든지 죽든지 내 몸에서 그리스도가 존귀하게 되기를 원합니다(빌 1:20). 살아도 주를 위하여 살고, 죽어도 주를 위하여 죽기를 원합니다(롬 14:8). 우리의 마음이 다른 신을 만들어 내는 공장이 아니라, 유일하신 하나님만이 좌정하여 다스리시는 거처가 되길 소원합니다.

오직 성경만으로

(시편 19:1-8)

Article II.

Nous le cognoissons par deux moyens: premierement par la creation, conservation, et gouvernement du monde universel, d'autant que c'est devant nos yeux comme un beau livre, auquel toutes creatures petites et grandes servent de lettres, pour nous faire contempler les choses invisibles de Dieu, assavoir, sa puissance eternelle et sa divinité, comme dit l'Apostre S. Paul: Rom. 1. 20. Toutes lesquelles choses sont suffisantes pour convaincre les hommes, et les rendre inexcusables. Secondement il se donne à cognoistre à nous plus manifestement par sa saincte et divine parole; voire autant pleinement, qu'il nous est de besoin en ceste vie pour sa gloire, et le salut des siens.

제2항. [하나님을 인식할 수 있는 두 가지 방법]

우리는 그분을 두 가지 방법으로 인식합니다. 첫째로는 우주적인 세상의 창조와 보존과 통치에 의한 것인데, 이것은 마치 우리 눈앞에 펼쳐진 아름다운 책과 같고 이 책 속에서 크고 작은 모든 피조물은 글자들로서 섬기는데, 사도 바울이 로마서 1장 20절에서 말한 것처럼, [그것들은] 우리에게 "하나님의 보이지 않는 것들, 곧 그분의 영원하신 능력과 신성을 보여"줍니다. 그 모든 것들은 사람들에게 증거하기에도, 그들의 모든 핑계거리를 차단하기에도 충분합니다. 둘째로는 하나님께서 자기 자신을 우리로 하여금 더욱 분명하게 인식하도록 자신의 거룩하고 신적인 말씀을 통해 제공하시는 것인데, 실로 이생에서 그분의 영광과 그분 백성의 구원에 대해 우리에게 필요한 만큼 충분하게 [제공하십니다].

관련성경

시 19:2; 엡 4:6; 딤전 2:5; 신 6:4; 말 2:10; 고전 8:4, 6; 고전 12; 고전 1장.

성도는 육신의 필요가 다 채워져도 영적인 필요가 채워지지 않으면 만족할 수 없습니다. 영적인 필요는 다름 아니라, 하나님과의 교통과 교제입니다. 성도라고 한다면, 하나님을 만나지 못할 때 가장 답답할 것입니다. 이는 영적 생명 있는 사람의 특징입니다. 문제는 어떻게 하나님과 교통하고 교제할 수 있는가입니다. 어떻게 하나님을 알고 만나고 교제할 수 있을까요?

중세교회의 답

중세교회가 내놓은 답이 있습니다. 첫째, 하나님이 만드신 자연을 보고 하나님을 알 수 있다고 했습니다. 사람에게는 본성상 하나님이 만드신 것을 알아보는 눈이 있다고 했습니다. 이를 '이성'이라고 부릅니다. 이성으로 천지 만물과 자연을 보고 하나님을 알 수 있다는 것입니다. 이를 합리주의라고 할 수 있습니다. 예를 들면, 토마스 아퀴나스의 '신존재증명'이 있습니다. 모든 움직이는 것은 처음에 그것을 움직이게 한 힘이 있었겠지요. 그 첫 번째 힘이 하나님이라고 설명했습니다. 모든 존재하는 것은 그것을 존재하게 한 이가 있겠지요. 그 제1원인으로서의 존재가 하나님이라고 했습니다. 또 자연 만물을 보면 질서가 있고, 조화가 있고, 아름다움이 있습니다. 이 모든 것의 설계자가 있어야 하는데 그분이 하나님이라고 했습니다. 이처럼 인간의 이성과 논리, 합리성으로 하나님의 존재와 속성을 알 수 있다고 했습니다.

둘째, 인간의 행위로 하나님께 나아가려 했습니다. 사람에게는 본성상 선한 것이 남아있으므로, 그것을 끄집어내어 행하라고 했습니다. '네 속에 있는 것을 행하라' 이를 '양심'이라고 부릅니다. 내 속에 있는 선한 그 무엇으로 하나님과 교통하려는 시도를 도덕주의라고 할 수 있습니다. 의로우신 하나님 앞에 서기 위해(삼상 6:20), 흠 없는 삶을 살려고 했습니다. 금식도 하고 스스로 몸을 괴롭게도 하며 죄를 떨쳐버리려 했습니다. 돌계단을 무릎으로 기어 올라가는 고통을 겪으며 공의로운 하나님과 화해하려고 했습니다. 그래야 하나님 앞에 설 수 있다고 생각했습니다.

셋째, 스스로 영적인 안테나를 세워 하나님을 찾아 만나려 했습니다. 사람에게는 본성상 하나님과 닮은 꼴이 있기 때문에, 내면에 숨겨져 있는 하나님다움을 발견해야 한다고 했습니다. 영적인 안테나를 곤추세우고 주파수를 맞추면 하나님을 만날 수 있다고 했습니다. 이처럼 초자연적인 방법으로 하나님과 교통하려는 시도를 '관상'이라고 부릅니다. 내 영의 고향인 하나님을 관상을 통해 찾아가려 했습니다. 이를 신비주의라고 할 수 있습니다.

합리주의와 도덕주의와 신비주의의 공통점이 있습니다. 하나님을 알고 만나고 교제할 수 있는 조건이나 근거, 가능성이나 통로를 우리 속에서 찾는다는 것입니다. 인간의 본성에서 찾습니다.

이런 시도는 오늘까지도 계속되고 있습니다. 수년 전까지 한국 교회에도 관상이라는 것이 유행했습니다. 관상이란 대상을 바라보는 행위를 통해 대상과 일치를 이루는 상태를 의미합니다. 하나님을 바라봄으로 하나님과 합일하려는 시도이지요. 하나님을 어떻게 바라보고 지향할 수 있습니까? 먼저 침묵을 강조합니다. 언어도 사용하지 않고, 심상들도 떠올리지 않고, 마음으로 하나님을 지향하라고 합니다. 이때 호흡이 중요합니다. 숨을 들이쉴 때 성령님이 자기 안에 들어옴을 의식하고, 숨을 내쉴 때 자신의 온갖 두려움, 부정적인 느낌을 내보낸다고 상상하면서 기도하라고 합니다. 이는 동양의 명상법이나 불교의 무념무상, 무아지경과 유사합니다. 한국에 관상이라는 것이 본격적으로 영향을 끼치게 된 계기는 레노바레 운동이었습니다. 이는 리처드 포스터가 1988

년부터 본격적으로 전개한 운동입니다. 그는 퀘이크교도입니다. 퀘이크교는 모든 인간 내면세계에 '내적 광명'(Inner Light)이 있다고 믿습니다. 그래서 명상과 자아 체험을 통해 진리의 영의 인도를 받는다고 주장합니다. 교회도 필요 없고, 직분자도 필요 없고, 성례도 필요 없습니다.

80년대 중반, 임박한 종말론을 주장하던 이단이 있었습니다. 그들은 조용히 눈을 감고 마음을 비운 채 끊임없이 두 팔로 줄을 잡아당기는 시늉을 하며 명상했습니다. 그들은 이것을 '천국줄 기도'라고 불렀습니다. 천국까지 연결된 밧줄을 잡아당기면 하늘로 상승하는 신비로운 경험을 한다고 주장했습니다.

기독교인들은 워낙 말이 많기 때문에, 어떤 면에서 이런 시도들이 도움이 될지도 모르겠습니다. 하지만 하나님을 알고 만나는 방법은 우리 속에 있지 않습니다. 우리 속에서 나오지 않습니다. 마음을 고요하게 비우고 하나님을 지향한다고 되지 않습니다. 내적 광명을 비춰 하나님을 바라본다고 되지 않습니다. 이성과 양심과 관상을 통해 되지 않습니다. "여호와께서 하늘에서 인생을 굽어살피사 지각이 있어 하나님을 찾는 자가 있는가 보려 하신즉 다 치우쳐 함께 더러운 자가 되고 선을 행하는 자가 없으니 하나도 없도다"(시 14:2-3). 하나님과의 교제는 나로부터 시작되지 않습니다. 하나님으로부터 시작됩니다.

개혁자들의 답

네덜란드신앙고백서 제2항은 우주와 자연 만물이 하나님을 계시해 준다고 고백합니다. 그런데 이 고백을 중세교회가 내어놓은 합리주의로 오해해서는 안 됩니다. 인간이 자기 속에 있는 그 무엇으로 자연 만물을 보고 하나님을 알 수 있다는 고백으로 이해해서는 안 됩니다.

자연이 하나님을 계시해 주는 것 아닌가요? 우주와 자연 만물을 통해 하나님을 알 수 있도록 주신 것이 일반계시(자연계시) 아닌가요? 시편 19편에서도 "하늘이 하나님의 영광을 선포하고 궁창이 그의 손으로 하신 일을 나타내는도다"(1절) "언어도 없고 말씀도 없으며 들리는 소리도 없으나 그의 소리가 온 땅에 통하고 그의 말씀이 세상 끝까지 이르도다"(3-4절)라고 했습니다. 그러니까 자연 만물을 통해 하나님을 알 수 있지만 그것으로 구원에 이르는 지식은 획득할 수 없으므로 특별계시 즉 성경을 통해 하나님을 알 수 있게 하신 것이 아닙니까?

여기에는 두 가지 질문이 섞여 있습니다. 나누어서 생각해야 합니다. 분명 자연 만물에도 하나님의 영광이 드러나 있습니다. 일반계시라고 합니다. 그런데 그 계시를 누구나 다 알 수 있다는 뜻은 아닙니다. 하나님을 알지 못하는 사람이 본성으로 그것을 깨달을 수 있다는 뜻이 아닙니다. 생각해 보십시오. 하나님을 알지 못하는 사람이 자연을 보고 하나님의 영광을 볼 수 있습니까? 하나님을 찬송할 수 있습니까? 오히려 해를 보고 해를 섬기고, 달을 보고 달에게 빕니다. 신기한 돌, 이상하게 생긴 나무를 보면 주위에 줄을 치고 그것을 신성시하고 그 앞에서 빕니다.

피조물은 하나님의 속성을 보여주고 있습니다. 하지만 타락한 인간은 피조물을 조물주보다 더 경배하고 섬깁니다(롬 1:25). 해를 보고 하나님을 아는 것이 아니라, 해를 섬깁니다. 나무를 보고 하나님을 아는 것이 아니라, 나무에게 빕니다. 다윗이 하늘이 하나님의 영광을 선포하고, 궁창이 그의 손으로 하신 일을 나타내신다고 고백할 수 있는 이유가 무엇입니까? 다윗이 하나님을 아는 자이기 때문입니다. 그래서 만물을 보고 하나님을 찬송할 수 있는 것입니다.

일반계시에 대한 오해가 많습니다. 일반계시는 불신자용, 특별계시는 신자용이라는 생각입니다. 불신자들도 본성적으로 일반계시를 통해 하나님을 알 수 있다고 생각합니다. '알 수 있지만' 구원에 이르기 위해서는 특별계시를 알아야 한다고 생각합니다. 여기서 '알 수 있지만'이 틀린 말입니다. 불신자는 일반계시를 알 수 없습니다. 본성으로 알 수 없습니다. 이성과 양심과 관상으로 알 수 없습니다. 일반계시 자체는 오늘도 명료하게 주어지고 있지만, 타락한 인간은 그것을 올바르게 읽을 수 없습니다. 죄인은 특별계시 뿐 아니라 일반계시도 거부합니다.

죄인은 영적으로 죽었습니다(엡 2:1). 그래서 하나님을 알 수도, 볼 수도 없습니다. 하나님이 먼저 우리를 살려주셔야 합니다. 보지 못하는 자를 보게 하시고, 듣지 못하는 자를 듣게 하셔야 합니다. 하나님이 먼저 우리를 찾아와 주셔야 합니다. 그런데 하나님은 눈에 보이게 임하지 않으십니다(딤전 6:16). 그런데 하나님은 음성으로 임재하십니다. 음성으로 자신을 나타내십니다(신 4:12). 그리고 그 하나님의 음성이 기록되었습니다(출 24:4). 그래서 기록된 말씀으로 하나님을 만납니다(수 1:8). 어떤 형상으로 만나는 것이 아니라, 기록된 말씀으로 만납니다(출 20:22-23). 또한 하나님은 말씀으로 자신을 보이셨는데, 그 말씀이 육신이 되셨습니다(요 1:14). 예수님은 눈에 보이는 말씀입니다(요 1:18). 예수님만이 하나님의 참 형상입니다(골 1:15). 예수님만이 하나님의 참 형상이요 현현이시기 때문에, 예수님을 통해서만 하나님을 알고 만납니다(요 14:9). 예수님이 하나님께 나아가는 유일한 길입니다(요 14:6).

우리는 하나님의 현현인 기록된 말씀, 눈에 보이는 말씀인 예수 그리스도를 통해 하나님을 알고 만나고 교제합니다. 그래서 개혁자들은 "오직 성경만으로(Sola Scriptura)"를 외쳤습니다. 다윗 역시 이렇게 고백했습니다. "여호와의 율법은 완전하여 영혼을 소성시키며 여호와의 증거는 확실하여 우둔한 자를 지혜롭게 하며 여호와의 교훈은 정직하여 마음을 기쁘게 하고 여호와의 계명은 순결하여 눈을 밝게 하시도다"(시 19:7-8). 오직 성경이 우리의 영혼을 살립니다. 오직 성경이 우둔한 자에게 구원의 지혜를 얻게 합니다. 오직 성경이 우리의 눈을 밝혀 선악을 분별하게 합니다. 오직 성경이 하나님을 만나게 하는 소망이요 기쁨입니다. 하나님을 알고 만나고 교제하고 싶으십니까? 성경을 펼치십시오. 성경을 읽고 들으십시오. 성경을 묵상하십시오. "너희는 귀를 기울이고 내게로 나아와 들으라 그리하면 너희의 영혼이 살리라"(사 55:3).

직접 듣긴 너무 무서운 음성

(출애굽기 20:18-21)

Article III.

Nous confessons que ceste parole de Dieu n'a point esté envoyée, ni apportée par volonté humaine: mais les saincts hommes de Dieu ont parlé estans poussez du Sainct Esprit, comme dit S. Pierre: puis apres parle soing singulier que nostre Dieu a de nous et de nostre Salut, il a commandé ses serviteurs les Prophetes et Apostres de rediger ces oracles par escrit: et luy mesme a escrit de son doigt les deux tables de la Loy. Pour ceste cause, nous appellons tels escrits, Escritures Sainctes et divines.

제3항. [거룩하고 신적인 성경, 하나님의 말씀]

우리는, 성 베드로 [사도]가 말하는 것처럼, 하나님의 이 말씀이 사람의 뜻에 의해 보내졌거나 전달된 것이 아니라, 하나님의 거룩한 사람들이 성령의 영감을 받아 말한 것이라 고백합니다. 그런 다음 또한 우리 하나님께서 우리와 우리의 구원에 관하여 설명하시는 특별한 돌보심으로, 자신의 종들인 선지자들과 사도들에게 그 계시를 기록으로 작성하도록 명령하셨습니다. 그리고 그분은 자신의 손가락으로 율법의 두 판을 기록하셨습니다. 이런 이유 때문에 우리는 그런 기록물을 거룩하고 신적인 성경이라 부릅니다.

관련성경

벧후 1:21; 시 102:19; 출 17:14; (신 3장), 출 34:27; 신 5:22; 출 31:18.

'하나님께서 직접 나타나 말씀해 주시면 얼마나 좋을까?' 종종 상상해 봅시다. 그러면 하나님이 없다 하는 사람들도 부인하지도 못할 것이고, 하나님의 뜻도 더 직접적이고 분명하게 알 수 있지 않을까요? 그런데 왜 그런 일은 일어나지 않는 것일까요?

하나님의 음성을 무서워하는 백성들

우리가 바라고 상상하는 일이 시내산에서 실제로 일어났습니다. "내가 시내산으로 내려갈게" 하나님이 예고하셨습니다. 이스라엘 백성들은 하나님 만나길 준비하며, 몸을 성결케 하고 옷을 빨았습니다. 삼 일째 아침, 시내산이 빽빽한 구름으로 가득 차 캄캄해졌습니다. 아침 하늘에 우레와 번개가 쳤습니다. 지진이 난 듯 산이 크게 진동했습니다. 불붙은 듯 연기가 피어오르고, 어디선지 나팔 소리가 점점 더 커졌습니다. 그때 하나님께서 화염 가운데 강림하셨습니다. 그리고 말씀하셨습니다. 하나님께서 직접 임하셔서 말씀하시는 일이 일어났습니다.

그런데 백성들의 반응이 어떠했습니까? 우리가 하나님의 음성을 직접 듣는다고 환호했습니까? 좋아했습니까? 또 들려달라고 했습니까? 그렇지 않습니다. 그들은 공포에 사로잡혀 벌벌 떨었습니다. "모세에게 이르되 당신이 우리에게 말씀하소서 하나님이 우리에게 말씀하시지 말게 하소서 우리가 죽을까 하나이다"(19절) 백성들은 하나님의 음성을 두려워하고 무서워했습니다. 다시 들으면 죽을 것 같다고 했습니다(신 5:25). 제발 말씀하지 말아 달라고 부탁할 정도였습니다. 하나님도 백성들이 가까이 오지 말라고 하셨습니다(출 19:21-22, 24). 하나님이 백성을 치실 수도 있었기 때문입니다.

하나님께서 직접 말씀하셨습니다. 그런데 이게 웬일입니까? 백성들은 말씀하지 마시라고 합니다. 사실 하나님의 나타나심은 위험한 일입니다. 하나님을 가까이하는 것도, 그분의 음성을 듣는 것 두렵고 무서운 일입니다. 왜입니까? 모든 사람이 죄인이기 때문입니다. 아담과 하와가 범죄한 후로 모든 사람은 하나님의 음성을 두려워하게 되었습니다. "네가 어디 있느냐"하는 하나님의 음성에 아담은 두려워하여 숨었습니다. 죄를 심판하시는 하나님 앞에 죄인은 두려워할 수밖에 없습니다. 이스라엘 백성들도 아담과 마찬가지로 하나님의 음성 듣기를 두려워했습니다. 그래서 백성들이 원한 것이 있습니다. 모세에게 말씀해 달라고 했습니다. 모세가 하나님께 듣고 백성에게 전해달라고 했습니다. 하나님께서도 백성은 가까이 오지 못하게 하시고, 모세만 가까이 오게 하셨습니다. "백성은 멀리 서 있고 모세는 하나님이 계신 흑암으로 가까이 가니라"(21절). 그리하여 모세가 산 위에서 하나님의 음성을 들었습니다. 그리고 산 아래로 내려와 들은 음성을 백성에게 전해 주었습니다.

이 사건은 매우 중요한 진리를 알려줍니다. 백성이 하나님의 음성을 듣는 방법이 무엇입니까? 음성으로 임하시는 하나님을 만나는 방법이 무엇입니까? 하나님께서 세우신 중보자를 통해서입니다. 백성은 직접 하나님을 만날 수 없습니다. 그 음성을 들을 수도 없습니다. 중보자를 통해서만 하나님의 음성을 듣고 하나님을 만날 수 있습니다. 이스라엘 백성에게 세우신 그 시대 중보자는 모세였습니다. 모세는 산 위에서 하나님의 음성을 듣고 내려와 백성에게 전해 주는 중보직을 수행했습니다. 백성들은 중보자 모세를 통해 하나님의 음성을 들었습니다.

기록된 하나님의 음성

그런데 하나님께서 산에서 모세에게 말씀하신 후에 명하신 일이 하나 있습니다. 그것이 무엇입니까? 모세에게 하신 말씀(음성)을 기록하게 하셨습니다. 그래서 모세는 시내산에서 들은 하나님의 말씀을 다 기록했습니다. "모세가 여호와의 모든 말씀을 기록하고"(출 24:4). 하나님의 음성을 기록한 것은 이뿐이 아니었습니다. 가나안 땅에 들어가기 전에도 말씀을 기록했습니다. "모세가 이 율법의 말씀을 다 책에 써서 마친 후에"(신 31:24). 요단강을 건넌 후에도 하나님의 말씀을 기록하라고 하셨습니다. "요단을 건넌 후에 이 율법의 모든 말씀을 그 위에 기록하라"(신 27:3). 하나님은 모세에게 말씀하셨고, 모세는 그 말씀을 다 기록했습니다.

모세가 이같이 하나님의 음성을 기록했기 때문에 하나님의 음성을 듣는 방법이 무엇일까요? 모세는 여호수아에게 하나님의 음성을 듣는 방법을 알려주었습니다. "이 율법책을 네 입에서 떠나지 말게 하며 주야로 그것을 묵상하여 그 가운데 기록한 대로 다 지켜 행하라"(수 1:8). 모세는 여호수아에게 하나님의 음성을 듣는 다른 방법을 말하지 않았습니다. 하나님의 음성을 듣고 하나님을 만나는 방법은 책을 보는 것입니다! 여호수아는 책을 읽으며 하나님의 음성을 듣고 하나님을 만났습니다. 모세를 이어 여호수아도 하나님의 말씀을 기록했습니다. "여호수아가 이 모든 말씀을 하나님의 율법책에 기록하고"(수 24:26). 사무엘도 하나님의 말씀을 기록했습니다. "사무엘이 나라의 제도를 백성에게 말하고 책에 기록하여 여호와 앞에 두고"(삼상 10:25). 이사야, 예레미야, 에스겔과 같은 선지자들도 하나님의 말씀을 기록했습니다. 왕들도 기록했습니다. 그래서 모세가 여호수아에게 그랬듯, 다윗이 솔로몬에게 하나님의 음성을 듣고 하나님을 만나는 방법을 전수해 주었습니다. "네 하나님 여호와의 명령을 지켜 그 길로 행하여 그 법률과 계명과 율례와 증거를 모세의 율법에 기록된 대로 지키라"(왕상 2:3). 솔로몬도 기록된 하나님의 말씀을 읽으면서 하나님의 음성을 듣고 하나님을 만났습니다.

모세, 여호수아, 사무엘, 다윗, 솔로몬, 그리고 여러 선지자들이 하나님의 말씀을 기록했습니다. 이들은 구약시대 하나님의 음성을 기록으로 전해 준 중보자들이었습니다. 그리고 마지막 중보자이자 참 중보자이신 예수님께서 오셔서 말씀하셨습니다. 그리고 그의 음성을 들은 제자들이 그것을 기록했습니다. 그렇게 기록되어 책으로 완성된 하나님의 말씀이 바로 성경입니다(네덜란드신앙고백서 제3항).

하나님의 음성을 듣고 하나님을 만나는 방법

우리는 하나님을 어떤 형상이나 모양으로 만나지 않습니다. 음성으로 만납니다. 그런데 그 음성을 직접 들을 수 있습니까? 아닙니다. 하나님은 중보자를 통해 말씀하십니다. 그리고 그것을 기록해 주셨습니다. 그래서 구약시대로부터 지금까지 백성들은 기록된 하나님의 말씀을 읽고 들음으로 하나님을 만납니다. 하나님의 음성을 듣는 방법이 무엇입니까? 하나님을 만나는 방법이 무엇입니까? 성경책을 읽는 것입니다. 성경 말씀을 듣는 것입니다. 성경을 펼치면 말씀으로 찾아오시는 하나님을 만나게 됩니다.

하나님께서 성경으로 우리에게 말씀하시고 우리와 만나시기 때문에, 몇 가지 회복해야 할 것들이 있습니다.

첫째, 은연중에 우리는 기록된 하나님의 말씀이, 직접 보고 듣는 것보다 못하다고 생각할 때가 많습니다. 권위가 더 낮고 분명하지 못한 것으로 생각할 때가 많습니다. 하지만 성경은 하나님의 음성 그 자체이며, 하나님의 현현입니다. 그래서 하나님의 말씀은 살았습니다(히 4:12). 성경은 단지 인쇄된 문자가 아닙니다. 하나님께서 살아계시기 때문에, 그분의 말씀도 살아있습니다. 살아 있기에 활동하고 역사합니다. 읽는 이의 마음에, 듣는 이의 심령에 역사하여 하나님을 만나게 하십니다. 하나님의 말씀이 살아서 역사하신다는 믿음이 회복되기를 원합니다.

둘째, 하나님이 성경으로 우리에게 말씀하신다면 말씀을 대하는 우리의 태도가 달라져야 합니다. 에스라가 율법책을 펼 때, 백성이 다 일어섰습니다. 그리고 모든 백성이 손을 들고 아멘 아멘 하고, 몸을 굽혀 얼굴을 땅에 대고 여호와께 경배했습니다(느 8:1-6). 하나님이 보이는 형상으로 나타나신 것이 아닙니다. 음성으로 직접 말씀하신 것도 아닙니다. 율법책을 가져다 읽었는데, 얼굴을 땅에 대고 여호와께 경배했습니다. 고넬료는 베드로를 초청해 이렇게 말했습니다. "이제 우리는 주께서 당신에게 명하신 모든 것을 듣고자 하여 다 하나님 앞에 있나이다" (행 10:33). 베드로 앞이 아니라 하나님 앞에 있다고 했습니다. 성경 말씀을 대할 때, 하나님의 면전에 있다는 사실을 알아야 합니다. 성경 말씀에 대한 경외심과 사모함이 회복되기를 바랍니다.

셋째, 하나님이 성경으로 우리에게 말씀하시고 우리를 만나신다고 믿는다면, 우리의 성경 읽기가 바뀌어야 합니다. 새해부터 성경 읽기를 결심한 분들이 계시지요? 하루 3장씩 읽기로 결심했습니다. 너무 바쁘고 피곤하지만, 결심은 지켜야겠기에 빨리빨리 대충대충 읽습니다. 그리곤 "다 이루었다" 할 때가 없으십니까? 자신의 목표를 이룬 것에 만족하는 것이지요. 학생들이 밀린 숙제를 해치우듯이, 성경 읽기를 해치우진 않으십니까? 성경 읽기가 인쇄된 문자를 읽는 것 그 이상도 그 이하도 아닌 것이 되어서야 하겠습니까? 성경 읽기는 하나님과의 만남인데 말씀을 통해 찾아오시는 하나님과 인격적인 교제를 해야 하지 않겠습니까? 여러분이 사랑하는 사람으로부터 연애편지를 받았다고 해 봅시다. 그런데 이해되지 않는 문장이 있습니다. 내가 좋다는 말인지 싫다는 말인지 모르겠습니다. 그러면 궁금하고 답답해서 잠을 이루지 못할 것입니다. 만약 궁금함도, 답답함도 없고, 알고 싶지도 않다면, 사랑하는 사람이 아니겠지요. 단언컨대, 성경에 관심이 없는 사람은 하나님께 관심이 없는 사람입니다. 성경을 사랑하지 않는 사람은 하나님을 사랑하지 않는 사람입니다. 여러분이 회사에서 바이어(buyer)에게 편지를 받았습니다. 그런데 어떤 문장이 무슨 의미인지 모르겠습니다. 그럼 '그냥 그런 뜻이겠지' 하고 넘길 수 있을까요? 우리의 성경 읽기가 바뀌기를 바랍니다. 무슨 의미인지, 무슨 뜻인지, 궁금하지도 않고, 관심도 없고, 빨리빨리 대충대충 오늘 하루도 성경을 읽었다는데 만족하고 있다면, 우리의 성경 읽기가 더 진지해지기를 바랍니다.

아프리카 속담에, "자주 보는 표범은 고양이로 보인다"는 말이 있습니다. 오늘날 성경은 언제라도 쉽게 구해 읽을 수 있는 책이 되었습니다. 그래서 하나님의 말씀인 성경을 가볍게 취급하는 경향이 있는 것 같습니다. 성경 말씀에 대한 경외심과 사모함을 회복합시다. 성경 읽기에 더 진지해 집시다. 말씀을 바르게 이해하고 깨닫기 위해 힘씁시다. 성경 말씀에 전심전력하여 하나님을 더 가까이하는 성도가 됩시다.

67번째 성경이 없는 이유

(히브리서 1:1-2)

Article IV.

Nous comprenons L'Escriture saincte es deux volumes du Viel et du Nouveau Testment, qui sont livres Canoniques, ausquels il n'y a que repliquer. Le nombre en est tel en l'Eglise de Dieu: Du Viel Testament: Les cinq livres de Moyse, Genese, Exode, Levitique, Nombres, Deuteronome: Le livre de Iosué, des Iuges, Ruth, les deux livres de Samuel, et deux des Rois, les deux livres des Chroniques dits Paralipomenon, le premier d'Esdras, Nehemie, Esther, Iob: les Pseaumes de David, les trois livres de Salomon, asavoir, les Proverbes, l'Ecclesiaste, et le Cantique: Les quatres grands Prophetes Esaïe, Ieremie, Ezehiel, Daniel: puis les autres douze petits Prophetes: Osee, Ioel, Amos, Abdias, Ionas, Michée, Nahum, Abacuc, Sophonie, Haggée, Zacharie, Malachie. Du Nouveau Testmanet Les quatres Euangelistes, S. Matthieu, S. Marc, S. Luc, S. Iehan: Les Actes des Apostres, Les quatorze Epistres de S. Paul, aux Romains, deux aux Corinthiens, aux Galates, Ephesiens, Philippiens, Colossiens, deux aux Thessaloniciens, deux à Timothée, à Tite, Philemon, aux Hebrieux: et les sept Epistres des aultres Apostres: de S. Iacques, deux de S. Pierre, trois de S. Iehan, de S. Iude, et l'Apocalypse de S. Iehan Apostre.

제4항. [구약과 신약이라는 정경]

우리는 성경을 구약과 신약의 두 권으로 이해합니다. 이 [구약과 신약]은 결코 반박할 수 없는 정경 책들입니다. 그러므로 이 [책들이] 하나님의 교회에서는 [다음과 같이] 계수됩니다. 즉 구약에 속한 [책들로는] 모세오경인 창세기, 출애굽기, 레위기, 민수기, 신명기; 여호수아서, 사사기, 룻기, 상하로 불리는 사무엘의 두 책과 열왕기의 두 책과 역대기의 두 책, 첫 번째 에스드라(=에스라), 느헤미야, 에스더, 욥기; 다윗의 시편, 솔로몬의 세 책인 잠언, 전도서, 아가; 네 명의 대선지자인 이사야, 예레미야, 에스겔, 다니엘; 열 두 명의 소선지자인 호세아, 요엘, 아모스, 오

바댜, 요나, 미가, 나훔, 하박국, 스바냐, 학개, 스가랴, 말라기[가 있고], 신약에 속한 [책들로는] 네 명의 복음전도자인 성 마태, 성 마가, 성 누가, 성 요한; 사도행전, 성 바울의 열 네 편지인 로마서, 고린도전후서, 갈라디아서, 에베소서, 빌립보서, 골로새서, 데살로니가전후서, 디모데전후서, 디도서, 빌레몬서, 히브리서; 또한 다른 사도들의 일곱 편지인 성 야고보의 것, 성 베드로의 두 개, 성 요한의 세 개, 성 유다의 것, 그리고 성 요한 사도의 계시록[이 있습니다].

어느 교회의 비전이 'Acts 29'라고 합니다. 'Acts 29'란 사도행전 29장을 의미하는 것으로, 28장으로 끝나는 사도행전이 끝나지 않고 계속 기록되어야 함을 뜻한다고 합니다. 그 의도와 의미는 충분히 이해할 수 있습니다. 예수 그리스도를 전하는 일이 오늘날에도 계속되어야 한다는 의미겠지요. 하지만 그 표현 자체는 분명 오해를 불러일으킬 만합니다. 사도행전 29장은 결코 있을 수 없기 때문입니다. 성경은 66권, 1,189장이고, 그중에 한 장이라도 뺄 수도 없고 더 할 수도 없습니다.

67번째 성경이 없는 이유는 무엇입니까?

하나님께서 우리에게 주신 성경은 모두 66권임을 믿습니다(네덜란드신앙고백서 제4항). 이 고백 속에는 계시가 끝났다는 믿음이 내포되어 있습니다. 다시 말해 67번째 성경은 없다는 고백입니다. 그런데 계시가 끝났다는 말에 대해 오해하시는 분들이 많습니다. 끝났다고 하니까 뭔가 아쉽고, 서운합니다. 좀 더 있으면 좋은 것 아닌가 생각하는 분들도 계십니다. 그러나 그렇지 않습니다. 계시가 끝났다는 말은 계시가 완성되었다는 의미입니다. 하나님께서 6일간의 창조 사역을 완성하셨기 때문에 일을 그치신 것과 같습니다(창 2:1-2). 일을 성취하기 전에는 끝낼 수가 없습니다(룻 3:18). 다 이루었기 때문에 끝난 것입니다.

계시가 끝났다는 것은 어떤 의미입니까? 계시가 완성되었다는 의미입니다. 하나님께서 우리에게 계시하고자 하신 모든 것이 다 이루어졌기 때문에 계시가 종결된 것입니다. 그렇기에 계시가 끝났다는 사실은 아쉬워해야 할 일이 아니라, 감사해야 할 일입니다. 하나님께서 우리에게 주고자 하신 계시가 다 완성되었기 때문입니다.

성경 66권을 통해 완성된 계시는 무엇입니까?

성경 66권을 통해 계시가 완성되었다고 했습니다. 그렇다면 완성된 계시의 핵심이 무엇입니까? 계시는 하나님의 약속을 다룹니다. 이 약속을 한 문장으로 말하면, "나는 그들의 하나님이 되고 그들은 내 백성이 되리라" 입니다(렘 31:33). 하나님과 교제하는 백성 만드는 것이 약속의 핵심입니다. 계시는 하나님의 약속이 어떻게 이루어지는가에 초점을 맞추고 있습니다. 약속은 어떻게 이루어질까요? 하나님의 약속은 사람이 이룰 수 없습니다. 하나님의 약속은 하나님께서 친히 이루시는데, 세우신 중보자를 통해 이루십니다. 그래서 계시의 초점은 늘 중보자에 맞춰져 있습니다.

좀 더 자세히 살펴봅시다. 하나님이 자기 백성 만드시는 것이 약속의 핵심이고, 계시의 초점이라고 했지요? 하나님께서 누군가를 어떻게 자기 백성 만드십니까? 다시 말해 하나님의 약속을 이루시는 방법이 무엇입니까? 언약의 대표자이자 중보자를 통해서 그렇게 하십니다. 예를 들어, 하나님은 아브라함을 언약의 대표자(중보자)로 삼아 그 가솔을 자기 백성 삼으셨습니다. 백성이 스스로 언약 백성이 되어 하나님과 교제할 수 있는 것이 아닙니다. 엄밀히 말해 하나님과 교제하는 자는 중보자뿐입니다. 누가 하나님의 말씀을 듣고 전했습니까? 아브라함이 그렇게 했습니다. 누가 제단을 쌓고 제사했습니까? 아브라함이 했습니다. 누가 백성들을 다스렸습니까? 아브라함입니다. 그 시대 하나님의 백성이 되는 방법은 아브라함의 가솔이 되는 길뿐입니다. 아브라함은 옛언약시대 하나님이 세우신 언약의 대표자이자 중보자였고, 하나님은 그를 통해 자기 약속을 이루셨습니다. 그래서 구약 계시는 아브라함에게 초점을 맞추고 있습니다. 마찬가지로 구약 계시는 주로 중보자들을 다룹니다. 아담, 노아, 모세, 다윗 역시 옛언약에 속한 중보자들이었습니다. 선지자, 제사장, 왕들 또한 중보자들이었습니다. 이들을 기름 부어 세웠기 때문에 "메시야"라고 불렀습니다. 구약의 계시는 하나님이 세우신 중보자 즉 메시야들을 통해 자기 약속을 이루어 가시는 역사입니다. 우리는 이 역사를 가리켜, 계시사 혹은 구속사라고 부릅니다. 계시사와 구속사의 초점은 메시야입니다.

그런데 구약의 중보자(메시야)들은 연약하고 불완전했습니다. 그래서 그들을 통해 하나님의 약속이 온전히 이루어질 수 없었습니다. 그들은 참 중보자, 참 메시야를 예표하고 바라보게 하는 그림자였습니다. 구약 계시는 참 메시야를 대망합니다. 드디어 참 중보자, 참 메시야가 오셨습니다(여기서 참이란 거짓과 반대말이 아니라, 실체라는 뜻입니다). 바로 예수님이십니다. 히브리어 "메시야"를 헬라어로 옮기면 "그리스도"입니다. 그래서 예수님이 참 메시야이시고, 참 그리스도이십니다. 구약의 모든 계시는 참 메시야이신 예수님을 가리키고 있었습니다(요 5:39). 따라서 예수님께서 오심으로 구약의 모든 계시는 성취되었습니다(눅 24:44). 다시 말해 하나님은 예수님을 통해 자기 약속을 온전히 성취하십니다.

예수 그리스도께서 참 중보자이시기 때문에, 또 다른 중보자가 없습니다. 예수 그리스도께서 모든 날 마지막에 오신 마지막 중보자이십니다(히 1:2). 또 다른 중보자가 없기 때문에 계시가 끝난 것입니다. 만약 예수님 뒤에 또 다른 메시야가 와야 한다면, 계시는 계속될 것입니다. 계시는 메시야를 비추고 드러내야 하니까요. 하지만 예수님이 마지막 메시야이십니다. 그래서 또 다른 계시가 필요치 않습니다. 계시는 참 중보자 예수님을 온전히 다 증거했으므로 완성되었습니다. 사도들이 예수님을 증언하는 증인이 되었습니다. 예수님을 눈으로 보고 손으로 만진 사도들은 그들이 보고 들은 바를 다 기록했습니다(요일 1:1-3). 이들이 기록한 것 외에 예수님에 대해 더 기록해야 할 것도 없고, 그럴 수 있는 사람도 없습니다. 그래서 그 증언은 신약 27권으로 완성되었습니다. 옛언약의 대표자들은 오실 예수님을 예표하고 예언했고, 새언약의 대표자들은 오신 예수님을 증거하고 증언했습니다. 이로써 계시는 완성되었습니다. 선지자들이 예언한 것과 예수 그리스도께서 사도들을 통해 명령하신 것이 계시의 전부입니다. "곧 거룩한 선지자들이 예언한 말씀과 주 되신 구주께서 너희의 사도들로 말미암아 명하신 것을 기억하게 하려 하노라"(벧후 3:2).

계시는 하나님께서 자기 약속을 어떻게 이루시는가에 초점을 맞추고 있습니다. 이제 하나님의 약속은 예수 그리스도 안에서 이루어집니다(고후 1:20). 그런데 예수님 안에서 이루어진 약속의 성취를 적용시키는 분이 성령님이십니다. 성령님은 계시의 기록자이시고, 그 계시를 깨닫게 하시는 분이십니다. 계시를 통해 예수님을 알고 믿게 하시는 분이 성령님이십니다. 우리를 예수님 안에 연합시키시고 내적, 외적 표를 주시는 분도 성령님이십니다. 그리하여 우리를 하나님과 교제하게 하시는 분이 성령님이십니다. 따라서 성령님이 하나님의 약속을 이루십니다.

자 그렇다면 성경 66권을 통해 완성된 계시는 무엇입니까? 엄밀히 말하면, 질문이 틀렸습니다. '완성된 계시는 누구십니까?'라고 물어야 합니다. 완성된 계시는 예수 그리스도이십니다. 그리고 성령님은 예수 그리스도 안에서 완성된 하나님의 약속을 우리에게 적용시키십니다. 그리고 이 모든 일을 처음부터 작정하시고 마지막까지 이루시는 분은 하나님 아버지이십니다. 요약하면, "성령님을 통하여 예수 그리스도 안에서 우리를 그의 백성 만드시는 하나님"이 계시의 내용이자 계시의 완성입니다. "성부는 성령을 통해 성자를 말씀하십니다."

완성된 계시를 통해 깨닫고 행할 것은 무엇입니까?

성경 66권을 통해 계시가 완성되었다는 의미를 새롭게 발견했다면, 우리에게 어떤 변화가 일어나야 할까요?

먼저, 성경을 그리스도 중심적(Christocentric)이고, 그리스도 완결적(Christotelic)으로 보아야 합니다. 성경은 언약의 중보자이신 예수님을 계시합니다. 예수 그리스도 없이 성경은 닫힌 책입니다(고후 3:14). 그러나 안타깝게도 오늘날 우리의 성경 읽기는 윤리화, 도덕화, 모범화, 심리화에 물들어 있습니다. '아브라함을 본받자'는 외침이 틀린 것은 아니지만, 거기에는 구원이 없습니다. 아브라함은 단지 본받아야 할 믿음의 위인이 아니라, 그 시대 언약의 대표자였고 구원의 통로였고 예수 그리스도를 가리키는 예표였습니다. 성경을 위인전집처럼 읽고 있지는 않으십니까? 믿음은 적극적 사고방식으로 곡해되고, 십자가의 의미는 희생정신으로 변질되지 않았습니까? 오늘날 신학은 철학과 사변에 물들어 더 이상 죄와 십자가를 다룰 여지가 없어졌습니다. 하지만 바울은 말하기를 "내가 너희 중에서 예수 그리스도와 그의 십자가에 못 박히신 것 외에는 아무 것도 알지 아니하기로 작정하였음이라"고 했습니다(고전 2:2). 우리는 예수 그리스도께서 계시의 목표요 내용이요 완성임을 알고, 성경을 통해 그리스도를 발견하고 배워야 합니다. 예수님이라는 유일한 길을 통해 삼위 하나님을 만나야 합니다(요 14:6).

또한, 예수 그리스도 안에서 사는 인생이 되어야 합니다. 하나님의 약속은 예수님 안에서만 이루어집니다. 우리가 이룰 수 있는 일이 아닙니다. 구원은 그리스도 안에서 일어나는 일입니다. 하나님께 영광을 돌리는 것도 그리스도 안에만 가능합니다(고후 1:20). 그리스도께 붙어있을 때만 열매를 맺는 가지가 됩니다(요 15:5). 내가 할 수 있다 말하지 마십시오. 예수님 안에서만 할 수 있다 말하십시오(빌 4:13). 성경을 통해 날마다 자기를 부인하고, 그리스도 안에서 사십시오. 완성된 계시를 깨달은 사람은 그리스도와 연합되어 삽니다.

저자 중심적 성경읽기

(베드로후서 1:20-21)

Article V.

Nous recevons tous ces livres-là seulement pour saincts et Canoniques, pour regler, fonder, et establir nostre foy: et indubitablement croyons toutes les choses qui sont contenues en iceux, non pas tant, pource que l'Eglise les reçoit et approuve tels; mais principalement, pour ce que le S. Esprit nous rend tesmoignage en nostre coeur qu'ils sont de Dieu, et aussi qu'ils sont approuvez tels par eux-mesmes, quand les aveugles mesme peuvent appercevoir, que les choses adviennent qui y sont predittes.

제5항. [믿음을 규정하고 다지고 세우는 성경]

우리는 이 모든 책들만을 거룩하고 정경적인 것으로 받아들이는데, [이는] 우리의 믿음을 규정하고 다지고 세우기 위해서입니다. 또한 [우리는] 그 모든 것이 그 자체로 형성된 것임을 아무 의심 없이 믿습니다. 왜냐하면 교회가 그것들을 그와 같이 받아들이고 승인했기 때문이 아니라, 특별히 성령께서 우리에게, 그것들이 하나님께로부터 유래한다는 증거를 우리 마음에 주시기 때문이요, [또한] 그것들도 스스로 그와 같이 승인하기[=증거하기] 때문입니다. 그 [정경 책들] 속에 예언된 것들이 [그대로] 발생한다는 [사실은] 장님조차도 더듬거리며 알아챌 수 있습니다.

관련성경

딤후 3:17; 벧전 1:12.

네덜란드신앙고백서 제5항은 성경이 하나님으로부터 나온 것임을 고백합니다. 성경은 오랜 세월, 많은 사람에 의해 기록되었습니다. 하지만 하나님께서 인간 저자들을 영감하셔서 자신의 말씀을 기록하게 하셨습니다. 그러므로 사실상 성경의 저자는 하나님입니다. 성경의 증거를 들어봅시다.

성경의 저작권

"형제들아 성령이 다윗의 입을 통하여 예수 잡는 자들의 길잡이가 된 유다를 가리켜 미리 말씀하신 성경이 응하였으니 마땅하도다"(행 1:16). 오순절 베드로 사도가 한 설교입니다. 그는 시편 69:25을 인용하면서, 성령이 다윗의 입을 통하여 말씀하신 것이라고 합니다. 다윗의 노래가 아니라 성령이 하신 말씀이라고 선언합니다.

"또한 성령이 우리에게 증언하시되 주께서 이르시되 그 날 후로는 그들과 맺을 언약이 이것이라 하시고 내 법을 그들의 마음에 두고 그들의 생각에 기록하리라"(히 10:15~16). 이 말씀은 예레미야가 한 예언입니다(렘 31:33~34). 그런데 히브리서 기자는 성령이 우리에게 증언한 것이라고 말씀합니다.

"모든 성경은 하나님의 감동으로 된 것"(딤후 3:16)입니다. '모든 성경'은 디모데가 그의 할머니와 어머니에게서 배운 구약성경과 사도들에게서 듣고 배운 복음을 포함하는 것입니다. 그런데 이것이 하나님의 감동으로 된 것입니다. 헬라어 '데오프뉴스토스'는 '하나님'과 '숨을 내쉬다'는 합성어입니다. 하나님께서 숨을 내쉬듯, 친히 말씀하신 것이라는 의미입니다.

"이러므로 우리가 하나님께 끊임없이 감사함은 너희가 우리에게 들은 바 하나님의 말씀을 받을 때에 사람의 말로 받지 아니하고 하나님의 말씀으로 받음이니 진실로 그러하도다 이 말씀이 또한 너희 믿는 자 가운데에서 역사하느니라"(살전 2:13) 데살로니가에 있는 성도들은 바울을 비롯한 사도들의 말을 들을 때, 사람의 말로 받지 않고 하나님의 말씀으로 받았습니다. 하나님의 말씀은 살았기 때문에 믿는 자 가운데서 역사하십니다.

"예언은 언제든지 사람의 뜻으로 낸 것이 아니요 오직 성령의 감동하심을 받은 사람들이 하나님께 받아 말한 것임이라"(벧후 1:21). 베드로 사도는 성경 말씀이 사람의 자의나 임의나 충동으로 기록된 것이 아니라, 성령의 감동으로 하나님께 받아서 말한 것이라고 합니다. 성경의 원저자가 성령 하나님이심을 밝힙니다.

그러므로 성경의 저작권은 하나님께 있습니다. 하나님은 저작권이 침해당하는 것을 용납하지 않으십니다. 그래서 우리는 성경의 한 구절이라도 더하거나 덜할 수 없습니다. "내가 너희에게 명령하는 이 모든 말을 너희는 지켜 행하고 그것에 가감하지 말라"(신 12:32). "내가 이 두루마리의 예언의 말씀을 듣는 모든 사람에게 증언하노니 만일 누구든지 이것들 외에 더하면 하나님이 이 두루마리에 기록한 재앙들을 그에게 더하실 것이요 만일 누구든지 이 두루마리의 예언의 말씀에서 제하여 버리면 하나님이 이 두루마리에 기록된 생명나무 및 거룩한 성에 참여함을 제하여 버리시리라"(계 22:18~19).

저자 중심적 읽기 vs 독자 중심적 읽기

문학 작품을 읽는 두 가지 방법이 있습니다. 첫째, 저자 중심적 읽기입니다. 이는 저자의 의도에 집중하는 방법입니다. 저자가 처한 상황과 형편을 고려하고, 저자가 의도한 주제와 의미를 읽어내려 합니다. 저자의 저작 의도를 따라 작품을 이해하려는 시도입니다. 반면 저자의 의도가 무엇이었든지 상관없이 독자의 감상과 이해에 초점을 맞추기도 합니다. 독자 중심적 읽기입니다. 이는 독자가 작품의 의미를 결정한다는 견해입니다. 어떤 사람이 식탁용 의자를 만들었는데, 나는 그 의자를 소파 대신 사용할 수도 있고 책상 의자로 사용할 수도 있지 않겠습니까? 이처럼 작품의 의미와 해석도 저자에 의해 주어진 것이 아니라, 독자에 의해 만들어지는 것으로 이해합니다. 글쓴이에 의해 정해져 있는 것이 아니라, 읽는 이에 따라 달라집니다. 저자 중심적 읽기는 저자에 의해 의도된 작품의 의미가 유한하다는 뜻에서 '유한해석'이라고 말할 수 있습니다. 반면 독자 중심적 읽기는 작품의 의미가 독자에 의해 무궁무진하게 만들어진다는 의미에서 '무한해석'이라고 부를 수 있습니다.

성경은 어떻게 읽어야 할까요? 성경은 저자 중심적으로 읽어야 할까요? 독자 중심적으로 읽어야 할까요? 문학 작품이야 저자 중심으로 읽든, 독자 중심으로 읽든 상관할 바 아닙니다. 하지만 성경은 다릅니다. 성경은 사람의 말이나 글이 아니라, 하나님의 말씀이기 때문입니다. 성경의 저자는 하나님입니다. 우리는 하나님의 뜻을 깨닫기 위해 성경을 읽습니다. 따라서 성경 읽기는 저자 중심적이어야 합니다. 만약 읽는 사람이 느끼고 이해하는 바대로 성경을 해석한다면, 하나님의 뜻이 아니라 자기 자신의 뜻을 발견할 뿐입니다. 그것은 하나님의 뜻에 귀를 기울이지 않는 것입니다. 성경 읽기는 독자 중심적이어서는 안 됩니다. 이런 점에서 성경 읽기의 주도권은 나에게 있지 않고 하나님께 있습니다. 성경을 읽는 사람은 성경이 하나님의 말씀이라는 점을 믿고, 그분이 말씀하시려는 바가 무엇인지 주의해야 합니다.

웨스트민스터 신앙고백서는 성경 읽기에 대해 이렇게 고백합니다(대교리문답 제157문답).

문 : 하나님의 말씀을 어떻게 읽어야 합니까?
답 : 성경은 높이고 경외하는 마음으로 읽고, 그것이 바로 하나님의 말씀이고, 하나님께서만 우리로 하여금 성경을 깨닫게 하실 수 있다는 굳은 신념으로 거기에 계시되어 있는 하나님의 뜻을 알고 믿고 순종하고자 하는 소원으로, 부지런함과, 성경의 내용 및 범위에 주의함과, 묵상과, 적용과, 자기 부정과, 기도함으로 읽어야 합니다.

여기서 '자기 부정'은 무엇을 의미합니까? 성경 읽기에 왜 자기 부정이 필요합니까? 성경 읽기의 주도권이 나에게 있지 않다는 뜻입니다. 내 마음이 가는 대로, 내가 이해하고 싶은 대로 읽어서는 안 됩니다. 하나님의 목적과 뜻대로 읽고 이해해야 합니다. 또한 말씀을 깨닫는 것도 나의 능력에 달린 것이 아님을 알아야 합니다. 똑똑한 사람이 성경을 잘 깨닫는 것도 아닙니다. 어떤 사람이나 어떤 책이 성경을 깨닫게 해 주는 것도 아닙니다. 말씀을 깨닫게 하시는 분은 성령 하나님입니다. 그러니 우리는 말씀을 잘 깨닫게 해 달라고 기도하며 성경을 읽어야 합니다.

마지막으로 저자 중심적 읽기의 한 가지 예를 살펴봅시다. "너희는 여호와의 책에서 찾아 읽어보라 이것들 가운데서 빠진 것이 하나도 없고 제 짝이 없는 것이 없으리니 이는 여호와의 입이 이를 명령하셨고 그의 영이 이것들을 모으셨음이라"(사 34:16). 이 구절은 성경의 정경성, 무오성, 영감성, 통일성의 근거 구절로 사용될 때가 많습니다. 하나님의 말씀은 다 제 짝이 있기 때문에 유기적 통일성이 있다고 합니다. 여호와의 입이 명령하셨고, 그의 영이 말씀들을 모으셨기 때문에 정경은 영감받은 무오한 말씀이라고 합니다. 말씀의 권위를 변호하고 증명하기 위한 좋은 의도이지만, 아이러니하게도 성경을 잘못 해석하고 인용하는 대표적인 예입니다.

본문은 열방을 보복하시는 하나님의 심판을 다루는 말씀입니다(사 34장). 하나님은 열방의 땅을 황무지가 되게 하여 각양 들짐승들이 차지하게 하실 것입니다. 그 들짐승들은 승냥이, 타조, 이리, 올빼미, 부엉이, 솔개 등입니다. 하나님의 심판이 이루어졌을 때, 실재 그 들짐승들이 그 땅을 차지하고 있는지 여호와의 책에서 그것들을 찾아 불러보라 하십니다('읽어보라'보다는 '불러보라'). 그러면 빠진 것이 하나도 없고 제 짝이 없는 것이 없을 것입니다. 왜냐하면 하나님께서 말씀하셔서 그 들짐승들을 오게 하셨고, 주의 영이 그 들짐승들을 모으셨기 때문입니다. '빠진 것이 하나도 없고 제 짝이 없는 것이 없는' 것은 각양 들짐승입니다. 이 말씀은 성경의 무오성, 영감성, 통일성을 말씀하시는 본문이 아니라, 열국을 백성들이 사는 땅이 아니라 들짐승들이 사는 땅으로 만드시겠다는 하나님의 심판 예언입니다(사 34:17).

우리는 성경의 정경성, 무오성, 영감성, 통일성을 믿습니다. 그러나 이 구절이 그 직접적인 근거는 아닙니다. 이처럼 선한 의도와 목적을 가지고도, 하나님의 말씀을 적절하지 못하게 이해하고 인용할 수 있음을 주의해야 합니다. 저자이신 성령 하나님의 의도와 뜻을 바르게 깨닫기 위해, 성경의 내용과 범위에 주의하며 읽어야 합니다. 자기 부정과 기도함으로 저자 중심적 읽기를 합시다.

'남방 왕과 북방 왕의 환상'이 주는 교훈

(다니엘 11:2-35)

Article VI.

Nous mettons différence entre ces saincts livres, et les livres Apocriphes: qui sont, Le 3. et 4. livre d'Esdras, le livre de Tobie, Iudith, Sapience, Ecclesiastique, Baruc, ce qui a esté adjousté à l'histoire d'Esther, le Cantique des trois enfans en la fournaise, l'histoire de Susanne, l'histoire de l'Idole Bel, et du Dragon, l'Oraison de Manassé, et les deux livres de Maccabée: Lesquels l'Eglise peut bien lire, et d'iceux prendre instruction es choses accordantes aux livres Canoniques; mais ils n'ont point telle force et vertu, que par aucun tesmoignage d'iceux, on puisse arrester quelque chose de la foy ou religion Chrestienne, tant s'en fault, qu'ils puissent ramoindrir l'autorité des autres saincts livres.

제6항. [정경과 외경]

우리는 이 거룩한 책들을 외경들과 구분합니다. [외경으로는] 제3 제4 에스드라서(=에스라 상하), 토비서, 유디트서, 지혜서, 집회서, 바룩서, 에스더의 역사에 첨부된 것들, 풀무불 속 세 소년의 찬미, 수산나의 역사, 벨과 용의 우상, 므낫세의 기도, 두 권의 마카비서(=마카비 상하) 등이 있습니다. [그 외경들을] 교회는 읽어도 무방하며 그것들이 정경 책들과 일치할 경우에는 교훈을 얻을 수도 있습니다. 하지만 그것들은 [정경 책들과 같은] 그런 힘과 능력이 없습니다. 그래서 그것들의 증언으로는 기독교 신앙이나 경건의 어떤 요소도 확증할 수 없습니다. 그렇기 때문에 다른 거룩한 책들의 권위를 떨어뜨릴 가능성조차 없습니다.

다니엘서에는 두 가지 문학 장르가 나옵니다. 하나는 이방 왕궁에서 일어났던 역사적 사건들을 다루는 이야기(Narrative)이고, 다른 하나는 다니엘과 이방의 왕들이 받은 꿈과 환상을 다루는 묵시(Apocalypse)입니다. 이방 왕궁에서 일어났던 사건들을 기억하십니까? 다니엘이 바벨론에서 왕의 음식과 포도주를 거부했던 이야기, 사드락, 메삭, 아벳느고가 금신상 앞에서 절하기를 거부하고 풀무불에 들어갔던 이야기, 다니엘이 하루 세 번씩 기도하다가 사자굴에 들어갔다 나온 이야기 등입니다. 이런 이야기들은 우리에게 익숙합니다. 반면에 다니엘서에 나오는 꿈과 환상, 묵시들에 대해서는 생소한 경우가 많습니다. 바다에서 나온 네 짐승(7장), 숫양과 숫염소의 환상(8장), 일흔 이레의 환상(9장), 남방 왕과 북방 왕의 환상(11장) 등이 그것입니다. 오늘은 그중 하나인 남방 왕과 북방 왕의 환상에 대해 살피려 합니다. 본문 말씀은 바사 왕 고레스 삼 년에 다니엘이 받은 환상입니다. 이 환상은 다니엘 이후, 주전 약 323년부터 163년경에 일어날 일들에 대해 다루고 있습니다. 이 시기를 신구약 중간기라고 부르지요. 우리는 이 환상을 이해하는데, 외경(마카비서)의 도움을 받을 수 있습니다. 외경은 정경으로서의 권위는 없습니다. 하지만 정경과 일치하는 한, 참고하여 교훈을 얻을 수 있습니다(네덜란드신앙고백서 제6항). 그러면 이제 이 어려운 환상 속으로 한번 들어가 봅시다.

고레스 이후, 바사의 네 번째 왕인 크세르크세스(아하수에로)가 살라미 해전에서 패한 뒤 헬라가 부상하게 됩니다(2절). 헬라에서 한 능력 있는 왕이 등장하는데, 그가 바로 알렉산더였습니다(3절). 알렉산더 사후 나라는 네 왕에 의해 나누어지는데, 환상은 특별히 남방 왕과 북방 왕을 다룹니다(4절). 남방 왕은 이집트를 장악한 프톨레미이고, 북방 왕은 시리아를 장악한 셀류쿠스입니다. 이들은 서로 엎치락뒤치락 싸웠고, 이스라엘은 그 사이에 끼였습니다. 고래 싸움에 새우 등 터지듯, 이스라엘의 형편이 그랬습니다.

남방 왕과 북방 왕 사이에서 어떤 일들이 일어날까요? 남방 왕 프톨레미 2세는 자신의 딸 베레니케를 북방 왕 안티오쿠스 2세에게 주어 정략결혼을 시킵니다. 베레니케의 아들을 안티오쿠스의 후계자로 세우기 위함이었습니다. 안티오쿠스는 본처 라오디케를 버리고 베레니케와 결혼합니다. 하지만 얼마 뒤 프톨레미 2세가 죽자, 안티오쿠스는 베레니케와 이혼하고 다시 라오디케를 받아들입니다. 앙심을 품은 라오디케는 안티오쿠스를 독살하고 베레니케와 그 아들도 살해합니다. 그리고 자신의 아들 셀류쿠스 2세를 북방 왕으로 세우게 됩니다(5-6절). 남방에서는 베레니케의 형제인 프톨레미 3세가 왕이 됩니다. 그는 북방을 공격하여 라오디케를 죽이고 복수를 합니다(7절). 그 후 주전 약 242년 셀류쿠스 2세가 남방을 공격하지만 실패합니다(9절). 하지만 그 아들들이 계속 남방을 공격하는데, 그 중 한 명이 안티오쿠스 3세입니다(10절). 안티오쿠스 3세는 남방 왕 프톨레미 4세를 공격하지만 실패합니다(11절). 전쟁에서 이긴 프톨레미 4세는 교만하여져서 예루살렘 성전의 지성소에 들어가게 되고, 원인 모를 죽음을 당합니다(12절). 약 13년 후, 안티오쿠스 3세는 다시 남방을 공격하여 이전의 패배를 만회합니다(13절). 이 때 남방 왕은 프톨레미 5세였는데 그는 겨우 네 살이었고, 때는 주전 198년이었습니다(15절). 이때부터 이스라엘은 북방 왕의 지배를 받게 됩니다(16절). 그 후 안티오쿠스 3세는 자신의 딸 클레오파트라를 프톨레미 5세와 약혼시킵니다. 남방에 대한 자신의 영향력을 높이기 위해서였지요. 하지만 클레오파트라는 자신의 남편에게 완전히 마음이 빼앗겨 친이집트 성향을 가지게 됩니다(17절). 그리고 로마를 끌어들여 북방 왕의 공격을 막아내려 합니다. 실제로 안티오쿠스 3세의 군대는 로마 군대에 패배합니다. 그리고 로마는 무거운 전쟁 배상금을 요구하게 됩니다(18절). 안티오쿠스는 전쟁 배상금을 내기 위해 사원들을 약탈하게 되는데, 주전 187년 엘리마스의 사원을 약탈할 때 그 지역의 제우스 열성 추종자들에 의해 살해당합니다(19절). 안티오쿠스 3세를 이어 셀류쿠스 4세가 왕이 되었지만, 그 역시 로마가 부여한 전쟁 배상금에서 자유로울 수 없었습니다. 그는 헬리오도로스를 재무장관으로 세우고 예루살렘의 성전 보물을 몰수합니다. 하지만 얼마 후 재무장관이 왕을 독살합니다(20절). 셀류쿠스 4세를 이어 왕이 된 자가 바로 안티오쿠스 4세(에피파네스)입니다(21-35절). 그는 아버지 안티오쿠스 3세가 로마에 패한 뒤 인질로 16년간 로마에 갇혀 있었습니다. 그 후 그의 형(셀류쿠스 4세)의 아들 드미트리우스를 대신 인질로 삼고 자신은 풀려나게 됩니다. 그리고 형 셀류쿠스 4세가 재무장관에 의해 암살되었다는 소식을 듣고, 버가모 왕의 도움으로 군사를 얻어 왕좌를 차지합니다. 그는 치졸한 방법으로 전쟁을 해나갑니다. 하지만 노략하고 탈취한 재물들을 백성들에게 나누어 줌으로써 백성의 마음을 얻습니다(24절). 그리고 드디어 남방을 침략하게 됩니다(1차 이집트원정). 그는 이 전쟁에서 남방의 프톨레미 6세와 7세를 서로 이간질시켜 분열시키고자 했지만 실패합니다(27절). 남방을 정복하지는 못했지만, 안티오쿠스 4세는 많은 재물을 가지고 본국으로 돌아갑니다. 돌아가는 길에 유다에 들러 자신의 마음에 맞는 사람을 대제사장으로 세웁니다(28절). 얼마 후 그는 또다시 남방을 공격합니다(2차 이집트원정, 29절). 그런데 클레오파트라가 로마의 배들을 불러들입니다(30절). 로마 장군 포필리우스에 무릎을 꿇은 안티오쿠스는 돌아가는 길에 이스라엘에 분풀이를 합니다(주전 167년경). 그는 성전을 더럽히고, 매일 드리는 제사를 폐하고, 가증한 것들을 세웁니다(31절). 이 때 많은 사람들이 환난을 당합니다. 외경 마카비서는 이 부분에 대해 좀 더 자세한 자료를 제공해 주고 있습니다. "임금은 온 왕국에 칙령을 내려, 모두 한 백성이 되고 자기 민족만의 고유한 관습을 버리게 하였다. 이민족들은 모두 임금의 말을 받아들였다. 이스라엘에서도 많은 이들이 임금의 종교를 좋아하여, 우상들에게 희생 제물을 바치고 안식일을 더럽혔다. 임금은 사신들을 보내어 예루살렘과 유다의 성읍들에 이러한 칙서를 내렸다. 유다인들이 자기 고장에 낯선 관습을 따르게 할 것, 성소에서 번제물과 희생 제물과 제주를 바치지 못하게 하고, 안식일과 축제를 더럽힐 것, 성소와 성직자들을 모독할 것, 이교 제단과 신전과 우상을 만들고, 돼지와 부정한 짐승을 희생 제물로 바칠 것, 그들의 아들들을 할례받지 못하게 하고, 온갖 부정한 것과 속된 것으로 그들 자신을 혐오스럽게 만들도록 할 것, 그리하여 율법을 잊고 모든 규정을 바꾸게 할 것, 임금의 말대로 하지 않는 자는 사형에 처할 것. 임금은 자기의 온 왕국에 이렇게 모든 칙령을 내리고, 온 백성을 감시할 감독관들을 세웠다. 또 유다의 성읍들에는 각 성읍에서 희생 제물을 바치라고 명령하였다. 백성 가운데 많은 이들이 저마다 율법을 저버리고 감독관들에게 동조하여, 이 땅에서 나쁜 짓들을 저질렀다."(마카비상 1:41-52). 에피파네스는 몰래 아들에게 할례를 준 어머니를 죽이고, 그 아이는 목매달았습니다. 부정한 음식 먹기를 거부한 사람들은 태형으로 죽였습니다. 비밀리에 안식일을 지키던 자들은 화형 시켰습니다. 수많은 예루살렘 사람들이 죽어 나갔고, 경건한 유대인들은 예루살렘을 떠날 수밖에 없었습니다. 그런 가운데 맛다디아스라는 제사장이 이교의 제사를 거부하고, 왕의 사신을 죽이고 광야로 도망하여 항쟁하게 됩니다(마카비상 2장). 그리고 마침내 그의 아들 마카비가 성전을 탈환하여 희생 제사를 회복하고 촛대에 불을 밝힙니다(마카비상 4장). 이후 유대인들은 이 사건을 기념하기 위해 메노라의 등잔에 불을 밝히며 8일 동안 축제를 열었는데 이를 "하누카"라고 부릅니다. 신약성경에는 "수전절"이라는 절기로 나옵니다(요 10:22). 이 모든 일들을 통해, 자기 백성은 연단을 받아 정결하게 됩니다(35절).

그리고 하나님이 계획하신 온전한 회복(일흔 이레, 새언약의 때)을 향해 구속사는 한 걸음 더 전진하게 됩니다.

하나님은 왜 이와 같은 환상을 보여주셨을까요? 환상을 통해 가르쳐 주신 것은 무엇일까요?

첫째, 하나님은 역사의 주권자이시고, 구속의 완성을 향해 역사를 운행하십니다. 거대한 제국들과 유명한 왕들이 나와 자신을 뽐내는 곳이 세상입니다. 그들은 전쟁에 전쟁을 거듭하면서, 빼앗기도 하고 빼앗기기도 하며, 역사의 주인공이 되고자 각축전을 벌입니다. 하지만 그들은 역사의 주인공도 아니고, 그들이 하는 일들은 헛되며 피곤할 뿐입니다(합 2:13). 역사의 주인공은 하나님이십니다. 하나님은 자기 뜻대로 세상 나라를 누군가에게 주기도 하시고 빼앗기도 하십니다(단 4:32). 세상 왕들의 호흡을 주장하시고, 그 길을 작정하십니다(단 5:23). 그러므로 하나님의 권세만이 영원하고, 그의 나라만이 대대에 이릅니다(단 4:3, 34; 6:26). 대통령 선거가 끝난 뒤 어떤 분들은 살맛이 있으니 없으니 말하기도 합니다. 성도는 세상사에 무관심하거나 세상 나라와 분리되어서도 안 되지만, 마치 세상 임금이 구원자인 양, 세상 나라가 영원한 것인양 거기에 소망을 두어서도 안 됩니다. 어느 누가 세상의 임금이 되든지, 그가 역사의 주권자가 아닙니다. 우리의 구원자도 아닙니다. 우리는 하나님께 소망을 둡시다. 하나님이 구속사의 완성을 위해 오늘도 세상의 나라와 왕들을 다스리고 계십니다.

둘째, 성도는 고난을 당하지만 인내함으로 승리합니다. 세상 제국과 왕들 배후에는 구속사의 진행을 가로막고 방해하려는 사탄의 역사가 있기도 합니다(단 10:13, 20). 이로 인해 하나님의 백성들이 고난당할 때가 많습니다. 다니엘의 환상 가운데서도 하나님의 백성들은 두 강대국 사이에 끼여 많은 고초를 당했습니다. 이런 일들은 예수님께서 이 땅에 오시기 전에도 있었고, 다시 오시기 전까지도 계속될 것입니다. 다니엘의 때처럼 '전에 하던 대로'의 신앙생활이 범죄가 되는 때가 올지도 모릅니다(단 6:10). 세상의 제도와 법이 '항상 섬기는 하나님'을 가로막으려 할지도 모릅니다(단 6:20). 성도는 이런 환난을 당할 때, 낙담하거나 배교하지 말아야 합니다. 이 모든 일들이 하나님의 주권 속에 있음을 믿고 인내해야 합니다. 하나님이 허락하시면 환난도 겪고 순교도 할 것입니다. 하지만 하나님께서 마침내 성도들의 원한을 풀어주시고, 그들에게 하나님의 나라를 얻게 하실 것이라는 결론만은 확실합니다(단 7:22; 계 18:20; 눅 12:32). 그러므로 성도는 죽음을 두려워하지 말고, 세상이 감당하지 못하는 자가 되어야 합니다(히 11:38). 그 때 의인들은 아버지의 나라에서 해와 같이, 별과 같이 영원토록 빛날 것입니다(마 13:43; 단 12:3).

성경만으로 충분합니다

(디모데후서 3:14-17)

Article VII.

Nous croyons que ceste Escriture saincts contient parfaittement la volonté divine, et que tout ce que l'homme doit croire pour estre sauvé, y est suffisamment enseigné. Car puis que toute la mainere du service, que Dieu requiert de nous, y est tres-aulong descritte les hommes, voire fussent ils Apostres, ne doivent enseigner autrement, que desia nous a este enseigné par les S. Escritures, encore mesme que ce fust un Ange du Ciel, comme dit S. Paul. Car puis qu'il est defen어 d'adjourster ni diminuer à la parole de Dieu, cela demonstre bien que la doctrine est tresparfaitte et accomplie en toutes sortes. Aussi ne faut comparer les escrits de hommes quelques saincts qu'ils ayent esté, aux escrits divins, ni la coustume à la verité de Dieu, (car la verié est par dessus tout,) ni le grand nombre, ni l'ancienneté, ni la succession des temps, ni des personnes, ni les Conciles, Decrets, ni Arrests; car tous hommes d'eux mesmes sont menteurs, et plus vains que la vanité mesme. Pourtant nous rejettons de tout nostre coeur tout ce qui ne s'accorde à ceste reigle infaillible, comme nous sommes enseignez par les Apostres, disans, Esprouvez les esprits s'ils sont de Dieu: Item, Si aucun vient à vous et n'apporte point ceste doctrine ne le recevez point en vostre maison.

제7항. [구원 교리를 위한 가장 완전하고 완벽한 책, 성경]

성경이 하나님의 뜻을 온전히 내포한다는 것과 사람이 구원 받기 위해 믿어야 하는 모든 것이 그 [성경] 속에 충분히 가르쳐진다는 것을 우리는 믿습니다. 왜냐하면 하나님께서 우리에게 요구하시는 모든 예배 방법을 길게 서술하고 있기 때문입니다. 그래서 지금 우리에게 성경을 통해 가르쳐지는 것과 다르게 가르치는 것은 심지어 사도들일지라도, 사람들에게 허용되지 않습니다. 바울 사도가 말하는 것처럼 하늘에서 온 천사라 해도 [안 됩니다]. 왜냐하면 하나님의 말씀에 무엇을 더하거나 빼는 것이 금지되었기 때문이요, [성경의] 가르침은 그와 같이 모든 면

에서 가장 온전하고 완전하다는 것을 잘 증명하기 때문입니다. 또한 누구든 결코 사람들의 책들을, 비록 그 [저자]들이 성자들이었다 해도, 하나님의 [성경]책들과 비교하지는 말아야 합니다. 관습도, 절대다수도, 고전도, 시대나 인물의 전승도, 공의회들이나 법령들이나 결정들도 하나님의 진리와 [비교하지] 말아야 합니다. (왜냐하면 그 진리는 모든 것 위에 있기 때문입니다.) 왜냐하면 모든 사람은 스스로 속이는 거짓말쟁이들이요, 허무 자체보다 더 허무한 자들이기 때문입니다. 따라서 우리는 이런 무오류의 규칙에 어긋나는 모든 것을 우리의 온 마음으로 내던져버립니다. 우리가 사도들로부터 배운 대로 [이렇게] 외칩니다. "너희는 영들이 하나님께 속하였나 분별하라."[요일 4:1] 또한 "누구든지 이 교훈을 가지지 않고 너희에게 나아가거든 그를 집에 들이지도 말라."[요이 1:10]

관련성경

딤후 3:17; 벧전 1:11-12; 잠 30:6; 갈 3:15; 행 22:18; 딤전 1:3; 갈 1:8, 11; 고전 15:2; 행 26:22; 롬 15:4; 행 18:28-29; 벧전 4장; 눅 11:13; 딤후 3:24; 딤전 1:13; 골 2:8; 행 4:19; 요 3:13; 벧후 2:16; 요 15:15; 요일 4:5, 19-20; 행 2:27; 요이 2장; 요 4:25; 신 12:32; 히 8:9; 마 15:3, 17:5; 막 7:7; 사 1:12; 행 1:21; 롬 3, 4장; 사 8:20; 딤후 4:3; 고전 1:13, 2:4, 3:11;   전 5:12; 살후 2:2; 시 12:7, 19:8-9, 12; 신 4:6, 6:9; 엡 4:5; 요 5장; 골 1:16, 18; 고전 8:6.

정말 성경만으로 충분합니까? 성경이 충분하다는 말을 오해하지 말아야 합니다. 성경은 이 세상의 모든 문제를 답하는데 충분하지 않습니다. 성경은 수학, 의학, 공학적인 문제에 대해 답을 주는 교과서나 백과사전이 아닙니다. 어떻게 비행기를 띄우고, 어떻게 전기를 다루고, 어떻게 수술을 할지 가르치는데 충분하지 않습니다. 일상생활 속에서 크고 작은 결정들을 해야 할 때도 성경은 충분하지 않습니다. 아침에 일어나 밥을 먹어야 할지, 빵을 먹어야 할지 성경은 가르쳐주지 않습니다. 버스를 타야 할지, 지하철을 타야 할지 답해주지 않습니다. 직장을 옮겨야 할지 말아야 할지 고민할 때도 마찬가지입니다. 그렇다면 성경은 어떤 면에서 충분하다는 것입니까?

1. 성경은 구원을 얻게 하는데 충분합니다.

성경은 구원을 얻게 하는 책입니다(딤후 3:15). 성경은 사람이 구원을 받기 위해 믿어야 하는 모든 것을 충분히 가르치고 있습니다(네덜란드신앙고백서 제7항). 그런데 구원은 하나님께서 세우신 중보자 예수 그리스도를 통해서만 가능합니다. "다른 이로써는 구원을 받을 수 없나니 천하 사람 중에 구원을 받을 만한 다른 이름을 우리에게 주신 일이 없음이라"(행 4:12) 그래서 성경은 예수 그리스도에 대해 말하고 있습니다. 성경의 주제는 예수 그리스도입니다. 성령님은 성경을 통해 예수 그리스도를 알게 해 주시고, 그리스도 안에서 하나님과 교제하는 구원에 이르게 해 주십니다. 이 일은 성경을 통해서만 일어납니다. 그래서 우리의 구원은 성경만으로 충분합니다.

그러나 로마교회는 성경만으로 충분하지 못했습니다. 성경을 해석하는 사제와 전통이 없이는 충분하지 못했습니다. 또 하나님과 교제하는 구원의 방법 역시 성경만으로 충분하지 못했습니다. 로마교회는 성경 외에도 도덕주의, 합리주의, 신비주의를 말했습니다. 이 세 가지의 기저에는 하나님과 사람 사이에 본성적인 공통점이 있다는 전제가 있습니다.

① 사람에게는 본성상 선한 것이 남아있기 때문에, 사람 속에 있는 선한 것을 끄집어내어 그것을 행하라고 했습니다. "네 속에 있는 것을 행하라" 이를 양심이라고 부릅니다. 그러면 하나님은 가만히 있으실 수가 없고, 은혜를 주실 수밖에 없다고 했습니다. 성경 없이도, 그리스도 없이도, 내 속에 있는 선한 그 무엇으로 하나님과 교통하려는 시도를 도덕주의라 할 수 있습니다.

② 하나님과 사람 사이에는 본성적으로 공통점이 있기 때문에, 사람에게는 하나님이 만드신 것을 알아보는 눈이 있다고 했습니다. 이를 이성이라고 부릅니다. 그래서 천지 만물과 자연을 보고 하나님을 알 수 있다고 했습니다. 성경 없이도, 그리스도 없이도, 이성으로 하나님을 알 수 있다는 가르침을 합리주의라 할 수 있습니다.

③ 사람 속에는 하나님과 본성적으로 닮은 점이 있기 때문에, 우리 내면의 깊숙한 곳에 숨겨져 있는 하나님다움을 발견해야 한다고 했습니다. 그것을 발견하는 방법은 자연적인 것, 이 세상적인 것으로부터 벗어나 초자연적인 방식으로 하나님을 찾고 만나는 것이라 했습니다. 이것을 관상이라고 부릅니다. 영적인 안테나를 곧추세우고, 주파수를 맞추면 하나님을 만난다고 합니다. 성경 없이도, 그리스도 없이도, 내면의 영적인 그 무엇으로 하나님과 교통하려는 시도를 신비주의라 할 수 있습니다.

로마교회는 하나님과 사람 사이에 본성적인 공통점을 전제하고, 그것으로 하나님과 직접 교통할 수 있는 여지와 가능성을 열어두었습니다. 이에 반하여 개혁자들과 우리는 성경만이, 그리고 성경이 증거하는 그리스도만이 구원에 이르는 유일한 길임을 믿습니다. 성경만이 구원에 이르는 지혜입니다. 그래서 성경을 읽고 배우고 믿는 일은 구원과 직결됩니다. 구원을 얻는 일보다 시급하고 중요한 일은 없습니다. 그러므로 지금 당장 성경을 읽고 배우고 묵상하고 믿는 일을 시작하십시오. '후탁'성도가 되지 마십시오. 한 주간 내내 펼쳐보지 않아 먼지가 쌓인 성경을 '후~' 불어서 '탁' 치고 끼고 오는 성도가 되지 맙시다.

2. 성경은 하나님의 뜻을 알게 하는데 충분합니다.

성경은 하나님의 뜻을 충분히 담고 있습니다(네덜란드신앙고백서 제7항). 우리를 하나님의 사람으로 온전하게 하는 하나님의 뜻과 방법이 성경에 다 있습니다(딤후 3:17). 성경을 통해 하나님이 기뻐하시는 뜻이 무엇인지, 하나님을 영화롭게 하는 방법이 무엇인지 충분히 알 수 있습니다.

그런데 성경이 하나님의 뜻을 충분히 알려주셨다는 사실은 믿지만, 실제로 하나님의 뜻을 발견하려 할 때는 어려움을 겪는 것도 사실입니다. 특히 중요한 선택이나 결정을 앞두고 하나님의 뜻이 무엇인지 고민할 때가 많습니다. 예를 들어 결혼 상대자 두 명을 놓고 고민하는 청년이 있습니다. 행복한 고민이지요. A와 B, 둘 중에 어떤 사람과 결혼하는 것이 하나님의 뜻일까 궁금합니다. 하나님의 뜻을 찾기 위해 아무리 성경을 펼쳐도 둘 중 어느 한 사람을 택하라는 말씀은 없습니다. 어떻게 해야 합니까? 하나님의 뜻은 무엇입니까?

성경은 둘 중 어느 한 사람을 찍어주는 방식으로 하나님의 뜻을 말하지 않습니다. 그렇다면 나의 결혼에 대한 하나님의 뜻은 무엇입니까? 내가 누구와 결혼해야 할지에 대한 하나님의 뜻은 분명합니다. 첫째, 사람이어야 합니다. 동물이나 사물은 안 됩니다. 둘째, 이성이어야 합니다. 동성은 안 됩니다. 셋째, 유부남이나 유부녀는 안 됩니다. 넷째, 가까운 혈육은 안 됩니다. 다섯째, 같은 믿음 안에 있는 그리스도인이어야 합니다. 이것이 성경에서 말씀하신 나의 결혼에 대한 하나님의 충분한 뜻입니다. 하나님의 뜻은 선택지가 하나밖에 없는 점(點)이 아닙니다. 그 안에 많은 선택지를 가진 원과 같습니다. A와 B가 이 원 안에 있다면, 둘 중 누구와 결혼해도 하나님의 뜻에 순종하는 것입니다.

하나님은 많은 경우 우리에게 자유를 주셨습니다. 하나님의 뜻 안에서 우리에게 주신 지혜를 따라 선택할 수 있는 자유가 있습니다. 그건 아담과 하와에게도 마찬가지였습니다. 선악을 알게 하는 나무의 열매를 먹지 말라는 것이 하나님의 뜻입니다. 아담과 하와는 점심 식사로 사과를 먹는 것이 하나님의 뜻인지, 배를 먹는 것이 하나님의 뜻인지 염려하지 않아도 됩니다. 어느 것을 선택하든 하나님의 뜻 안에 있기 때문입니다. 어떻게 먹는 것이 하나님의 뜻인지 묻지 않아도 됩니다. 깍둑썰기를 할까요? 으깰까요? 저밀까요? 샐러드를 만들까요? 예. 맛있게 요리해서 먹으면 됩니다.

물론 우리 삶에 이런 쉬운 결정만 있는 것은 아닙니다. 어려운 결정을 해야 할 때도 많습니다. 그래서 때론 하나님이 주신 자유가 부담스럽기도 합니다. 분명하게 하나를 찍어주시면 좋을 텐데 말입니다. 하지만 하나님은 우리에게 기도할 수 있게 해 주셨습니다. 기도함으로 하나님의 뜻을 분명히 할 수 있습니다. 무엇을 기도해야 할까요?

첫째, 성경을 잘 깨달을 수 있도록 기도해야 합니다. 성경을 잘 해석하고 이해하여 하나님의 뜻을 분명하게 깨닫도록 기도해야 합니다. 둘째, 깨달은 말씀을 믿고 따를 수 있는 순종과 인내와 결단을 위해 기도해야 합니다. 때로 하나님의 뜻대로 행하면 죽을 것만 같기 때문입니다. 하나님의 뜻대로 살면 손해를 보고 망할 것 같기 때문이다. 하나님의 뜻은 분명하지만 여전히 내 뜻을 고집할 때가 있기 때문입니다. 셋째, 하나님의 뜻을 삶 속에 적용하는 지혜와 분별력을 위해 기도해야 합니다. 하나님은 우리에게 상식도 주셨고, 합리적인 사고도 주셨고, 감정도 주셨고, 느낌도 주셨습니다. 그렇지만 반드시 상식과 합리적인 사고에 따라서만 우리를 이끄시는 것도 아닙니다. 반드시 우리의 감정이나 느낌대로 인도하시는 것도 아닙니다. 그래서 분별력과 지혜가 필요합니다. 넷째, 하나님의 숨은 뜻, 배후에서 역사하시는 섭리를 위해 기도해야 합니다. 하나님께서 우리를 어떻게 인도하실지 현재로서는 알 수 없을 때가 많습니다. 우리의 삶이 우리에게 달려 있지 않음을 인정하고 겸손히 엎드려야 합니다.

성경만으로 충분합니다. 그러니 성경을 펼치고 기도합시다. 성령님께서 구원을 베푸시고, 하나님의 뜻대로 우리를 인도하실 것입니다. "이는 성령이 하나님의 뜻대로 성도를 위하여 간구하심이니라"(롬 8:27). 아멘.

제8항

복을 아십니까?

(에베소서 1:3-14)

Article VIII.

Suivant ceste verité et parole de Dieu, nous croyons en un seul Dieu, qui est une seule essence, en laquelle il y a trois personnes realement, et à la verité, et eternellement distinguées selon leurs proprieztez incommunicables, asavoir, Le Pere, Le Fils, et le S. Esprit. Le Pere estant cause, origine, et commencement de toutes choses tant visibles qu'invisibles; Le fils, qui est la Parole, la sagesse, et l'imager du Pere. Le S. Esprit la vertu et puissance eternelle procedante du Pere, et du Fils. Et cependant une telle distinction ne fait pas, que Dieu soit divisé en trois, d'autant que l'Escriture nous enseigne, que le Pere, le Fils et le S. Esprit, ont un chacun sa subsistence distincte par ses proprietez, de sorte toutefois que ces trois personnes ne sont qu'un seul Dieu. Il est donc manifeste que le Pere n'est point le Fils, et que le Fils n'est point le Pere: semblablement, que le S. Esprit n'est pas le Pere ni le Fils. Cependant ces personnes ainsi distinctes ne sont pas divisees ny aussi confondües, ni meslées. Car le Pere n'a point prins chair ni aussi le S. Esprit: pour ce que tous trois sont d'eternité esgale en une mesme essence. Il n'y a premier, ni dernir: car tous trois sont un en verité et puissance, en bonté et misericordo.

제8항. [삼위일체 하나님: 비공유적 속성에 따른 삼위, 동일한 본질에 따른 일체]

하나님의 이 진리와 말씀에 따라 우리는 유일하신 한 분 하나님을 믿는다. 그분은 유일한 하나의 본질이시고, 그 [본질] 속에 세 위격이 계시는데, 비공유적 속성에 따라 실제로, 진실로, 그리고 영원히 구별되는 성부와 성자와 성령이시다. 성부는 모든 것, 즉 가시적이거나 불가시적인 모든 것의 원인과 기원과 시작이십니다. 말씀이신 성자는 지혜이시고 성부의 형상이십니다. 성령은 성부와 또한 성자로부터 나오시는 영원한 힘과 능력이십니다. 그렇지만 이 구별은 결코 하나님이 셋으로 분리되도록 하지 못합니다. 성경이 우리에게 가르치는 것처럼, 성부와 성자와

성령은 각자의 실체를 가지시고 그 자신의 속성에 의해 구별되시지만, 그럼에도 불구하고 이 세 위격은 유일한 한 분 하나님이십니다. 따라서 성부는 성자가 아니시고 성자는 성부가 아니시며 동일하게 성령은 성부와 성자가 아니시라는 것은 명확합니다. 이 위격들은 그와 같이 구별되지만, 분리되지도 또한 혼합되지도 않습니다. 왜냐하면 성부가 육신을 취하지 않으셨고 성령도 아니셨으며 오직 성자만이 그렇게 하셨기 때문입니다. [또한] 성부는 성자 없이 계신 적이 없으시고 성령 없이 계신 적도 없으시기 때문입니다. 왜냐하면 세 분 모두 영원부터 하나의 동일한 본질 안에서 동일하시기 때문입니다. 먼저 되신 분도, 나중 되신 분도 없습니다. 왜냐하면 세 분 모두 진리와 능력으로는, 선하심과 자비하심으로는 한 분이시기 때문입니다.

관련성경

고전 1:24; 요 1:14; 요일 1:1; 행 19:13; 잠 8:22; 골 1:15; 마 28:19, 3:16-17; 요 1:14; 미 5:2.

바울 사도께서 많이 흥분하셨습니다. 짧은 인사를 마치자마자, 202개 단어를 쉬지 않고 이어 붙인 후에야 비로소 마침표를 찍었습니다. 3절부터 14절까지가 한 문장입니다(헬라어 성경에서는 그렇습니다). 세상에! 문장은 간결해야 한다고 훈수를 두고 싶어집니다. 하지만 지금은 소용이 없을 겁니다. 심장에서부터 피가 솟구쳐 나오듯, 그분 깊은 곳에서 무엇인가가 터져 나오고 있기 때문입니다. 그것이 무엇입니까? "우리가 복 받았다!" 하는 외침입니다.

1. 우리가 받은 복이 무엇입니까?

사도는 3가지를 말씀합니다.

(1)성부 하나님께서 주신 복(4-6절)
(2)성자 예수님께서 주신 복(7-12절)
(3)성령 하나님께서 주신 복(13-14절)

성부 하나님께서 주신 복은 무엇입니까? 우리의 구원을 계획하신 것입니다. 창세 전에 우리를 택하셨습니다. 머리로는 이해할 수 없지만, 영적으로 깨닫는 지식입니다. 그런데 모든 사람을 선택하신 것이 아닙니다. 에서와 야곱처럼, 어떤 사람은 구원하기로 선택하셨고 어떤 사람은 내버려두셨습니다. 모든 사람이 이미 죽었기에, 하나님의 결정에 대해 입을 댈 수 있는 사람은 아무도 없습니다. 단지 산 자만이 알고 감사할 수 있을 뿐입니다. 우리는 성부 하나님의 택정과 예정을 입어 구원에 이르게 되었습니다.

성자 예수님께서 주신 복은 무엇입니까? 성부 하나님께서 계획하신 구원을 성취하신 것입니다. 우리는 죄로 인해 죽었었습니다. 그런데 예수님께서 죄인인 우리와 하나 되어 죽으심으로 죄사함을 주셨습니다. 또 우리와 하나 되신 예수님이 부활하심으로 우리도 살리셨습니다. 그리고 하나님의 아들이신 예수님 안에서 우리도 아들이 되게 해 주셨습니다. 이제 우리도 예수님처럼 하나님을 아버지라 부를 수 있게 되었습니다. 더없이 친밀한 관계가 되었습니다.

성령 하나님께서 주신 복은 무엇입니까? 성부 하나님께서 계획하시고, 성자 예수님께서 성취하신 구원을 우리에게 적용해 주신 것입니다. 성령님은 구원의 복음이 들리도록 우리 귀를 열어주셨습니다. 깨닫고 믿게 해 주셨습니다. 우리의 구원이 확실하다는 사실에 도장을 찍어주셨습니다. 우리를 하나님의 기업으로 샀다고 보증금까지 내어주셨습니다. 하나님께서 보증하시니 우리의 구원은 확실합니다.

성부 하나님은 우리를 선택하심으로 우리의 구원을 계획하셨고, 성자 예수님은 우리를 속량하시고 아들이 되게 하심으로 구원의 계획을 성취하셨고, 성령 하나님은 인치시고 보증이 되사 구원을 우리 각 사람에게 적용해 주셨습니다. 하늘에 속한 신령한 복이 무엇입니까? 성부 하나님, 성자 예수님, 성령 하나님이 우리에게 베푸신 구원입니다.

그런데 좀 더 자세히 보아야 합니다. 사도는 우리에게 주신 구원을 말하지만, 구원 그 자체가 아니라 구원을 주시는 삼위 하나님을 말하고 있습니다. 초점이 삼위 하나님께 있습니다. 구원이 복이지만, 보다 근본적인 복은 구원을 주시는 삼위일체 하나님입니다. 그렇습니다. 성경은 '무엇'에 대해 말하지 않고, '누구'에 대해 말합니다. '정보'를 주신 것이 아니라, '구원의 하나님'을 주셨습니다. 그러므로 구원을 주시는 삼위일체 하나님을 아는 것이 우리가 받은 진정한 복입니다.

우리는 이 땅에서 여러 가지 복을 말합니다. 건강의 복, 물질의 복, 관계의 복. 물론 이 모든 것들은 하나님께서 우리에게 주셔서 누리게 하신 것입니다. 하지만 이것들은 다 이 땅의 것입니다. 해 아래 것입니다. 잠깐 있다 없어지는 허무하고 헛된 것입니다. 하늘에 속한 신령한 복만이 참 복입니다. 구원을 주시는 삼위일체 하나님과 깊이 교제하는 것이 복입니다. 이 복을 받은 자가 성도입니다. 여러분은 이 복을 아십니까? 이 복을 받으셨습니까?

2. 우리에게 복을 주신 목적은 무엇입니까?

하나님께서 우리에게 복을 주실 때 조건은 없습니다. 그러나 목적은 있습니다. 하나님은 무엇을 위해 우리에게 복을 주셨을까요?

사도는 성부 하나님께서 주신 복을 말한 뒤(4~6절), 그 목적을 말씀합니다. "그의 은혜의 영광을 찬송하게 하려는 것이라"(6절). 택하심과 예정의 구원을 주신 성부 하나님을 찬송하게 하려는 것입니다. 성자 예수님께서 주신 복을 말한 뒤(7~12절), 그 목적을 말씀합니다. "이는 그의 영광의 찬송이 되게 하려 하심이라"(12절). 죄사함과 양자됨의 구원을 주신 성자 예수님을 찬송하게 하려는 것입니다. 성령 하나님께서 주신 복을 말한 뒤(13~14절), 그 목적을 말씀합니다. "그의 영광을 찬송하게 하려 하심이라"(14절). 인치심과 보증의 구원을 주신 성령 하나님을 찬송하게 하려는 것입니다.

(1)성부 하나님의 영광을 찬송하기 위해서(6절).

(2)성자 예수님의 영광을 찬송하기 위해서(12절).
(3)성령 하나님의 영광을 찬송하기 위해서(14절).

우리를 구원하사 삼위일체 하나님을 알게 하신 목적은 우리의 지적 만족이 아닙니다. 찬송입니다. 구원을 주시는 삼위 하나님을 찬송하는 것입니다. 그래서 우리는 성부, 성자, 성령 하나님을 기뻐합니다. 즐거워합니다. 찬양합니다. 구원의 목적이 찬송입니다. 복을 주신 목적이 송영입니다. 그렇다면 송영이 우리 삶의 목적이 되어야 하지 않겠습니까?

지금 사도는 로마의 어느 한 곳에 갇혀 있는 몸입니다. 불편하고, 불안하여, 불평할 수밖에 없는 현실이 아닙니까? 그러나 그의 첫 마디는 "찬송하리로다"입니다(3절). 어떻게 찬송이 나올 수 있습니까? 사도가 받은 복 때문입니다. 그가 구원을 주시는 삼위일체 하나님께 사로잡혀 있기 때문입니다. 하늘에 속한 신령한 복을 받았는지, 못 받았는지 아는 방법이 무엇인지 아십니까? 찬송이 있는지 없는지를 보면 압니다. 감사가 있는지 없는지, 기쁨이 있는지 없는지 보면 압니다. 사망의 음침한 골짜기에서라도 삼위 하나님께 대한 찬송이 있으면 그곳은 천국이 됩니다. 하지만 푸른 초장 쉴만한 물가에서라도 찬송이 없으면 그곳은 지옥과 다름없습니다.

삼위일체 하나님을 아는 찬송을 회복합시다. 바울과 실라는 빌립보 감옥에 갇혔을 때도, 밤중에 기도하고 찬송했습니다. 옷을 찢어 벗기고, 매로 치고, 많이 친 후에, 옥에 가두고, 발에는 차꼬를 채웠는데, 한밤중에 끙끙 앓아누워야지요. 그러나 두 분은 받은 복 때문에 오히려 찬송했습니다. 그때 옥문이 열렸습니다. 사람이 전혀 기대하지 못한 하나님의 능력이 나타났습니다. 하나님을 인정하고 감사하고 높일 때, 하나님의 역사가 나타납니다. 여호사밧이 찬양했을 때, 암몬의 군사들을 이기게 하셨습니다. 다윗이 찬양했을 때, 사울에게 임했던 귀신도 물러갔습니다. 영적 전쟁에서 이기는 방법도 찬양입니다. 무슨 이유에서든, 어떤 연유에서든 찬송을 잃어버리신 분이 있다면, 찬송을 회복합시다. 인생의 목적은 하나님을 찬송하는 것입니다.

우리는 삼위일체 하나님을 복 받았습니다. 바울 사도는 삼위 하나님의 복을 하나하나 끊어 말할 수조차 없었습니다. 숨이 차올라 목구멍 바로 밑을 막을 것 같지만 단숨에 말하지 않고는 성에 차지 않았습니다. 삼위일체 하나님을 아는 복이 우리에게도 그런 감격과 찬송이 되길 원합니다. 찬송이 우리 입에서도 그렇게 터져 나오길 기도합니다.

제9항

나는 삼위일체 하나님을 믿습니다

(마태복음 28:18-20)

Article IX.

Nous cognoissons toutes ces choses tant par les tesmoignages de la S. Escriture, que par les effects, et principalement par ceux-là que nous sentons en nous. Les tesmoignages des Escritures sainctes qui nous enseignent de croire cette S. Trinité sont escrits en plusieurs lieux de l'Ancien Testament, qui n'ont point besoin de denombrement, mais de choix et de discretion. Au livre de Genèse Dieu dit: Faisons l'homme à nostre image, et selon nostre semblance, etc.: Dieu donc crea l'homme à son image, il le crea, di-je, masle et femelle. Item: Voicy Adam est fait comme l'un de nous. Il appert par cela, qu'il y a pluralité de personnes en la Deité, quand il dit, Faisons l'homme à nostre image. Et puis il monstre l'unite, quand il dit, Dieu crea. Il est vray qu'il ne dit point là combien il y a de personnes; mais ce qui nous est aucunement obscure au Viel Testament, nous est tresclair au Nouveau. Car quand nostre Seigneur fust baptizé au Iordain, la voix du Pere a esté ouïe, disant: Cestuy est mon fils bienaymé; le Fils est veu en l'eᄆ; et le S. Esprit apparoist en forme d'une colombe. Et aussi au Baptesme de tous fideles cette façon a esté ordonnée de Christ: Baptizez toutes gens au nom du Pere et du Fils et du S. Esprit. En l'Evangile selon S. Luc, l'Ange Gabriel parle ainsi à Marie, mere de nostre Seigneur: Le S. Esprit suviendra en toy, et la Vertu du Souverain t'enombrera, et pourtant cela aussi qui naistra de toy sainct, sera appelé le Fils de Dieu. Item, la grace de nostre Seigneur Iesus Christ, et la charite de Dieu, et la communication du S. Esprit soit avec vous. Il y en a trois qui donnet tesmoignages au ciel: Le Pere, La Parole, et le S. Esprit, et ces trois sont u. En tous ces lieux là sommes nous à plein enseignez des trois peronnes, en une seule essence divine. Et jaçoit que cette doctrine outrepasse les entendemens humains, cependant nous la croyons maintenant par la parole, attendans, d'en avoir plein cognoissance et jouyssance au ciel. Or il fault aussi noter les Offices et Effects particuliers des trois personnes envers nous. Le Pere est appelé nostre Createur par sa vertu; le fils est nostre Sauveur et Redempteur, par son sang. Le S. Esprit est nostre sanctificateur par sa demeurance en nos coeurs. Cette doctrine de la S. Trinité a tousjours esté maintenuë en la vraye Eglise depuis le temps des Apostres jusques à present contre les Iuifs, Mahumetistes, et contre aucuns Faux Chrestiens et Heretiques, comme Marcion, Manes, Praxeas, Sabellius, Samosatenus, Arrius, et autres semblables, lesquels à bon droict ont esté condamnez par les S. Peres. Parainsi nous recevons volontiers en ceste matiere les trois Symboles, celuy des Apostres, celuy de Nice, et d'Athanase, et semblablement ce qui en a esté determiné par les Anciens conformement à iceux.

제9항. [삼위일체 교리에 대한 성경의 증거 및 역사적 정당성]

이 모든 것들을 우리는 성경의 증거들에 의해 알게 될 뿐만 아니라, 또한 그 효력들에 의해서도, 특히 우리가 우리 속에서 인지하는 것들에 의해서도 [알게 됩니다.] 우리에게 이 삼위일체를 믿으라고 가르치는 성경의 증거들은 구약의 수많은 곳에 기록되어 있는데, [그 많은 구절에 대한] 열거는 불필요하지만 선택과 분별력은 [필요합니다.] 창세기에서는 "하나님이 이르시되, 우리의 형상을 따라 우리의 모양대로 우리가 사람을 만들고…"[1:26] 등등, "하나님이 자기 형상 곧 하나님의 형상대로 사람을 창조하시되 남자와 여자로 창조하시고,"[1:27] 또한 "보라, 이 사람이 선악을 아는 일에 우리 중 하나같이 되었으니…"[3:22] 이것들로부터 신성 안에 위격의 복수성이 있다는 것이 [명백하게] 드러나는데, "우리의 형상을 따라 사람을 만들자"라고 하나님께서 말씀하실 때 [그렇습니다]. 곧 이어서 그분은 통일성을 지적하시는데, "하나님이 창조하셨다"라고 말씀하실 때 [그렇습니다]. 얼마나 많은 위격이 계시는지에 대해 말씀하시지 않는 것은 사실입니다. 구약에서 조금이라도 우리에게 애매모호한 것이 신[약]에서는 우리에게 아주 명료합니다. 왜냐하면 우리 주님이 요단[강]에서 세례 받으셨을 때, "말씀하시되 이는 내 사랑하는 아들이요…"라는[마 3:1] 성부의 음성이 들렸고, 성자가 물에서 올라오셨으며 성령이 비둘기 모양으로 나타나셨기 때문입니다. 그리고 모든 신자들의 세례에서도 이 양식이 그리스도에 의해 세워졌습니다. "모든 민족

을 제자로 삼아 아버지와 성자와 성령의 이름으로 세례를 베풀고…"[마 28:19] 누가복음에서는 가브리엘 천사가 우리 주님의 모친 마리아에게 그와 같이 이르기를, "성령이 네게 임하시고 지극히 높으신 이의 능력이 너를 덮으시리니 이러므로 나실 바 거룩한 이는 하나님의 아들이라 일컬어지리라."[1:35] 동일하게, "주 예수 그리스도의 은혜와 하나님의 사랑과 성령의 교통하심이 너희 무리와 함께 있을지어다."[고후 13:13] "하늘에서 증언하시는 이가 셋이 계신데, 아버지와 말씀과 성령이시요, 이 셋은 하나이시라."[?요일 5:7-8] 이 모든 곳에서 우리에게 충분히 가르쳐진 것은 세 위격이 하나의 유일한 신적 본질 안에 계신다는 것이다. 비록 이 교리가 인간의 이해력을 훨씬 넘어서는 것임에도 불구하고, 우리는 지금 그것을 하나님의 말씀을 통해 믿으며 [장차] 이 진리에 대한 완벽한 지식과 향유를 하늘에서 누리게 될 것이라 기대합니다. 나아가 우리는 우리를 향한 세 위격의 개별적 직무와 효력에 주목해야 합니다. 성부는 자신의 능력으로 우리의 창조주라 불리십니다. 성자는 자신의 피로 우리의 구주와 구원자이십니다. 성령은 우리 마음 속에 친히 거하심으로 우리의 성화자이십니다. 거룩한 삼위일체라는 이 교리는, 유대인들과 무슬림들에 대항하여, 그리고 거룩한 교부들에 의해 정당하게 정죄 되었던, 마르키온과 마니교, 프락세아스, 사벨리우스, 사모사테누스, 아리우스 및 유사한 다른 자들과 같은 거짓 그리스도인들과 이단들에 대항하여, 사도시대 이래로 오늘에 이르기까지 항상 참된 교회에 의해 보존되어 왔습니다. 그러므로 우리는 이 주제에 있어서 세 가지 신경을 기꺼이 받아들이는데, 그것은 사도신경, 니케아신경, 아타나시우스신경입니다. 그리고 이 신경들에 부합하는, 고대에 결정된 것들도 마찬가지로 [받아들입니다]..

관련성경

창 5:21; 마 3:16; 마 28:19; 눅 1:35; 행 2:32; 고후 13:13; 요일 5:7; 행 2:32-33; 벧전 1:2; 요일 4:13-14; 갈 4:6; 엡 3:14, 16; 딛 3:4-6; 유 1:20-21; 롬 (6장) 8:9; 행 10:38, 8:29, 37; 요 14:16, 15:26, 1:33; 잠 25:27.

"믿습니까? 믿습니다!" 기독교인은 믿는다는 말을 자주 합니다. 그런데 무엇을 믿는다는 것일까요? 믿음의 내용이 무엇입니까? 우리가 믿는 것이 무엇인지 교의학(조직신학)에서는 이렇게 요약합니다. 계시론, 신론, 인간론, 기독론, 구원론, 교회론, 종말론. 물론 이렇게 설명하는 것도 좋은 방법 중 하나입니다. 하지만 먼저 삼위일체 하나님을 말해야만 합니다. 왜 그렇습니까? 삼위일체 하나님을 말하지 않고는 그 어느 것 하나도 제대로 알 수 없고 믿을 수 없기 때문입니다. 정말 그런지 하나씩 살펴볼까요?

1. 믿음의 내용인 삼위일체 하나님

계시가 무엇입니까? 하나님의 자기현시(自己顯示)인데, 하나님은 자신을 삼위일체 하나님으로 계시해 주셨습니다. 계시란 성부 하나님께서 성령 하나님을 통하여 성자 예수님에 대해 말씀하신 것입니다(마 3:16-17). 성부께서 성령을 통하여 성자에 대해 말씀하신 것이 성경입니다. 그래서 유대교, 이슬람교는 한 분 하나님을 믿지만, 우리는 삼위일체 하나님을 믿습니다.

인간을 삼위 하나님과 별개로 다룰 수 있을까요? 만약 그렇게 한다면, 그것은 인간학이고 철학일 뿐입니다. 우리는 삼위 하나님과의 관계 속에서만 인간을 다룰 수 있습니다. 성부 하나님께서 하나님의 형상을 따라 인간을 창조하셨습니다. 하지만 죄로 인해 하나님의 형상이 깨어졌습니다. 그런데 하나님의 참 형상이신 성자 예수님의 대속으로 죄인인 인간이 하나님의 형상으로 재창조됩니다. 성령 하나님께서 그리스도 안에서 우리를 온전한 하나님의 형상으로 회복시키십니다. '인간이 누구입니까?' 하나님의 형상이자 죄인이 되신 예수 그리스도를 통하지 않고서는 대답할 수 없는 질문입니다. 즉 인간도 인간 독립적으로 다룰 수 있는 것이 아니라, 삼위일체 하나님 속에서 다룰 수 있을 뿐입니다.

구원이란 무엇입니까? 성부 하나님께서 무한한 사랑 가운데서 성자 예수님을 보내시고, 성자 예수님께서 성부의 뜻을 받들어 죽으시고 부활하셔서, 성령께서 성자 안에 그의 백성들을 연합시키심으로 하나님의 자녀 만드신 것입니다(엡 1:3-14; 벧전 1:2). 삼위일체 하나님을 말하지 않고는 구원을 알고 믿을 길이 없습니다.

교회를 독립적 주제로 다룰 수 없습니다. 그렇게 한다면, 그것은 사회학이고, 정치학일 뿐입니다. 교회는 성부 하나님의 백성이요, 성자 예수님의 몸이요, 성령 하나님의 전입니다. 그래서 교회는 믿는 사람들의 공동체이기 전에, 삼위 하나님과 연합된 신적 기관이요, 신인(神人)공동체입니다(행 9:4; 20:28; 고후 13:13).

종말론은 미래학이 아닙니다. 삼위일체 하나님이 하신 일의 완성이 종말입니다. 그런 점에서 예수님은 말세에 오신 분이시고(히 1:1; 9:26; 벧전 1:20), 그 분이 마지막이십니다(계 1:8,17; 2:8). 성령님 역시 말세에 오신 분이시고(행 2:17), 완성의 보증이십니다(고후 5:5; 엡 1:14). 종말론은 삼위일체 하나님을 소망함입니다(계 22:20).

이처럼 삼위일체론은 많은 교리들 중 하나의 교리가 아니라, 모든 교리의 뿌리요, 기독교의 심장입니다(Herman Bavinck). 모든 교리의 원리와 근본이 되는 교리입니다. 그러므로 '무엇을 믿는가'라고 말하기보다, '누구를 믿는가'라고 말해야 옳습니다. 우리는 누구를 믿습니까? 성부, 성자, 성령 하나님을 믿습니다. 그리고 성부, 성자, 성령 하나님이 한 분 하나님이심을 믿습니다(요 10:30; 14:9-10; 엡 4:5-6; 빌 2:6; 고전 12:4-6; 행 5:3-4).

2. 신앙생활의 내용인 삼위일체 하나님

삼위일체 하나님은 믿음의 내용일 뿐 아니라 신앙생활의 내용이기도 합니다. 초대교회의 신앙생활은 애초부터 삼위 하나님에 대한 고백으로부터 시작되었습니다. 왜냐하면 예수님께서 승천하시기 전, 이렇게 명령하셨기 때문입니다.

> "그러므로 너희는 가서 모든 민족을 제자로 삼아 아버지와 아들과 성령의 이름으로 세례를 베풀고 내가 너희에게 분부한 모든 것을 가르쳐 지키게 하라 볼지어다 내가 세상 끝날까지 너희와 항상 함께 있으리라 하시니라" (마 28:19–20)

예수님의 제자가 되려면 세례를 받아야 합니다. 그런데 세례는 아버지와 아들과 성령의 이름으로 받는 것입니다. 그래서 교회는 세례를 받기 원하는 사람들에게 삼위일체 하나님에 대한 고백을 요구했고, 이를 가르치기 시작했습니다. 그 교재가 바로 사도신경입니다. 그래서 사도신경은 '세례신경'으로도 불립니다. 사도신경은 세 개의 "Credo"(나는 믿습니다)로 구성되어 있습니다. 첫째, 나는 전능하신 하나님 아버지, 천지의 창조주를 믿습니다. 둘째, 나는 그분의 독생자 우리 주 예수 그리스도를 믿습니다. 셋째, 나는 성령을 믿습니다. 이처럼 사도신경은 삼위일체 하나님을 고백합니다. 세례는 신앙생활의 출발이지요. 신앙생활이 삼위일체 하나님에 대한 공적 고백으로 시작되는 것입니다.

세례는 혼인이고, 성찬은 합방과 같습니다. 그리스도의 몸에 가입된 사람이 그리스도의 몸에 참여할 수 있습니다. 신앙생활은 한마디로 말하면 하나님과 교제하는 것이고, 풀어 말하면 성령님으로 말미암아 예수님과 연합하여 하나님과 교제하는 것입니다. 교회는 성찬을 통해 그 일을 합니다. 성찬은 삼위 하나님과 교제하는 현장입니다. 이는 초대교회가 회집했던 핵심적인 이유였습니다(행 2:42, 46; 20:7; 고전 10:16; 11:18, 33).

뿐 아니라, 교회는 "내가 분부한 것 모든 것을 가르쳐 지키게 하라"는 예수님의 명령을 따라, 말씀을 가르치고 설교해야 했습니다. 그리고 이 일을 위해 삼위 하나님은 교회에게 직분자를 주셨습니다. 설교와 세례와 성찬을 집례하는 자가 직분자입니다(행 6:1-6; 벧전 4:11). 직분자는 삼위일체 하나님께서 세우십니다(행 20:28).

직분자를 통해 삼위 하나님께서 주시는 것(말씀, 성례)을 받고, 이 모든 것을 주신 삼위 하나님께 감사하고 찬양하고 기도하는 것이 바로 예배입니다. 신앙생활의 핵심이 예배이지요. 그런데 예배의 대상과 내용과 목적이 삼위일체 하나님이십니다.

우리가 교의로서의 삼위일체론을 말하지만, 삼위일체론이 먼저 있었던 것이 아니라 삼위일체 하나님께 대한 예배가 먼저 있었습니다. 그러던 중 삼위일체에 대해 잘못된 견해를 가진 사람들이 나오게 되었고, 이에 바른 견해를 정립하고 가르칠 필요가 생기게 되었습니다. 그래서 본래 예배 중에 기도와 찬양과 경배 속에서 표현되던 내용들을 모으고 정리하여 해설을 붙이게 되었습니다. 그것이 삼위일체론입니다. 그러니 삼위일체론보다 예배가 먼저였습니다.

이 사실은 우리에게 중요한 교훈을 줍니다. 삼위일체 하나님에 대한 고백과 신앙은 학자들의 책상머리에서 형성된 것이 아닙니다. 삼위일체론은 사변적인 논거 속에서 나온 것이 아니라, 송영적 고백과 찬송이라는 예배 속에서 나온 것입니다. 그래서 신학의 자리는 신학교가 아니라, 교회이고 예배입니다. 삼위일체 하나님을 예배하는 자에게만 삼위일체론이 의미 있습니다. 사변이나 논쟁을 추구하는 사람에게 삼위일체론은 무의미합니다.

우리는 예배로 삼위일체를 알고 믿습니다. 또 삼위일체에 대한 믿음으로 예배합니다. 삼위일체 하나님을 찬양하고 경배하는 것이 믿음(신학)의 궁극적인 목적입니다. 믿음과 신학은 예배를 위해 존재합니다. 구원의 하나님이신 삼위일체 하나님을 즐거워하고, 감사함으로 그 분께 나아가 마땅한 존귀와 찬양과 영광을 돌리는 것. 이것이 인생의 목적입니다. 여러분은 이 사실을 참으로 믿으십니까? "예. 나는 삼위일체 하나님을 믿습니다." 우리 모두의 신실한 고백이길 소망합니다.

승천의 의미

(요한복음 20:17-18)

Article X.

Nous croyons que Iesus Christ quant à sa nature divine est le Fils unique de Dieu, eternellement engendré, n'estant point fait ne creé (car il seroit Creature); mais d'une essence avec le Pere coeternel, la marque engraveé de la personne du Pere, et la resplendeur de la gloire d'iceluy, estant en tout semblable à luy: lequel est le Fils de Dieu, non point seulement depuis qu'il a prins nostre mature, mais de toute eternité, comme ces temoignages nous enseignent estant rapportez l'un à l'autre. Moyse dit: Que Dieu a creé le monde; S. Iohan dit, que toutes choses ont esté creées par la Parole, laquelle il appelle Dieu. L'Apostre dit, que Dieu a fait les siecles par son Fils. Item que Dieu a creé toutes choses par Iesus Christ. Il fault donc que celuy qui est nommé Dieu, Parole, Fils, et Iesus Christ ait desia esté, lorsque toutes choses ont esté creées par luy. Et pourtant dit le Prophete Michée: Son issue, est des les jours d'Eternité. Et l'Apostre: Il est sans commencement de jour, sans fin de vie. Il est donc le vray Dieu eternel, le tout-puissant, lequel nous invoquons, adorons et servons.

제10항. [인간이신 예수 그리스도의 신성]

예수 그리스도께서 자신의 신성에 따라 하나님의 독생자이시고 영원부터 나셨으며, 지음 받거나 창조되지 않으셨고 (왜냐하면 만일 그럴 경우 그분은 피조물이 되셔야 할 것이기 때문에), 성부와 함께 영원히 공존하는 동일한 본질이시며, 성부의 위격이 새겨진 형상이시며, 그분의 영광의 광채이시고, 모든 면에서 그분과 동등하신 분이심을, 우리는 믿습니다. 그분은 우리의 본성을 취하실 때부터가 아니라 영원 전부터 하나님의 아들이셨습니다. 우리가 다음 성경 구절의 증거들을 비교할 때 이것을 알 수 있습니다. 모세는 하나님이 세상을 창조하셨다고 말합니다. [창 1:1] 사도 요한도 또한 말씀이신 하나님이 만물을 지으셨다고 말합니다. [요 1:1-3] 히브리서 기자는 하나님이 예수 그리스도로 말미암아 모든 세계를 지으셨다고 말합니다. [히 1:2] 또한 사도 바울도 하나님

이 예수 그리스도로 말미암아 만물을 창조하셨다고 말합니다.[고전 8:6; 골 1:16] 그러므로 하나님, 말씀, 아들, 예수 그리스도라고 불리시는 분은 만물이 그분으로 말미암아 창조될 때 이미 계셨다는 사실이 반드시 따라옵니다. 그러므로 미가 선지자는 그분의 출발이 태초부터이며 영원부터라고 말합니다. 또한 사도는 그가 날의 시작도 없으시고 생의 끝도 없으신 분이라고 말합니다. 그러므로 그분은 참되고 영원하신 하나님이시며, 전능하신 분이시고, 우리가 기도하고 예배하고 섬기는 분이십니다.

관련성경

요 1:18, 49 (1:24), 1:14; 골 1:15; 히 1:3; 마 3:17, 17:5; 요 8:24, 10:30 (9:36); 행 8:34; 사 7:14; 롬 (9장) 4:5; 살전 3:11; 빌 2:11; 고후 5:19; 행 20장; 엡 3:9; 롬 14장; 딛 2장; 고전 8:6; 히 1:1, 3:4; 요 1:3; 요일 5장; 요 20장, 14장, 7장; 행 1-6장; 요 8:58, 17:5; 고전 10:9; 갈 4:4; 미 5:2; 시 2:7, 12; 히 13:8. .

'부활하신 예수님께서 이 땅에 계속 계셨더라면 더 좋지 않았을까?' 상상해 보신 적이 없으십니까? 그랬더라면 예수님과 함께 찍은 인증사진으로, 예수님이 없다 하는 사람들의 입을 닫게 할 수 있을 텐데 말입니다. 물론 예수님과 함께 사진 찍기가 쉬운 일은 아니지 싶습니다. 예수님이 어디 계신다 하면, 얼마나 많은 사람들이 몰려들겠습니까? 생업도 포기한 채 예수님께 붙어 다니며 새로운 12명이 되어 보려는 사람들로 경쟁은 치열할 것입니다. 예수님 근처에도 가기 힘들 겁니다. 핸드폰 카메라를 켜고 저 멀리서 서성이는 나에게, "삭개오야 내려오라" 하셨듯이 찾아오시면 또 모를까? 쓸데없는 상상은 여기까지만 합시다.

부활하신 예수님은 왜 하늘로 올라가셨을까요? 승천의 이유가 무엇이며, 예수님의 승천이 우리에게는 어떤 의미가 있을까요? 여러 의미 중에, 네덜란드 신앙고백서 제10항 '인간이신 예수 그리스도의 신성'과 관련하여 한 가지만 살펴봅시다.

1. 예수님은 왜 승천하셨습니까?

예수님께서 하늘로부터 오신 분이시기 때문입니다. 하늘로부터 오셨기 때문에 다시 하늘로 올라가신 것입니다. 이 말은 예수님의 출신이 이 땅이 아니라 하늘이라는 말입니다. 예수님의 승천은 예수님께서 하늘에서부터 오신 분이라는 확증입니다.

요한복음 내내 유대인들은 예수님께 따져 물었습니다. "너는 나사렛 출신이고, 네 아버지와 어머니를 우리가 알고, 네 나이가 몇인데, 네가 어떻게 하늘로부터 왔다고 하느냐? 어떻게 네 아버지가 하나님이라고 말하느냐?" 이것은 심각한 논쟁거리였습니다. 예수님께서 나는 하늘에서 내려온 산 떡이라 했더니, 유대인들이 수군거렸습니다. "이는 요셉의 아들 예수가 아니냐 그 부모를 우리가 아는데 자기가 지금 어찌하여 하늘에서 내려왔다 하느냐"(요 6:42). 유대인들은 이 사실을 도무지 받아들일 수 없었습니다.

그래서 요한복음의 중요한 주제 중 하나가 '예수님이 어디서부터 왔느냐' 하는 것입니다. 다른 복음서는 어떻게 시작합니까? 마리아가 성령으로 예수님을 잉태하였고, 요셉과 함께 베들레헴에 호적 하러 갔다가 출산하게 되었다라고 시작합니다. 어린 시절 나사렛이라는 동네에 가서 사셨기 때문에, 나사렛 사람이라 불렸다고 전합니다. 하지만 요한복음은 태초에 말씀이 계셨는데, 이 말씀이 곧 예수님이라고 시작합니다. 예수님이 하나님이시고, 하나님으로부터 보냄을 받아 이 땅에 오신 것이라고 증거합니다. 요한복음에서 예수님의 출신은 나사렛이 아니라 하늘입니다. 예수님의 아버지는 요셉이 아니라, 하나님이십니다.

자, 예수님과 유대인의 이런 논쟁 속에서 예수님은 자신이 하늘에서부터 오셨다는 증거를 제시하십니다. 그 증거가 무엇일까요? 그것은 예수님께서 다시 하늘로 돌아가신다는 사실입니다.

> "예수께서 이르시되 내가 너희와 함께 조금 더 있다가 나를 보내신 이에게로 돌아가겠노라"(요 7:33).

잡히시기 전에도 이렇게 말씀하셨습니다.

> "내가 아버지에게서 나와 세상에 왔고 다시 세상을 떠나 아버지께로 가노라"(요 16:28).

부활하신 후에도, 마리아에게 말씀하셨습니다.

> "너는 내 형제들에게 가서 이르되 내가 내 아버지 곧 너희 아버지, 내 하나님 곧 너희 하나님께로 올라간다 하라"(요 20:17).

예수님은 하늘에서부터 오셨기 때문에 하늘로 올라가신 것이고, 아버지께로부터 오셨기 때문에 아버지께로 돌아가신 것입니다. 그러니까 예수님의 승천은 예수님께서 이 땅에 속한 분이 아니시고, 단지 요셉과 마리아의 아들이 아니시고, 단지 나사렛 사람이 아니시고, 하나님 아버지께로부터 오신 분이시고, 하나님과 동등하신 아들이시라는 분명한 증거인 것입니다.

지금도 예수님을 여러 위인 중 한 명으로만 아는 자들이 많습니다. 하나님이자 독생자로 믿지 못하는 사람들이 많습니다. 그들에게 보여줄 수 있는 증거가 무엇입니까? 예수님과 함께 찍은 인증사진이 아니라, 예수님의 승천입니다.

2. 예수님의 승천이 우리에게는 어떤 의미가 있습니까?

예수님의 승천은 우리에게 주시는 약속입니다. 우리도 하늘로 올라가게 될 것을 미리 보여줍니다. 본래 우리는 하늘로 올라갈 수 없는 자들입니다. 하늘로부터 오신 분만이 하늘로 돌아가실 수 있지요. 그 출생과 출신이 하늘이 아닌 자들은 하늘에 올라갈 수 없습니다. "하늘에서 내려온 자 곧 인자 외에는 하늘에 올라간 자가 없느니라"(요 3:13). "내가 가리니 너희가 나를 찾다가 너희 죄 가운데서 죽겠고 내가 가는 곳에는 너희가 오지 못하리라"(요 8:21).

출생과 출신이 이 땅인 사람은 절대로 하늘로 올라갈 수 없습니다. "나는 유대인입니다. 나는 헬라인입니다." "나는 바리새인입니다. 나는 사두개인입니다." "나는 예루살렘 출신입니다. 나는 갈릴리 출신입니다." 이런 것으로는 하늘로 올라갈 수가 없습니다. 우리도 마찬가지입니다. "나는 경상도 출신입니다. 나는 전라도 출신입니다." "나는 부자입니다. 나는 가난합니다." "나는 많이 배웠습니다. 나는 적게 배웠습니다." 이런 것으로는 하늘로 올라갈 수가 없습니다. 땅에서 태어나, 땅에 속하여 살다가, 땅으로 돌아갈 자들은, 하늘로 갈 수 없는 자들입니다.

그래서 예수님은 사람이 거듭나지 아니하면 하나님의 나라에 들어갈 수 없다고 하셨습니다. 거듭난다는 말은 위로부터 난다는 말입니다. 땅에서 나는 것으로는 안 된다는 뜻입니다. 이 땅의 출신, 혈통, 고향으로는 안 됩니다. 위로부터 다시 나야 합니다. 본래 우리는 위로부터 난 자가 아니지만, 유일하게 위로부터 나신 자, 위로부터 오신 자가 계시는데, 그분이 예수님이십니다. 그래서 위로부터 다시 나려면, 위로부터 오신 예수님과 하나 되는 수밖에 없습니다. 위로부터 오신 예수님과 하나 된 사람은 예수님과 함께 위로 올라갈 수 있습니다.

오늘 본문에서 예수님은 엄청난 말씀을 하십니다. "너는 내 형제들에게 가서 이르되 내가 내 아버지 곧 너희 아버지, 내 하나님 곧 너희 하나님께로 올라간다 하라"(요 20:17). 아버지로부터 온 예수님만이 아버지께로 돌아가고, 하나님으로부터 온 예수님만이 하늘로 돌아가시는데, 예수님은 제자들에게 하늘에 계신 아버지가 너희 아버지이시고, 하늘에 계신 하나님이 너희 하나님이시기 때문에, 하늘이 너희 것이라고 말씀하십니다.

예수님으로 인해, 우리와는 전혀 상관이 없던 하늘 아버지가 우리 하늘 아버지가 되셨습니다. 우리도 출신이 위로부터인 자로 변했습니다. 위로부터 난 자가 되었습니다. 하늘에 속한 자가 되었다는 말입니다. 그래서 우리도 하늘로 올라갈 수 있습니다. 그러니 예수님의 승천은 우리도 예수님처럼 하나님 아버지께로 돌아가게 될 것이라는 보증입니다.

이 땅이 우리의 집이 아닙니다. 우리의 집은 예수님께서 올라가 계신 하늘입니다. 우리 하나님 아버지가 계시는 천국입니다. 예수님은 승천하신 이유를 이렇게 말씀하기도 하셨습니다. "내 아버지 집에 거할 곳이 많도다 내가 너희를 위하여 거처를 예비하러 가노니 가서 너희를 위하여 거처를 예비하면 내가 다시 와서 너희를 내게로 영접하여 나 있는 곳에 너희도 있게 하리라" 예수님은 한번 더 이 땅에 오실 것입니다. 그때는 무엇 하러 오십니까? 우리도 하늘로 데리고 가시려고 오십니다. 할렐루야! 예수님 다시 오실 날을 사모합시다. 사랑하는 주님 다시 오셔서, 우리도 아버지 집으로 데리고 가실 그날을 사모하며 고대합시다.

예수님의 승천은 우리를 떠나신 사건이 아닙니다. 오히려 하늘과 땅의 모든 권세를 받은 하나님의 아들 예수님께서, 세상 끝 날까지 우리와 함께 하실 것이라는 증거입니다. 그래서 예수님의 승천을 목도한 제자들은 큰 기쁨으로 예루살렘으로 돌아갔습니다. 예수님의 승천은 아직 하늘로 올라가지 못하고 세상에 남아있는 제자들과 우리에게(요 17:11) 큰 기쁨과 찬송의 근거가 됩니다. 세상 끝 날까지 우리를 보전하실 것이기 때문입니다. 이제 우리는 예수님께서 다시 오실 그날까지, 예수께서 하나님 아버지께로부터 오신 아들이심을 증거해야 합니다(요 17:8, 20). 아들로 말미암아 아버지의 영광을 보고 영생 얻는 일이 계속 일어나야 합니다. 오늘도 이 일을 위해 일어나 말하기를 힘씁시다.

창조주 구속주 성령님

(창세기 1:1-2)

Article XI.

Nous croyons et confessons aussi, que le S. Esprit procede eternellement du Pere et du Fils, n'estant point fait ni creé ni aussi engendré, ains seulement procedant des deux: lequel est la troisiesme Personne de la Trinité en ordre, d'une mesme essence et majesté et gloire avec le Pere et le Fils, estant vary et eternel Dieu, comme nous enseignent les Escritures Sainctes.

제11항. [성령 하나님]

우리는 또한 성령이 영원으로부터 성부와 성자에게서 나오신다는 것을 믿고 고백합니다. 성령은 지음 받으시거나 창조되시거나 출생하신 분이 아니라, 오직 두 분 [즉 성부와 성자]로부터 나오시는 분이십니다. 그러므로 성경이 우리에게 가르치는 것처럼 성령은 질서 상 삼위일체의 세 번째 위격이시고, 성부와 성자와 하나의 동일한 본질과 위엄과 영광으로 계시며, 참되고 영원한 하나님이십니다.

관련성경

창 1:1; 히 1:3, 11:3; 요 1:3; 시 33:6, 101:3; 렘 32:17; 말 2:10 (요 1:3); 요 15:26; 시 104편; 암 4:13; 요 14:16, 26.

'나는 전능하신 하나님 아버지, 천지의 창조주를 믿습니다' 사도신경의 고백입니다. 그런데 성부 하나님만이 창조주이실까요? 그렇지 않습니다. 성자 하나님도 창조주이십니다(요 1:3; 고전 8:6; 골 1:6). 성자뿐만이 아닙니다. 성령 하나님도 창조주이십니다. "Veni Creator Spiritus"(창조주 성령이여 오시옵소서). 중세 찬송가(9세기경, 작가 미상)는 성령 하나님을 창조주라고 찬양합니다. 성령 하나님은 조성되거나 창조되신 분이 아니시고, 오히려 그분이 창조주가 되십니다(네덜란드신앙고백 제11항). 창조와 구속은 삼위 하나님의 사역입니다. 오늘은 성령 하나님께서 창조주이시며 구속주이심을 함께 살펴봅시다.

1. 성령님은 구약시대에도 창조주이시며 구속주이십니다

하나님은 육일 동안 천지를 창조하셨습니다. 그러나 이것이 핵심은 아닙니다. 하나님의 창조는 무(無)로부터의 창조입니다. 그러나 이것이 핵심은 아닙니다. 천지창조의 핵심은 씨와 땅의 창조입니다. 하나님과 교제할 자손(씨)이 없었습니다. 하나님과 교제할 장소(땅)도 없었습니다. 그런데 하나님은 창세 전에 그리스도 안에서 우리와 교제하실 것을 작정하셨습니다(엡 1:4). 그래서 씨와 땅을 창조하셨습니다. 하나님은 씨와 땅을 만드셔서 자기 백성과 교제하기 원하셨습니다. 이것이 창조의 핵심입니다. 씨와 땅을 주셔서 자기 백성과 교제하시는 것이 구원이라고 한다면, 창조는 씨와 땅의 창조라는 점에서 하나님의 구원행위라 말할 수 있습니다.

땅은 혼돈하고 공허했습니다. 성경은 이런 상태를 구원 이전의 모습으로 자주 묘사합니다(사 34:8-15; 사 41:29; 렘 4:19-28). 또 흑암이 깊은 바다 위를 덮고 있었습니다. 이 모습 역시 구원 이전의 모습으로 자주 묘사

됩니다. 흑암과 바다는 사탄이나 원수의 세력 혹은 그 처소를 상징합니다(사 9:1; 47:5; 렘 4:28; 골 1:13; 사 5:30; 사 57:20; 렘 6:23; 겔 26:3; 유 1:13; 약 1:6). 그래서 새예루살렘 성에는 바다와 밤이 없습니다(계 21:1, 25).

그런데 하나님의 구원은 언제나 성령 하나님의 개입으로 이루어집니다. 하나님의 영(루아흐)이 흑암으로 덮인 깊은 바다 위를 운행하고 계셨습니다. 성령 하나님으로 말미암아 혼돈하고 공허한 땅에 작업이 시작되었습니다. 혼돈한 땅에 질서가 잡혔습니다. 공허한 땅에 내용물이 채워졌습니다. 땅의 창조의 클라이맥스는 에덴동산의 창조였습니다. 에덴동산은 하나님께서 임재하시고 자기 백성과 만나시는 장소였습니다. 그래서 그곳은 '아담과 하와의 동산'이 아니라, '하나님의 동산'이었습니다(창 13:10; 사 51:3; 겔 28:13). 하나님의 집이요, 성전과 방불한 곳이었습니다.

땅의 창조가 끝나자, 씨를 창조하셨습니다. 흙으로 사람을 만드셨습니다. 그리고 그 코에 생기(루아흐)를 불어넣으심으로 산 자가 되었습니다. 아담은 성령님으로 말미암아 씨가 되었습니다. 땅의 창조도 하나님의 영(루아흐)으로 되었고, 씨의 창조도 하나님의 생기(루아흐)로 되었습니다. 씨와 땅의 창조가 끝나자, 하나님은 그 땅에 임재하시고 거기서 자기 씨와 만나 교제하셨습니다. 이것이 구원이요, 이것이 안식입니다. 씨와 땅의 완성이 구원이요, 안식입니다(창 2:1-3, 15; 창 3:8). 이처럼 성령님은 처음부터 창조주이시며, 구속주이십니다.

성령님의 창조와 구속의 사역은 계속 이어졌습니다. 노아 시대, 씨와 땅이 타락하여 부패했습니다. 하나님은 옛 씨와 옛 땅을 물로 심판하셨습니다. 그래서 창조 이전과 같은 모습으로 돌아가 버렸습니다. 죽음의 물이 땅을 덮고 있습니다. 그 가운데서 하나님은 다시 땅을 내시고 씨를 살려주십니다. 이런 점에서 물을 감하게 하신 것은 새창조이고, 구원의 일입니다. 그런데 어떻게 그 일을 하셨습니까? 하나님이 바람(루아흐)을 땅 위에 불게 하셔서 물이 줄어들게 하셨습니다(창 8:1). 그렇게 성령님은 씨와 땅을 새롭게 하시는 창조의 영이시고, 구원의 영이십니다.

애굽에서 나온 씨가 홍해 물에 빠져 다 죽게 되었습니다. 그때 하나님은 큰 동풍(루아흐)이 밤새도록 불어 바닷물이 물러가게 하시고, 바다가 마른 땅이 되게 하셨습니다(출 14:21). 이스라엘 백성들은 홍해를 건넘으로 죽었다가 다시 산 백성이 되었습니다. 이와 같이 성령님은 새 씨를 창조하시는 구원의 하나님이십니다.

에스겔 선지자는 마른 뼈가 가득한 골짜기를 봅니다. 그들은 영적으로 죽은 지 오래된 이스라엘 백성들을 가리키고 있었습니다. 하나님은 마른 뼈를 다시 살리시는데, 어떻게 그렇게 하십니까? 선지자가 생기에 대하여 대언할 때, 생기(루아흐)가 그들에게 들어가자 그들이 살아나서 큰 군대가 되었습니다(겔 37:10). 이 환상은 두 가지 일을 이루실 것에 대한 예언입니다. 첫째는 씨를 살리시는 일이요(겔 37:14), 둘째는 땅으로 돌아오게 하시는 일입니다(겔 37:12). 씨와 땅을 새롭게 하시는 새창조와 구원의 일, 역시 성령님으로 말미암아 되는 일입니다.

2. 성령님은 신약시대에도 창조주이시며 구속주이십니다

새언약 시대, 참 씨와 참 땅은 예수 그리스도이십니다. 성자만이 성부를 알고 성부와 교제하는 유일한 씨이십니다. 예수님만이 하나님이 임재하시는 땅이요, 우리가 하나님을 만나는 유일한 집(성전)이십니다.

우리가 씨가 되는 유일한 방법은 예수님과 하나 되는 것입니다. 연합되는 것입니다. 우리가 땅에 거하며 안식을 누리는 유일한 방법은 예수님 안에 거하는 것입니다. 그런데 이 일은 누가 이루십니까? 성령님이 하십니다.

먼저 성령님은 우리로 예수님을 알고 믿게 해 주십니다. 이 세상에 예수님을 아는 자가 아무도 없었습니다. 그래서 성부 하나님은 먼저 성자 예수님을 이 땅에 보내주셨습니다. 그런데 성령님은 친히 그 일을 이루셨습니다. 그래서 예수님은 성령으로 잉태되셨습니다.

그렇게 예수님께서 이 땅에 계시며 친히 자신을 알려주셨지만, 이천 년 후를 사는 우리들은 예수님을 알 수가 없지요. 그래서 성령님은 제자들을 통해 예수님의 말씀과 행적을 기록하게 해 주셨습니다(벧후 1:20-21). 제자들이 어떻게 그것을 다 기억하고 기록할 수 있었겠습니까? 성령님께서 가르치고 생각나게 해 주셨던 것입니다(요 14:26). 성령님이 예수님의 증언자가 되신 것입니다(요 15:26). 그리하여 우리에게 예수님을 알게 해 주셨습니다.

뿐 아니라 성령님은 우리가 예수님을 믿고 그 안에서 참 씨가 되게 해 주십니다. "성령으로 아니하고는 누구든지 예수를 주시라 할 수 없느니라"(고전 12:3). 성령님은 우리가 예수님을 주라고 고백하는 믿음을 주십니다. 또 성령님은 우리에게 양자의 영이 되셔서, 하나님을 아버지라고 부를 수 있게 해 주십니다(롬 8:15-16; 갈 4:6). 이처럼 그리스도 안에서 하나님의 자녀(씨)가 되게 해 주시는 분이 성령님이십니다.

또한 성령님은 참 성전이신 예수님 안에서 우리를 성전(땅) 만드시는 분이십니다. "너희가 하나님의 성전인 것과 하나님의 성령이 너희 안에 계시는 것을 알지 못하느냐"(고전 3:16). 우리가 참 땅이신 예수님 안에 거한다는 사실 역시 성령님을 통해서만 알 수 있습니다. "우리에게 주신 성령으로 말미암아 그가 우리 안에 거하시는 줄을 우리가 아느니라"(요일 3:24). 이처럼 성령님께서는 지금도 씨와 땅을 만드십니다. 그리고 하나님이 자기 백성과 만나 교제하는 구원을 이루고 계십니다. 성령님은 창조주이시며 구속주이십니다.

오늘 우리 가운데도 성령님의 임재와 역사가 있길 소망합니다. 죽음과 심판의 물 위에 성령의 바람이 불었을 때 새창조와 구원의 역사가 일어났듯이, 우리에게도 성령의 바람이 불어야 합니다(요 3:8). 이스라엘 백성이 성령으로 홍해를 건너 세례를 받았듯이, 우리에게도 물과 성령으로 다시 사는 일이 일어나야 합니다(요 3:5). 에스겔이 보았던 마른 뼈처럼 죽은 지 오래된 우리들에게도 말씀의 생기가 임하여 살아나야 합니다. 사탄은 하나님의 씨가 하나님과 교제하지 못하도록 방해하고 가로막고 있습니다. 하나님의 동산과 집을 무단점유하고 땅을 내어놓지 않고 있습니다(마 12:43-45). 사탄을 어떻게 쫓아낼 수 있을까요? 성령을 힘입어서만 쫓아낼 수 있습니다(마 12:28). 그때 비로소 씨와 땅이 완성되고, 안식이 성취되며, 하나님의 나라가 임하게 될 것입니다. 창조주 성령님, 구속주 성령님, 우리 가운데 임재하사 창조와 구원의 일을 행하여 주옵소서. 아멘.

보이지 않는 천상의 전쟁

(다니엘 10:10-11:1)

Article XII.

Nous croyons que le Pere a creé de rien le ciel et la terre et toutes autres creatures, quand bon luy a semblé, par sa Parole, çest à dire, par son Fils, donnant à chacune creature leur estre, forme et figure, et divers offices pour servir à leur Createur: Aussi que maintenant mesmes il les soutient et gouverne toutes selon sa providence eternelle, et par sa vertu infinie, pour servir à l'homme, afin que l'homme serve à son Dieu. Il a aussi creé les Anges bons, pour estre ses messagers, et pour servir à ses éleus: desquels les uns sont trebuschez de l'excellence, en laquelle Dieu les avoit creez, en perdition eternelle, et les autres ont persisté et demeuré en leur premier estat par la grace de Dieu. Les diables et esprits malins sont tellement corrompus, qu'ils sont ennemis de Dieu et de tout bien, aguettans l'Eglise comme brigands de tout leur pouvoir, et chacun membre d'icelle, pour tout destruire et gaster par leurs tromperies, et pourtant par leur propre malice sont condamnez à perpetuelle damnation, attendans de jour en jour leurs tourmens. Et sur cecy nous detestons l'erreur des Sadduciens, qui nient qu'il y ait des esprits et des anges. Et aussi l'erreur des Manicheens, qui disent, que les diables ont leur origine d'eux-mesmes, estans mauvais de leur nature propre, sans avoir esté corrompus.

제12항. [하나님의 선한 창조와 악의 기원]

성부께서 자신의 아들이신 말씀을 통하여, 보시기에 좋은 대로, 하늘과 땅, 그리고 다른 모든 피조물들을 무로부터 창조하시되, 각각의 피조물에게 그들 자신의 존재와 모양과 형태뿐만 아니라 다양한 직무도 부여하심으로 그들의 창조자를 섬기도록 [창조하셨다는] 것을 우리는 믿습니다. 또한 성부께서 자신의 영원한 섭리와 무한한 능력에 따라 그 모든 [피조물들]을 지금도 유지하시고 통치하신다는 것을 [우리는 믿습니다], [이는 모든 피조물들이] 인간을 섬기도록, [그래서] 결국에는 인간이 자

신의 하나님을 섬기도록 하기 위함입니다. 그분은 또한 천사들을 선하게 창조하셔서 자신의 사자로 삼으시고, 자신이 선택하신 자들을 섬기도록 [하셨습니다]. 그들 중 일부는, 하나님께서 그들을 창조하신 탁월함으로부터 실족하여 영원한 파멸로 떨어졌으나, 다른 [천사]들은 하나님의 은혜로 그들의 처음 지위를 고수하고 그대로 남아 있습니다. 마귀들과 악한 영들은 하나님과 선한 모든 것들의 원수가 될 정도로 심각하게 타락했습니다. [그들은] 속임수들로 모든 것을 망가뜨리고 파멸하기 위해 [마치] 강도들처럼 자신들의 모든 능력을 다하여 교회와 교회 각 지체를 노립니다. 그리고 [그들은] 자신들의 사악함 때문에 영원한 저주의 형벌을 받아 날마다 [끔찍한] 고통을 기다리고 있습니다. 그러므로 우리가 배격하는 것은 영들과 천사들이 있다는 것을 부인하는 사두개인들의 오류와, 또한 마귀들이 자신들로부터 그들 자신들의 기원이 있으며 타락하는 일을 겪지 않고 그들의 본성상 악하다고 말하는 마니교도들의 오류입니다.

관련성경

사 40:26; 단 14:4; 마 28:19; 요일 (5장):15; 행 5:3; 고전 3:16, 6:11; 롬 8:9; 골 1:16; 딤전 4:3; 히 3:4; 계 4:11, 11:16; 히 1:14; 시 103:21, 34:8; 요 8:44; 벧후 2:4; 눅 8:31; 마 25:41; 행 23:8; 마 4장.

천사들은 하나님의 사자들이며, 택함 받은 성도들을 섬기도록 창조된 영적 존재들입니다. 그런데 그 중 일부는 타락하여 하나님의 원수가 되었으며, 교회와 성도들을 무너뜨리기 위해 온 힘을 쏟고 있습니다(네덜란드신앙고백서 제12항). 본문 말씀을 중심으로 우리의 고백을 확인하고, 주시는 은혜를 받기 원합니다.

바사 왕 고레스 삼년에 다니엘에게 일어난 일입니다(단 10:1). 고레스 원년에 중요한 사건이 있었지요. 이스라엘 백성들은 본토로 돌아가 성전을 지으라는 귀환명령이 있었습니다. 그런데 다니엘은 귀환하지 못하고 여전히 바사 땅에 남아있었습니다. 고령의 나이 때문이었을까요? 바사 땅에 머물게 하신 하나님의 뜻이 있었을까요? 아무튼 귀환하지 못하고 남아있던 다니엘이 한 일이 있었습니다. "그 때에 나 다니엘이 세 이레 동안을 슬퍼하며 세 이레가 차기까지 좋은 떡을 먹지 아니하며 고기와 포도주를 입에 대지 아니하며 또 기름을 바르지 아니하니라"(단 10:2-3).

다니엘은 왜 금식하며 기도했을까요? 정확한 이유는 알 수는 없지만, 아마 고토로 돌아간 백성들이 겪는 어려움 때문이었을 것입니다. 귀환한 백성들이 성전 건축을 위해 애를 썼지만, 대적들의 강력한 저항에 막혀 있었습니다. 게다가 이스라엘 땅은 척박했고, 백성들은 궁핍했습니다. 이스라엘의 회복이 지연되고 있었습니다. 이런 형편을 전해들은 다니엘은 하나님 나라의 회복을 위해 기도했던 것 같습니다.

그렇게 기도를 시작한 지 3주 만에, 천사가 다니엘을 찾아왔습니다. 그런데 천사는 놀라운 말을 전합니다. 사실 다니엘이 기도한 첫날에 하나님의 응답이 주어졌다는 것입니다. 그런데 3주가 지나서야 천사가 도

착하게 된 이유가 있었습니다. 바사 왕국의 군주가 21일 동안 천사를 막았던 것입니다. 그러던 중 가장 높은 군주 중 하나인 미가엘이 천사를 도와줌으로 이제 오게 된 것입니다.

다니엘에게 기도 응답을 가져다 준 천사를 막았던 바사 왕국의 군주는 누구일까요? 그는 인간 왕이 아니라, 영적 존재입니다. 미가엘을 가장 높은 군주라고 부르고 있지요. 바사 왕국의 군주 역시 바사에 영향을 미치고 있는 악한 영, 사탄과 마귀를 가리키는 표현입니다. 어떤 분들은 이 구절을 근거로, 각 나라와 지역을 관할하고 있는 악한 영이 있다고 합니다. 그래서 전도나 선교를 할 때 먼저 그 지역을 담당하고 있는 악한 영을 쫓아내야 한다고 주장하기도 하지요. 하지만 이 구절의 의미는 악한 영 사탄이 바사 왕국에 영향을 끼치고 있다는 것입니다. 사탄 마귀는 바사를 이용하여 이스라엘의 회복을 가로막고 있습니다. 반면 다니엘은 이스라엘의 회복을 위해 기도하였고, 미가엘과 천사는 기도 응답을 돕습니다. 다니엘의 기도응답을 위해, 눈에 보이지 않는 21일간의 영적 전쟁이 치열했던 것입니다.

이를 통해 알 수 있는 것이 무엇입니까?

1. 보이지 않는 영적 존재와 사역이 있습니다.

중세교회는 성경이 말씀한 것 이상으로, 천사에 대해 미신적이고 허구적인 상상을 많이 했습니다. 그것은 분명 잘못이지만, 그 반작용으로 영적 존재의 실재와 그 사역에 대해 부인하는 것도 잘못입니다. 사탄과 천사들은 이 세상의 역사와 권세와 사건들 배후에 역사하고 있습니다.

사탄은 바사 제국의 권세를 사용하여 이스라엘의 회복을 막으려 했습니다. 바사 뿐 아닙니다. 천사는 과거 메대 사람 다리오 원년에도 이런 일이 있었다고 말합니다(단 11:1). 다리오 원년에 다니엘이 사자 굴에 던져지는 일이 있었지요. 모든 고관들이 모의하여 다니엘을 죽이고자 했었습니다. 그 때도 다니엘을 죽이려는 사탄과 다니엘의 기도를 돕고 지키려는 하나님의 사자와의 영적 전투가 있었던 것입니다. 뿐 아니라, 천사는 이 싸움이 앞으로도 계속될 것이라고 말합니다. 헬라의 군주가 등장할 것이고, 그와도 싸우게 될 것을 말합니다. 헬라 제국은 강력한 문화를 가지고 사람들의 정신까지 헬라화시켜 하나님 나라를 막으려 할 것입니다. 그때도 천상의 영적 전쟁이 일어날 것입니다.

왜 욥에게 갑작스러운 일들이 일어나게 되었습니까? 천상에서 일어난 일들 때문이었습니다. 욥을 무너뜨리려는 사탄의 공격이 있었습니다. 그리고 하나님이 그것을 허용하셨기 때문이었습니다. 하나님께서 천사나 악한 영을 부리셔서 뜻을 이루시는 예가 성경에 많습니다. 예를 들어 아합이 길르앗 라못에서 전사하게 된 것도, 천상회의의 결과였습니다(왕상 22:19). "누가 아합을 꾀어 그를 길르앗 라못에 올라가서 죽게 할꼬" 하셨을 때, 한 영이 말했습니다. "내가 나가서 거짓말 하는 영이 되어 그의 모든 선지자들의 입에 있겠나이다" 선지자들이 거짓예언을 하게 된 것도 눈에 보이지 않는 영이 한 일이었습니다. 무엇보다 요한계시록은 지상에서 일어나는 일들이 천상에서 일어나는 일들의 결과임을 잘 보여줍니다.

눈에 보이지 않는 영들이 이 땅의 일들에 관여한다 생각하면, 왠지 모를 두려움을 느끼기도 합니다. 또 사탄이 공격한다 생각하니, 서늘할 때도 있습니다. 하지만 두려워하거나 염려할 필요가 없습니다. 하나님께서 영들을 그 뜻대로 부리시기 때문입니다. 그의 사자들을 보내 교회와 성도를 도우시기 때문입니다.

2. 하나님은 그의 사자들을 보내 교회와 성도를 도우십니다.

하나님은 그의 사자들을 보내어 교회와 성도들을 구원하십니다. 소돔에서 지체하고 있던 롯의 식구들을 기억하십니까? 그들의 손을 잡고 이끌어 냈던 자들이 누구입니까? 천사들입니다. 아브라함에게 좋은 소식을 전했던 자들이 누구입니까? 천사들입니다. 앗수르 군대 십사만 사천 명을 하룻밤 사이에 송장이 되게 한 것도 천사였습니다. 구주 탄생의 복음을 전해 준 것도 천사였습니다. 예수님이 겟세마네에서 기도하실 때, 옆에서 힘을 도왔던 것도 천사였습니다. 자고 있던 베드로의 옆구리를 쳐서 깨우고 옥에서 구출해 낸 것도 천사였습니다.

그렇습니다. 우리 눈에 보이지 않지만, 천상의 존재들이 실재합니다. 천사와 사탄이 있으며, 그 사이에 영적 싸움도 있습니다. 사탄은 세상의 권세와 정세에도 영향을 미처 교회와 성도를 무너뜨리려 합니다. 하지만 하나님은 그의 사자들을 보내어 교회와 성도들을 도와 하나님의 구속사역을 이루십니다.

아람 군대가 엘리사가 있는 성읍을 둘러싸고 있었습니다. 이를 본 사환은 "아아, 내 주여 우리가 어찌하리이까" 했습니다. 그 때 엘리사는 놀라운 말을 합니다. "두려워하지 말라 우리와 함께 한 자가 그들과 함께 한 자보다 많으니라 여호와여 원하건대 그의 눈을 열어서 보게 하옵소서" 그러자 사환의 눈이 열렸습니다. "여호와께서 그 청년의 눈을 여시매 그가 보니 불말과 불병거가 산에 가득하여 엘리사를 둘렀더라"(왕하

6:17). 하나님께서 우리의 눈도 열어주시기를 바랍니다. 시력이 2.0이라서 볼 수 있는 게 아닙니다. 영의 눈이 열려야 합니다. 모든 세계가 하나님의 말씀으로 지어졌습니다. 그리고 하나님은 오늘도 그 말씀을 이루시기 위해서, 눈에 보이지 않는 천군천사들도 동원하여 우리를 돕고 계십니다. 이 땅에서 눈에 보이는 어려움을 당할 때, 눈에 보이지 않는 하나님의 도움이 있음을 기억하십시오.

"우리의 씨름은 혈과 육을 상대하는 것이 아니요 통치자들과 권세들과 이 어둠의 세상 주관자들과 하늘에 있는 악의 영들을 상대함이라"(엡 6:12). 우리가 싸워야 할 적이 누구입니까? 다니엘을 가로막았던, 군주라고 표현했던 악한 영들 곧 사탄입니다. 다니엘뿐 아니라, 오늘 우리도 여전히 이 씨름을 하고 있습니다. 눈에 보이는 것과만 싸우지 마십시오. 어떤 사람, 어떤 사건, 어떤 일 때문이라고만 말하지 마십시오. 그 배후에 방해하고 미혹하고 공격하는 사탄이 있을 수 있습니다. 어디 세상의 큰일만이겠습니까? 내 인생의 대소사와는 관계가 없겠습니까? 우리는 늘 영적 전쟁 가운데 있습니다.

다행스럽고 감사한 것은 우리가 이 싸움에서 질 수 없다는 사실입니다. 우리 대장 예수 그리스도께서 이미 이기셨기 때문입니다(골 2:15). 전쟁은 여호와께 속한 것입니다. 우리는 이 전쟁에 참전하여 이미 얻은 승리를 누리는 특권과 명예를 받았습니다. 참전하는 방법은 기도입니다. "다니엘아 두려워하지 말라 네가 깨달으려 하여 네 하나님 앞에 스스로 겸비하게 하기로 결심하던 첫날부터 네 말이 응답 받았으므로 내가 네 말로 말미암아 왔느니라"(단 10:12). "내가 네 말로 말미암아 왔느니라" 모든 천사들은 섬기는 영으로서 구원 받을 상속자들을 위하여 섬기라고 보내심을 받았습니다(히 1:14). 우리가 기도할 때, 하나님께서는 천사들을 보내어 이미 얻은 승리를 함께 누리게 해 주십니다. 이 얼마나 큰 특권이자 권세입니까? 이 권세와 능력으로 보이지 않는 전쟁에서 꼭 승리하시기 바랍니다.

제13항

매일 발걸음마다
예수 인도하셨네

(잠언 16:9)

Article XIII.

Nous croyons, que ce bon Dieu, apres avoir creé toutes choses, ne les a pas abondonnées à l'adventure, ni à fortune; mais les conduit et gouverne de telle façon selon sa saincte volonté, que rien n'advient en ce monde sans son ordonnance: combien toutesfois que Dieu n'est point autheur, ni coulpable du peché qui advient. Car sa puissance et bonté est tellement grande et incomprehensible, que mesme il ordonne et prehensible, que mesme il ordonne et fait tresbien et justement son oeuvere, quand mesmes les Diables et les meschans font injustement. Et quant à ce qu'il fait outre passant le sens humain, nous ne voulons nous en enquerir curieusement, plus que nostre capacité ne porte, ains en toute humilite et reverence nous adrons les justes jugemens de Dieu, qui nous sont cachez, nous contentans d'estre disciples de Christ pour apprendre seulement ce qu'il nous monstre par sa parole, et ne point outrepasser ces bornes. Ceste doctrine nous apporte une Consolation indicible, quand nous sommes apprins par icelle que rien ne nous peut venir à l'adventure; ains par l'ordonnance de nostre bon Pere celeste, lequel veille pour nous par un soing paternel, tenant toutes creatures subjettes a soy, de sorte, que pas un des cheveux de nostre teste (car ils sont tous nombrez) ni mesmes un petit oiseau, ne peut tomber en terre sans la volonté de nostre Pere: en quoy nous reposons, sachans, qu'il tient les Diables en bride, et tous nos ennemis, qui ne nous peuvent nuire sans son congé et volonté. Sur cela nous rejettons l'erreur damnable des Epicuriens, qui disent que Dieu ne se mesle de rien, et laisse aller toutes choses à l'adventure.

제13항. [하나님의 섭리: 보살피시는 관리와 다스리시는 통치]

이런 선하신 하나님께서 만물을 창조하신 후에, 그들을 우연이나 운명에 방치하지 않으시고, [오히려] 자신의 법령 없이는 이 세상에 어떤 일도 일어나지 않는 것과 같은 방식으로 자신의 거룩한 뜻에 따라 그들을

관리하시고 통치하신다는 것을 우리는 믿습니다. 그럼에도 불구하고 하나님께서는 결코 발생하는 범죄들의 창시자도 당사자도 아니십니다. 왜냐하면 심지어 마귀들과 악인들이 불의하게 행할 때조차도 그분은 매우 탁월하고 정의롭게 자신의 일을 결정하시고 수행하실 정도로 그분의 능력과 선하심이 너무나 위대하고 불가해하기 때문입니다. 그리고 그분이 사람의 지각을 초월하여 행하시는 것에 관하여 우리의 능력이 도달하지 못하는 이상 우리는 결코 호기심으로 조사하기를 원진않습니다. 다만 우리는 우리에게 감추어져 있는 하나님의 공의로운 판단을 모든 겸손과 존경으로 숭배하고, [또한] 오직 그분이 자신의 말씀으로 우리를 가르치시는 것만 배우기 위해, 그리고 결코 이런 경계석을 벗어나지 않기 위해, 우리는 그리스도의 제자들이 되는 것으로 만족합니다. 이 [섭리] 교리는 우리에게 말로 표현할 수 없는 위로를 주는데, 이는 우리가 이 [교리]를 통해 어떤 일도 우리에게 우연히 일어날 수 없고, 오직 우리의 선하신 하늘 아버지의 법령에 의해서만 일어난다는 것을 알 때 [그렇습니다]. 그분은 우리를 위하여 부성적 돌보심으로 깨어계셔서, 자신의 능력 아래 만물을 붙잡으시고, 또한 우리 아버지의 뜻 없이는 우리의 머리털 하나도 -그 [머리카락] 모두가 계수되었기 때문에- 참새 한 마리도 땅에 떨어질 수 없습니다. 그러므로 우리는 편히 지냅니다. [왜냐하면 우리는 하나님께서 마귀들과 우리의 모든 원수를 올가미에 붙잡으셔서 그들이 그분의 허락과 뜻 없이는 우리를 해할 수 없도록 하신다는 것을 알기 [때문입니다]. 그러므로 우리는 에피쿠로스파의 가증스러운 오류를 거절하는데, 그들이 하나님께서는 친히 아무 것도 간섭하시지 않고 모든 일을 우연에 맡기신다고 말하기 [때문이다].

관련성경

요 5:17; 히 1:3; 잠 16장; 엡 1:11; 약 4:13, 19; 욥 1:21 (약 1:13) 왕하 22:20; 행 4:28; 행 2:23; 삼상 2:25; 시 115:13; 사 45:7; 암 3:6; 신 19:5; 잠 21:1; 시 105:25; 사 10:9; 살후 2:11; 엡 14:9; 마 10:29; 롬 1:28; 왕상 11:23; 창 45:8, 50:20; 삼하 16:10; 마 8:31; 요일 2:16; 시 5:5; 요일 3:8; 창 1:26; 골 3:10; 골 1:15

섭리란 하나님께서 창조하신 만물을 내버려 두시거나 우연에 맡기지 않으시고, 그의 뜻대로 보존하시고 통치하시고 인도하시는 것을 의미합니다(네덜란드신앙고백서 제13항). 집에 비유하자면, 창조는 건축이요 섭리는 관리라 할 수 있습니다. 사람에 비유하자면, 창조는 출산이요 섭리는 양육이라 할 수 있습니다. 섭리를 묵상하면, 우리에게 큰 은혜와 유익이 있습니다.

섭리는 크게 두 가지로 나눌 수 있습니다. 일반섭리와 특별섭리입니다. 이를 통상섭리와 비상섭리라고 할 수도 있습니다. 일반(통상)섭리란 하나님께서 정하신 자연법칙을 사용하셔서 섭리하시는 것을 의미합니다. 하나님은 물리적 작용, 화학적 작용, 사람의 자유의지를 사용하십니다. 예를 들어, 물은 아래로 흐르도록 섭리하십니다. 학생이 열심히 공부하면 좋은 성적을 얻도록 섭리하십니다. 하나님은 상식적이고 일반적인 방법으로 일하시지요. 그러나 항상 그렇게만 섭리하시는 것은 아닙니다. 물리적, 화학적 법칙을 초월하여, 혹은 그것을 거슬러 섭리하시기도 하십니다. 사람의 자유의지를 꺾어서 역사하시기도 하십니다. 이를 특별(비상)섭리라 할 수 있습니다. 소위 기적이라고 부르는 것이지요.

오늘은 특별섭리에 대해 좀 더 자세히 묵상해 봅니다. 특별섭리를 이상하게 여기고 믿지 못하는 분들이 많습니다만, 사실 믿지 못할 이유가 조금도 없습니다. 자연만물을 만드신 하나님께서 어찌 자연만물에 종노릇하시겠습니까? 자연만물이 하나님의 뜻대로 다스림을 받는 것은 당연한 것이 아닙니까? 기적에 대해 조금도 이상하게 여길 것이 없습니다. 성경에는 수많은 비상섭리들이 나옵니다. 그런데 놀랍고 감사한 것은 그것이 다 자기 백성을 위한 것이라는 사실입니다.

1. 먹고 마시는 일에 행하시는 비상섭리

먹지 않으면 죽습니다. 이것이 통상섭리입니다. 물만 마시면 한 달에서 두 달 정도 생존할 수 있다고 합니다. 하지만 모세는 사십 일 사십 야를 떡도 먹지 않고 물도 마시지 않았습니다(출 34:28). 먹고 마시지 않아도 살 수 있도록 특별하고 비상하게 섭리하신 것입니다. 선지생도들에게 먹을 것이 떨어졌습니다. 그런데 누군가 첫 수확으로 만든 보리떡 20개와 채소 조금을 가지고 왔습니다. 선지생도 100명이 먹기에는 턱없이 부족한 것이었습니다. 하지만 하나님은 "그들이 먹고 남으리라" 하셨고, 말씀대로 이루어졌습니다(왕하 4:44). 예수님도 떡 다섯 개와 물고기 두 마리로 남자만 5천명을 먹이셨습니다(마 14:21). 하나님께서 원하시면, 먹고 마시는 일에도 특별하게 섭리하셔서 자기 백성을 보존하시고 인도하십니다.

2. 물에서 행하시는 비상섭리

이스라엘 백성들은 홍해에 수장될 위기에 처했지만, 하나님은 바다가 갈라지게 하시고 그들을 건져내셨습니다(출 14:16). 가난한 선지생도들이 기숙사 확장 공사를 해야 했습니다. 누군가 도끼를 빌려 벌목을 하다 그만 도끼를 물에 빠뜨리고 말았습니다. 그때 엘리사 선지자가 나뭇가지를 베어 물에 던졌더니 쇠도끼가 떠올랐습니다(왕하 6:6). 새벽에 풍랑과 싸우는 제자들을 건지시기 위해서, 예수님께서 물 위를 걸으셨습니다(마 14:25). 하나님께서 원하시면, 물 가운데서도 특별하게 자기 백성을 보호하시고 지키십니다.

3. 불에서 행하시는 비상섭리

모세는 떨기나무에 불이 붙었는데도 타지 아니하는 광경을 보았습니다(출 3:3). 애굽이라는 풀무불에 들어가 있었던 이스라엘 백성들이 타지 않도록 지키심을 보여주신 것이었습니다. 불을 품고 있으면서 옷이 타지 않는 일이 어찌 있을 수 있겠습니까?(잠 6:27) 하지만 다니엘의 세 친구들은 풀무불 속에서도 옷도 타지 않고, 불탄 냄새도 없이 나왔습니다(단 3:27). 하나님께서 원하시면 불 가운데서도 비상한 방법으로 자기 백성을 보존하시고 지키십니다.

4. 악한 짐승으로부터 행하시는 비상섭리

광야에는 수많은 독사와 전갈들이 있었지만, 하나님은 이를 막으셔서 백성들을 지켜주셨습니다(신 8:15). 다니엘은 사자굴에 떨어졌지만, 하나님은 굶주린 사자들의 입을 막아 다니엘을 지켜주셨습니다(단 6:22). 악한 짐승은 악인을 상징하기도 하지요(딛 1:12). 하나님께서 원하시면, 악한 짐승들과 악인들로부터도 기적적으로 자기 백성을 보호하시고 지키십니다.

5. 죽고 사는 일에 행하시는 비상섭리

머리가 아프다던 수넴 여인의 아들이 그녀의 무릎 위에서 죽었습니다. 하지만 엘리사 선지자가 아이 위에 엎드리자, 일곱 번 재채기를 하고 눈을 떴습니다(왕하 4:35). 예수님은 나인성 과부의 아들에게도 "일어나라" 말씀하셔서 살리셨습니다(눅 7:14). 죽은 지 나흘이 되어 냄새가 나던 나사로에게도 "나오라" 말씀하셔서 살리셨습니다(요 11:43).

이처럼 하나님은 일반적으로도 자기백성을 인도하시지만, 특별하게, 비상하게, 기적적으로도 지키시고 보존하시고 인도하십니다. 하나님의 섭리는 만물에 미치지만, 특별히 교회를 보호하고, 모든 것들이 교회의 선을 이루도록 하십니다(웨스트민스터 신앙고백서 제5장). 이 사실을 묵상하고 있으면, 세상은 그래도 살만합니다. 우리 인생은 그래도 기대됩니다.

지금도 깊은 웅덩이에 빠져 있는 분들이 있을 것입니다. 풀무불 속에 들어가 있는 분도 있을 것입니다. 사자굴 속에 있는 분은 없으십니까? 한 움큼 가루와 기름 조금을 들고 걱정하는 분도 있을 것입니다. 하지만 하나님의 섭리를 믿는다면, 부딪혀 볼만 하지 않습니까? 계속 살아볼 소망이 있지 않습니까?

어디 이뿐입니까? 하나님의 섭리는 인간의 자유의지에까지 미칩니다. 사람이 죄를 짓고 악을 행하는 것은 자신의 자유의지로 하나님의 뜻을 거부하고 거역하기 때문이지요. 하나님이 악한 일이 생기도록 섭리하시기 때문이 아닙니다. 다만 하나님은 악과 죄도 허용하실 때가 있습니다. 허용하시는 것도 섭리 안에 있는 것입니다. 그렇다고 해서 하나님이 악을 선하다 하지 않으십니다. 악을 막을 능력이 없어서 그렇게 하시는 것도 아닙니다. 다만 하나님은 악인의 악도 하나님의 선한 뜻을 이루도록 만들어 가시는 것입니다. "여호와께서 온갖 것을 그 쓰임에 적당하게 지으셨나니 악인도 악한 날에 적당하게 하셨느니라"(잠 16:4). 요셉의 형들이 요셉을 팔아넘기는 악을 행했지만, 하나님은 그것을 선으로 바꾸셨습니다. 가룟 유다의 배반도 십자가의 구속역사를 이루도록 섭리하셨습니다.

하나님의 섭리는 참 다양합니다. 똑같이 하나님을 믿고 사는데, 어떤 사람은 부유하고 어떤 사람은 가난합니다. 어떤 사람은 고생만하다 죽는 것 같고, 어떤 사람은 무병장수하는 것 같습니다. 우리네 인생 가운데 있는 하나님의 섭리를 다 이해할 수는 없습니다. 하지만 그리스도 안에서 우리를 천국까지 보존하시고 인도하시는 것만은 확실합니다. 그렇게 천국에 이른 사람 중에 어느 누가 불평하겠습니까? "하나님, 저는 왜 30년 밖에 못살다 오게 하셨어요?", "하나님, 저는 왜 가난하게 살다 오게 하셨어요?", "하나님, 그 때 왜 저를 그렇게 어렵게 만드셨어요?", "왜 이렇게 먼 길로 돌아오게 하셨어요?" 그렇게 따질 사람이 있을까요? 오히려 "하나님께서 이렇게 나를 붙드셔서 믿음을 지키게 하셨습니다.", "나는 얼마나 자주 흔들리고 무너졌지만, 부모, 형제, 남편, 아내, 목사님, 장로님, 성도들을 통해서 나를 붙들어주셨습니다." 우리도 천국 가면 하나님께서 이 모든 것을 선으로 바꾸셨다고 요셉과 같은 고백을 하지 않겠습니까?

우발적으로 혹은 우연히 일어나는 것 같은 일들, 또 우리의 마음을 아프게 하고 괴롭게 하는 사건과 사고들까지도 다 하나님의 섭리 가운데 있음을 고백합니다. 그 과정은 다 몰라도, 하나님은 마침내 하나님의 선한 목적과 뜻을 만들어 내실 것임을 믿습니다. 어려운 일, 급한 일을 당해도 두려워하거나 낙심하지 맙시다. 흥한 일, 쇠한 일에 일희일비하지 맙시다. 모든 사람이 난리법석 하는 일이 있다 해도, 놀라지 말고 좌고우면 하지 맙시다. 시험에 떨어지고, 승진을 못하고, 사업에 망했다고 삶을 포기하는 사람들도 있지만, 섭리를 믿는 자는 그렇게 할 수 없습니다. 미래는 오직 내가 만들어 가는 거라는 건방진 말을 삼갑시다. 어차피 세상은 운명대로 되는 거라는, 다 부질 없는 거라는 운명론과 허무주의에도 빠지지 맙시다. "사람이 마음으로 자기의 길을 계획할지라도 그의 걸음을 인도하시는 이는 여호와시니라" 고백하며 삽시다.

보이는 것과 보이지 않는 모든 것을 창조하시고, 창조하신 그것을 하나님의 영광을 위하여 보존하고 인도하고 다스리시는 일반섭리와 특별섭리를 믿읍시다. 그리고 내 인생 모든 것이 은혜라고 고백합시다. 어떤 일에도 감사하며 삽시다. 하나님을 신뢰하고 말씀대로 삽시다. 한 해 끝자락에 왔습니다. 한 해를 반추하다 보니 "매일 발걸음마다 예수 인도하셨네" 찬양이 저도 모르게 흘러나옵니다. 새해에 이루실 하나님의 섭리는 무엇일까 기대됩니다.

제14항

인생의 목적을 이루는
새해 되십시오

(로마서 8:29)

Article XIV.

Nous croyons, que Dieu a creé l'homme du limon de la terre, et l'a fait et formé à son image et semblance, bon,, juste et sainct, pouvant par son vouloir accorder en tout au vouloir de Dieu: mais quand il a esté en honneur il ne l'a pas entendu, et n'a pas recognu son excellence; ains s'est volontairement assujetti à Peché, et par consequent à mort et malediction, en prestant l'oreille à la parole du Diable. Car il a transgressé le commandement de vie, qu'il avoit receu, et s'est retranché de Dieu, qui estoit sa vraye vie, par son peché, ayant corrompu toute sa nature, dont il s'est rendu coulpable de mort corporelle et spirituelle, et estant devenu meschant, pervers, corrompu en toutes ses voyes, a perdu tous ses excellens dons qu'il avoit receus de Dieu, et ne luy est demeuré de reste sinon des petites traces d'iceux, qui sont suffisantes pour rendre l'homme inexcusable, d'autant que tout ce qui est de lumiere en nous est converti en tenebres, comme l'Escriture nous enseigne, disant: La lumiere luit és tenebres, et les tenebres ne l'ont point comprise, oú sanict Iehan appele les hommes, tenebres. Parquoy nous rejettons tout ce qu'on enseigne au contraire du franc arbitre de l'homme, parce qu'il n'est que serf de Peché, et ne peut aucune chose s'il ne luy est donné du ciel. Car qui est ce qui se vantera de pouvoir faire 뭐디 bien comme de soy-mesme, puis que Christ dit: Nul ne peut venir à moi si mon Pere, qui m'a envoyé, ne l'attire? Qui alleguera sa volonté, entendant, qu'l'affection de la chair est inimitié contre Dieu? Qui parlera de sa cognoissnce, voyant, qu'l'homme sensuel ne comprend point le choses, qui sont de l'Esprit de Dieu? Bref, qui mettra en avant une seule penseé, veu qu'il entend, que nous ne sommes pas suffisans de penser quelque chose de nous mesmes: mais que nostre suffisance est de Dieu? Et pourtant ce que dit l'Apostre, doit à bon droict de meurer ferme et arresté, que Dieu fait en nous le vouloir et le parfaire selon son bon-plaisir. Car il n'y a entendement, ne volonté conforme à celle de Dieu, que Christ n'y ait besogné, ce qu'il nous enseigne, disant: Sans moy vous ne pouvez rien faire.

제14항. [하나님의 선한 창조에 역행하는 인간의 악한 타락]

우리는 하나님께서 땅의 흙으로 사람을 창조하셨으며 자신의 형상과 모양에 따라 선하고 의롭고 거룩하게 그를 만드셨고 형성하셨다는 것을 믿습니다. [그는] 자신의 의지로 모든 면에서 하나님의 뜻과 일치할 수 있는 [존재였습니다]. 하지만 그는 이 영예[로운 상태에 있었을 때 그것을 이해하지도 못했고, 자신의 탁월함을 인식하지도 못했습니다. 오히려 그는 죽음과 저주에 부합함으로써, 또한 사탄의 말에 귀 기울임으로써 자발적으로 죄에 예속되었습니다. 왜냐하면 그는 자신이 받았던 생명의 계명을 범했고 자신의 죄로 인해 자신의 참된 생명이신 하나님에게서 스스로 잘려나갔기 때문입니다. [결국] 그는 자신의 본성 전부를 부패시켰습니다. 따라서 그는 육적이고 영적인 죽음이라는 유죄를 범했습니다. 또한 그는 자신의 모든 길에서 불경건하고 사악하며 타락함으로써 그가 하나님으로부터 받았던 자신의 탁월한 은사들을 몽땅 잃어버렸습니다. 그것들 가운데 작은 흔적들 외에는 달리 아무 것도 그에게 남아 있지 않았는데, 이것들은 인간에게 변명할 여지가 없도록 하기에 충분한 것입니다. 왜냐하면 성경이 우리에게 가르치는 것처럼 우리 안에 있는 빛이 몽땅 어둠으로 변했기 때문입니다. 가라사대, "빛이 어둠에 비취되 어둠이 깨닫지 못하더라."[요 1:5] 여기서 성자 요한은 인간을 어둠이라 부릅니다. 그러므로 우리는 사람의 자유의지가 [성경과] 반대로 가르치는 모든 것을 거절하는데, 사람이 죄의 종에 불과하여 하늘에서 주어진 것이 아니라면 아무 것도 할 수 없기 때문입니다. [요 3:27] 그리스도께서 "나를 보내신 아버지께서 이끄시지 않으면 아무도 내게 올 수 없다"[요 6:44]고 말씀하시는데도 불구하고, 마치 스스로 선을 행할 수 있는 듯이 자기 자신을 자랑하는 자는 실제로 누구입니까? "육신의 생각은 하나님과 원수가 되는"[롬 8:7] 것을 인정하면서도 자기 의지를 내세우는 자는 어떤 사람일까요? "육에 속한 사람은 하나님의 성령의 은사를 받지 아니하는"[고전 2:14] 것을 알면서도 자신의 지식을 말하는

자는 어떤 사람일까요? 요컨대, "우리가 무슨 일이든지 우리에게서 난 것 같이 스스로 만족할 것이 아니니, 우리의 만족은 오직 하나님으로부터 나느니라."[고후 3:5]는 [말씀]을 이해함에도 불구하고 [자신의] 유일한 생각을 고집하는 자는 어떤 사람일까요? 그러므로 "너희 안에서 행하시는 이는 하나님이시니, 자기의 기쁘신 뜻을 위하여 너희로 소원을 두고 행하게 하시느니라."[빌 2:13]라고 사도가 말하는 것은 당연히 확실하고 굳건히 잘 보존되어야만 합니다. 왜냐하면 그리스도께서 역사하시지 않고는 하나님께서 그들에게 주신 [어떤] 지식도 의지도 없을 것이기 때문입니다. 그분은 "나를 떠나서는 너희가 아무 것도 할 수 없음이라."[요 15:5]라고 말씀하시면서 우리를 가르치십니다.

관련성경

벧전 2:9; 전 12:7; 시 8:5; 시 49:21; 사 59:2; 창 3:17, 19; 전 7:30; 롬 5:12; 요 8:7; 엡 4:24; 롬 12:2; 롬 3:10, 8:6; 행 14:17; 롬 1:20-21; 행 17:27; 엡 4:18, 5:8; 요 1:5; 시 37:9; 사 26:12; 시 94:11; 롬 8:3; 왕상 20:9; 시 28:8; 사 45:25; 요 3:27; 요 6:44 (고전 2:14); 고후 3:5; 빌 2:13

새해를 시작하며 인생의 목적에 대해 묵상해 보고자 합니다. 인생의 목적이 무엇입니까?

어느 스님이 불교에 입문하게 된 계기를 들은 적이 있습니다. 학창 시절 고등학교 옆에 절이 있어 종종 드나들었습니다. 그런데 그 절의 스님이 워낙 말씀이 많으셔서, 한번 잡히면 3, 4시간씩 이야기를 들어야 했습니다. 한 날도 스님이 부르시는데, 다음 날 시험이 있었습니다. 그래서 스님을 만나자마자, "스님, 오늘은 제가 바쁩니다." 했습니다. 그랬더니 스님은 "어, 그래?" 하시더니 물으셨습니다.

"너 지금 어디서 왔니?"
"학교에서 왔지요"
"그 전에는 어디서 왔니?"
"집에서 왔지요"
"그 전에는, 그 전에는..."
"엄마 뱃속에서 왔지요"
"그 전에는?"
"... 몰라요"

"이제 어디 가니?"
"도서관 가야지요"
"그 다음에는 어디 가니?"
"집에 가야지요"
"그 다음에는, 그 다음에는..."
"죽어서 무덤 가겠지요"
"그 다음에는?"
"... 몰라요"

그랬더니 스님이 고함을 질렀습니다. "야! 이놈아, 어디서부터 와서 어디로 가는지도 모르는 놈이 바쁘기는 왜 바빠!" 그 말이 가슴을 쳤습니다. 그래서 불교에 입문하게 되었다고 합니다.

그렇습니다. 인생이 어디서부터 와서 어디로 가는지 모르는데, 다시 말해 인생의 출발점과 도착점을 모르는데, 인생의 목적을 어떻게 알 수 있겠습니까? 인생의 목적과 의미는 내가 어디서부터 와서 어디로 가는지 알아야 알 수 있습니다. 이 질문에 대한 답은 과학이 해 줄 수 없습니다. 철학이 해 줄 수 없습니다. 성경만이 답할 수 있습니다. 사람은 하나님께로부터 와서 하나님께로 갑니다. 왜냐하면 하나님이 우리를 만드셨기 때문입니다. 무엇을 위해서 만드셨습니까? 하나님이 우리를 만드신 목적이 우리 인생의 목적일 것입니다.

1. 인생의 목적, 하나님의 형상

하나님이 사람을 창조하신 목적은 무엇입니까? 그 답은 하나님의 형상에 있습니다. 하나님은 사람을 하나님의 형상대로 만드셨습니다(네덜란드신앙고백 제14항). 하나님의 형상이 무엇일까요? 외형적인 모습입니까? 머리가 있고, 팔다리가 있는 신체적인 모양이 하나님과 닮았다는 뜻입니까? 그렇다면 사람과 닮은 침팬지나 오랑우탄은 하나님의 형상을 어느 정도는 가지고 있다고 말해야 할 것입니다. 사고로 신체의 일부분을 잃었다면, 하나님의 형상을 잃었다고 말해야 합니까? 또 하나님의 형상은 이성적, 지적 능력입니까? 그렇다면 천사도, 사탄도 하나님의 형상일 것입니다. 지적인 능력이 떨어지는 사람은 하나님의 형상을 조금만 받은 사람입니까?

물론 인간의 신체도, 영혼도, 이성도, 지적 능력도 다 하나님께서 주신 것입니다. 그러나 사람이 하나님의 형상대로 창조되었다는 말은 단지 인간의 영혼이나 이성, 신체 등과 같은 자질 그 자체를 받았다는 뜻이 아닙니다. 오히려 그 자질을 가지고 하나님과 교제할 수 있는 존재로 만드셨다는 의미입니다. 즉 사람은 하나님의 상대자, 언약의 파트너로 창조되었습니다. 다시 말해 하나님은 사람을 하나님과 교제하는 존재로 만드신 것입니다.

그래서 하나님의 형상됨이란 은사인 동시에 과업입니다. 인간에게 주신 지, 정, 의, 육체... 이 모든 것을 가지고 하나님과 바른 관계를 맺고 사는 존재가 되어야 하는 것입니다. 이런 점에서 하나님의 형상됨이란 인간이 이루어야 하는 사명이기도 합니다. 그렇다면 인생의 목적이 무엇입니까? 하나님의 형상을 이루는 것입니다.

2. 깨어진 하나님의 형상

그런데 문제가 생겼습니다. 하나님과 교제해야 할 인간이, 하나님으로부터 독립을 선언한 것입니다. 자아독립만세를 부른 것입니다. "우리가 왜 하나님의 억압과 통제 아래 있어야 해? 벗어나자! 해방하자!" 이것이 에덴 동산에서 있었던 일이고, 지금 이 세상에서도 일어나고 있는 일입니다. 그리하여 하나님과의 관계가 깨어졌습니다. 하나님과 교제하는 하나님 나라에서 쫓겨났습니다. 자... 하나님의 형상이 어떻게 된 것입니까? 하나님의 형상이 깨어진 것입니다. 파괴된 것입니다. 왜 그렇습니까? 하나님과의 관계가 깨어졌기 때문입니다.

깨어졌다, 파괴되었다고 하니까, 이런 식으로 이해하는 분들이 있습니다. "거울이 깨어졌지만, 유리 조각들은 남아있지 않느냐? 죄로 인해 하나님의 형상이 깨어졌지만, 그래도 인간에게 하나님의 형상의 조각들은 남아있는 것이다."

그러나 도대체 무엇이 남아있다는 말입니까? 육체가 남아있다는 말인가요? 이성이 남아있다는 말인가요? 도덕성이 남아있다는 말인가요? 하나님께서 육체를 주셨지만, 단지 육체를 가지고 있다고 해서 하나님의 형상이 아닙니다. 육체의 주인이신 하나님을 인정하고, 몸으로 하나님께 영광을 돌리는 사람이 하나님의 형상입니다. 우리 몸이 성령의 전이 되어야 하나님의 형상입니다. 육이 지배하는 인생은 하나님의 형상이 아닙니다. 하나님은 마음도 주셨고, 영혼도 주셨습니다. 그러나 그것이 있다고 해서 하나님의 형상이 아니라, 그 마음과 영혼이 하나님께서 내주하시는 좌소가 될 때, 하나님의 형상인 것입니다. 하나님을 반역하여 독립한 자들에게 도덕성이 있다 하더라도, 그것이 하나님께서 인정하시는 선이나 의가 될 수는 없습니다. 그것이 하나님과의 관계를 회복시키지 못하기 때문입니다.

죄인인 인간은 인간은 인간이로되, 하나님의 형상으로서의 인간은 아닙니다. 그래서 성경은 인간이 죄로 인하여 손상을 당했다고 말하지 않고, 죽었다고 말씀합니다. 하나님과의 교제가 단절된 것이 곧 죽음입니다(창 2:17; 눅 15:24; 계 3:1). 죄인인 인간은 죽은 자입니다. 그래서 하나님의 형상은 깨어진 유리 조각을 다시 붙여 회복시키는 것이 아니라, 죽은 자를 살려서 회복시키는 것입니다(엡 2:1). 그렇다면 인생의 목적이 무엇입니까? 하나님의 형상을 회복하는 것입니다.

3. 하나님 형상의 회복

죄로 죽은 인간이 하나님의 형상을 회복하는 방법은 무엇입니까? 예수 그리스도이십니다. 예수님만이 유일한 하나님의 형상이시기 때문입니다. "그리스도는 하나님의 형상이니라"(고후 4:4). "그는 보이지 아니하는 하나님의 형상이시요"(골 1:15). "이는 하나님의 영광의 광채시요 그 본체의 형상이시라"(히 1:3). 그러므로 죄로 인하여 상실된 하나님의 형상을 회복하는 방법은 유일한 하나님의 형상이신 예수님과 닮은 꼴이 되는 것입니다. 본문 29절에서는 "그 아들의 형상을 본받게 하기 위하여 미리 정하셨으니"(롬 8:29)라고 했습니다. 그리스도의 형상을 본받게 하려고 우리를 구원하셨습니다. 본받는다는 말은 '같은 모양을 가진다'는 의미입니다. 하나님은 우리를 그리스도의 형상과 같은 모양이 되게 하심으로 하나님의 형상을 회복하게 하십니다. 그래서 바울 사도는 "너희 속에 그리스도의 형상을 이루기까지 다시 너희를 위하여 해산하는 수고를 하노니" 했습니다(갈 4:19).

그렇다면 인생의 목적이 무엇입니까? 예수님과 같은 꼴이 되는 것입니다. 예수님과 같은 꼴이 된다는 것이 어떤 뜻입니까? 예수님이 하나님을 아버지라 부르시듯, 우리도 하나님을 아버지라고 부르는 것입니다. 예수님께서 하나님의 참 아들이듯이, 우리도 예수님 안에서 하나님의 아들이 되는 것입니다. 예수님께서 이 세상을 다스리는 왕이시듯, 우리도 세상에 종노릇 하는 자가 아니라 세상을 다스리는 왕으로 사는 것입니다. 예수님께서 자기 몸을 버려서 우리를 사랑하셨듯이, 우리도 형제를 사랑하는 자가 되는 것입니다.

우리 속에는 하나님의 형상이 이루어져 있습니까? 우리는 예수님을 얼마나 닮았습니까? 예수님은 하나님과 더없이 친밀한 부자 관계인데, 우리는 하나님과 그렇게 친밀한 관계를 맺고 있습니까? 예수님은 우리를 사랑하셨는데, 우리에게는 사랑이 있습니까? 예수님은 우리를 오래 참으시고 긍휼히 여기시는데, 우리에게는 오래 참음과 긍휼이 있습니까? 예수님은 이 세상을 이기신 분이신데, 우리는 이 세상을 이기는 자로 살고 있습니까? 새해에는 인생의 목적을 이루며 사시길 축복합니다.

제15항

내가 죄악 중에서
출생하였음이여

(시편 51:1-19)

Article XV.

Nous croyons, que par la desobeissance d'Adam le Peche Originel a esté espandu par tout le genre humain; lequel est une corruption de toute la nature, et un vice hereditaire, duquel mesme sont entachez le petits enfans au ventre de leur Mere, et qui produit en l'homme toute sorte de peche, y servant de racine: dont il est tant vilain et enorme devant Dieu, qu'il est suffisant pour condamner le genre humain, et n'est pas aboli mesme par le Baptesme ou desraciné du tout, veu que tousjours les bouillons en sortent comme d'une malheureuse source: combien toutesfois qu'il ne soit point imputé à condamnation aux enfans de Dieu; ains pardonné par sa grace et misericorde, non point afin qu'ils s'endorment, mais afin que le sentiment de ceste corruption face souvent gemir les fideles, desirans d'estre delivrez du corps de ceste mort. Sur cela nous rejettons l'erreur des Pelagiens, qui disent, que ce pech"e n'est aultre chose qu'vne imitation.

제15항. [아담의 불순종: 원죄]

우리는 아담의 불순종으로 원죄가 인류 전체에 퍼졌다고 믿습니다. [원죄]는 인간 본성 전부의 타락이자 유전적 악덕인데, 이것으로 어머니 배 속의 태아들조차도 오염될 [정도]입니다. 또한 [원죄]는 근원의 역할로 사람 안에 온갖 종류의 죄를 생산합니다. 그러므로 그것은 하나님 앞에서 그토록 추악하고 엄청나서 인류를 정죄하기에 충분하며 결코 세례에 의해서도 박멸되거나 전부 근절되지 않습니다. 왜냐하면 [원죄는] 항상 끓는 물주전자처럼 분출하기 때문인데, 마치 일종의 불행한 원천으로부터 [솟아나는 것과 같습니다. 이 모든 것에도 불구하고 [원죄개] 하나님의 자녀에게는 정죄에 이르도록 전가되지 않고, 이렇게 그분의 은혜와 자비로 용서됩니다. 그것은 평안히 잠들게 하려는 것이 아니라, 타락에 대한 의식이 신자들로 하여금 이 죽음의 몸으로부터 해방되는 것을 소망하도록 자주 탄식하게 하는 것입니다. 이와 관련하여 우리는 이 죄가 일종의 모방과 다르지 않다고 말하는 펠라기우스주의자들의 오류를 거절합니다.

관련성경

시 51:5; 롬 3:10; 요 3:6; 창 6:3; 엡 2:5; 욥 14:4; 롬 5:14, 7:18-19.

1. 원죄란 무엇입니까?

시편 51편은 다윗의 참회시입니다. 그런데 그의 참회가 아주 특이합니다.

> "내가 죄악 중에 출생하였음이여 어머니가 죄 중에서
> 나를 잉태하였나이다"(5절)

회개를 이렇게 하다니요. "제가 다른 군사들은 다 전쟁하러 나갔는데, 왕궁에서 낮잠을 잤습니다", "제가 밧세바를 봤을 때, 눈이 돌아갔습니다", "제가 부인도 많고 처첩도 많은데, 미쳤었나 봅니다", "제가 범죄 한 사실을 숨기려고 충성된 신하까지 죽였습니다."라고 회개를 해야지요. 그런데 "내가 죄악 중에 출생했습니다. 어머니가 죄 중에서 나를 잉태했습니다." 이것은 자신의 죄의 원인을 어머니에게로 돌리고 있는 것이 아닙니까? 회개 같지도 않은 다윗의 회개는 대체 어떤 의미입니까?

다윗은 죄가 행위적이지 않고, 속성적임을 고백한 것입니다. 죄가 표면적이지 않고, 이면적임을 인정한 것입니다. 죄를 행위로 보지 않고, 인격으로 본 것입니다. 쉽게 말해, 죄를 지었기 때문에 죄인이 아니라, 죄인이기 때문에 죄를 짓게 된 것이라는 고백입니다. 다윗이 간음이나 살인을 했기 때문에 비로소 죄인이 아니라, 그가 죄인이기 때문에 간음과 살인의 죄를 범했다는 뜻이지요.

지금 다윗은 자신의 구체적인 범죄행위를 보면서, 죄의 뿌리를 고백하고 있습니다. 그는 모든 사람이 칭찬하고 존경하는 성군이었지만, 죄의 본성에 깊이 물들어있는 자신을 보았습니다. 본성적으로 죄인임을 발견한 것입니다. 바울의 고백과 같이, 내 속에 선한 것이 거하지 않는다

는 사실을 안 것입니다. 다윗은 원죄를 깨달은 것입니다(네덜란드신앙고백서 제15항).

2. 회개란 무엇입니까?

인간이 본성상 죄인임을 아는 것은 매우 중요합니다. 죄의 깊은 뿌리와 심각성을 모르면, 표면적인 처방으로 죄의 문제를 해결할 수 있다고 착각하기 때문입니다. 배가 아프다고 하면, 배꼽에 빨간약(?)을 발라주는 것과 똑같습니다. 죄가 단지 거짓말이고, 간음이고, 살인이라면, "거짓말 하지 마, 간음하지 마, 살인하지 마"라는 처방전을 써 줄 뿐입니다. 다윗은 그런 처방전으로 죄의 문제가 해결되지 않는다고 말합니다.

> "주께서는 제사를 기뻐하지 아니하시나니 그렇지 아니하며 내가 드렸을 것이라 주는 번제를 기뻐하지 아니하시나이다"(16절)

다윗이 하나님께서 정하신 제사 제도를 부정하는 것입니까? 그것이 아니라, 뿌리깊이 박혀있는 죄의 본성을 단지 형식적인 종교 행위로 해결할 수 없다는 뜻입니다. 예를 들면, 다윗이 전쟁에 나가지 않고 왕궁에 머물다가 죄를 지었으니까, 앞으로 이스라엘의 왕은 무조건 전쟁에 나가도록 하자고 할 수 있습니다. 다윗이 낮잠을 자고 저녁에 일어나 왕궁을 거닐다가 그런 일이 일어났으니까, 왕은 낮잠을 못 자도록 법으로 정하자고 할 수 있습니다. 다윗이 전쟁터에 나가있던 우리아를 불러서 이런저런 지시를 했는데, 전쟁 중에 있는 군인은 왕이라도 마음대로 못하도록 지휘체계를 정비하자고 할 수 있습니다. 그러면 죄의 문제가 해결될 것이라 생각하는 것이지요. 하지만 드러난 현상에 대한 표면적 해결책으로는 죄의 본성을 해결할 수 없습니다.

죄의 본성을 깊이 자각하지 못하고, 죄를 쉽게 다루는 현상은 오늘날에도 많습니다. 작금 교회개혁을 외치는 분들 중 상당수가 이런 식으로 죄의 문제를 해결하려 합니다. 제도화하고 성문화하고 법으로 만들면, 교회가 개혁될 것이라 생각합니다. 그것이 바로 죄인에 대한 안이한 태도와 자세입니다. 제도와 법으로 죄인이 바뀌지 않습니다. 죄인은 제도와 법을 이용하고 피해 갈 뿐입니다.

진정한 회개는 "내 속에 선한 것이 아무것도 없습니다" 입니다. 자기 자신에 대한 철저한 실망과 자신을 믿지 않는 자기부인이 회개입니다. "잘할 수 있었는데, 실수했습니다. 그 실수와 잘못을 삭제해 주시면, 제가 다시 열심히 잘해 보겠습니다"가 회개가 아닙니다. 진정한 회개는 자신이 죄인임을 알고, 자신을 신뢰하지 않는 것입니다. 자기 의를 끊는 것이 회개입니다. 다윗의 회개를 보십시오.

> "하나님께서 구하시는 제사는 상한 심령이라 하나님이여 상하고 통회하는 마음을 주께서 멸시하지 아니하시리이다"(17절)

하나님이 받으시는 회개가 무엇입니까? 상한 심령입니다. 상했다는 말은 여러 조각으로 부서져서 산산조각 났다는 뜻입니다. 상하고 통회하는 마음입니다. 상하고 통회한다는 것은 짓눌리고 뭉개져 박살이 났다는 뜻입니다. 하나님이 받으시는 회개는 자기 자신을 산산조각 내는 것이고, 자신을 짓눌러서 박살내는 것입니다. 내 안에 가능성이 없음을 알고, 자신을 소망하지 않는 것입니다.

3. 용서란 무엇입니까?

죄의 문제는 어떻게 해결될까요? 죄인에게는 소망이 없습니다. 죄인에게 다시 기회를 준다고 해결되지 않습니다. 하나님께서 우리를 산산조각 내시고 박살내신 후, 새롭게 만드셔야 합니다. 그래서 다윗은 간구합니다.

"하나님이여 내 속에 정한 마음을 창조하시고 내 안에
정직한 영을 새롭게 하소서"(10절)

정한 마음을 창조해 주셔야 합니다. 태초에 천지를 창조하셨듯이 말입니다. 죄인 속에는 정함(순전함)이 전혀 없기 때문에, 하나님께서 창조해 주셔야 합니다. 또 정직한 영을 새롭게 해 주셔야 합니다. 정직한 영이란 흔들리지 않는 영입니다. 죄인의 영은 흔들리고 부서지고 파괴되었기 때문입니다. 새롭게 하다는 것은 재건하다는 뜻입니다. 무너진 건물을 다시 짓는 것을 의미합니다. 다 파괴되었기 때문에 다시 건축해야 합니다. 전혀 새로운 사람으로, 전혀 새로운 피조물로 창조하시고 재건해 주셔야 합니다. 그것이 용서고, 회복입니다.

하나님께서 어떻게 이 일을 행하실까요? 죄인인 우리를 죽이시고, 다시 살리십니다. 예수 그리스도 안에서 말입니다. 예수님 안에서 나를 죽이십니다. 날마다 죽이십니다. 그래서 나 자신을 신뢰하려는 마음, 나 자신을 자랑 하고픈 마음, 마치 나는 죄인이 아닌 것처럼 꾸미려는 교만함이 죽습니다. 그리고 예수님 안에서 다시 살리십니다. 새로운 피조물로 창조하십니다(고후 5:17). 우리는 지속적으로 죽지 않으려고 발버둥 칩니다. 지속적으로 예수님을 벗어버리려고 발버둥 칩니다. 죄성 때문입니다. 성령님께서 정한 마음을 창조하시고, 정직한 영을 새롭게 해 주시지 않으면 소망이 없습니다. 그러므로 예수님 안에서 성령님으로만 참된 용서와 회복이 있습니다.

오늘날 심각한 문제는, 교회에 죄인이 없다는 사실입니다. 교회에는 다 괜찮은 사람들뿐입니다. 나는 주일을 잘 지키니까, 기도를 많이 하니까, 헌신을 많이 하니까, 나는 괜찮은 사람입니다. 그리고 괜찮은 사람들이 교회를 세웁니다. 그래서 업적이 있고, 자랑이 있고, 이름이 있습니다. 하지만 죄에 대한 바른 고백이 없습니다. 그러니 바른 회개도 없습니다. 목회자들도 죄를 만만하게 봅니다. 죄를 겁내지 않고, 적당하게 다루면서, 종교 행위로 해결할 수 있다고 말합니다. 예레미야 시대 선지자와 제사장들이 백성의 상처를 건성으로 고쳐주면서, 평안하다 평안하다 했던 것과 다를 바 없습니다.

> "주의 은택으로 시온에 선을 행하시고 예루살렘 성을 쌓으소서"(18절)

우리의 예배와 기도와 헌신이 얼마나 귀하고 좋은 것입니까? 하지만 그것으로 교회를 세울 수 없습니다. 거기에도 죄가 개입하기 때문입니다. 그리고 죄 앞에서 우리는 무기력할 뿐입니다. 참회 중인 다윗을 생각해보십시오. 우리는 다윗보다 낫습니까? 죄인들의 공동체는 무너질 수밖에 없습니다. 우리가 교회를 세운다고 착각하지 마십시오. 죄로 인해 무너진 시온, 죄로 인해 산산조각이 난 예루살렘을 회복시키고 다시 쌓을 분은 하나님뿐이십니다. 교회가 세워지는 것은 죄인을 그리스도 안에서 회복시키시는 주의 은혜로만 가능합니다. 성령께서 주시는 새 영, 새 마음으로만 가능합니다. 이것이 오늘도 엎드려 삼위 하나님의 인자와 긍휼을 간구할 수밖에 없는 이유입니다(1절).

제16항

우리의 선택이 먼저일까?
하나님의 선택이 먼저일까?

(로마서 9:10-11)

Article XVI.

Nous cryons, que toute la lignée d'Adam estant ainsi precipitée en perdition et ruine par la faulte du premier homme, Dieu s'est demonstré tel qu'il est, a savoir, misericordieux et juste. Misericordieux en retirant et sauvant de ceste perdition ceux, lesquels en son conseil eternel et immuable il a esleus et choisis par sa pure bonté en Iesus Christ nostre Seigneur, sans aucun esgard de leurs oeuvres, Iuste, en laissant les autres en leur ruine et tresbuschement, oú ils se sont precipitez.

제16항. [구원을 위한 하나님의 선택과 유기]

우리는 아담의 후손 전체가 첫 사람의 범죄로 인해 멸망과 몰락에 빠졌을 때, 하나님께서 자신이 자비로우시고 공의로우신 분이심을 친히 증명하셨다고 믿습니다. 자비로우신 분이란 [하나님께서] 저 멸망으로부터 그들을 구출하시고 구원하신다는 것인데, 그들은 그분이 자신의 영원하고 불변하는 작정 안에서 자신의 순수한 선하심에 의해, 그들의 행위에 대한 어떤 고려도 없이, 우리 주 예수 그리스도 안에서 택하신 자들이다. 공의로우신 분이란 다른 사람들을 그들의 몰락과 파멸 속에 내버려두신다는 것인데, 그곳으로 그들은 스스로 곤두박질쳤습니다.

관련성경

롬 9:16, 3:12; 신 32:8; 삼상 12:22; 시 65:5; 말 1:2; 딤후 1:9; 롬 9:29; 딛 3:4-5; 엡 1:4-5; 롬 11:5; 행 2:47, 13:48; 딤후 2:20; 롬 9:11; 벧전 1:2; 롬 9:21, 15:16; 롬 11:34-35; 요 18:20, 15:19; 딛 1:1; 엡 1:3; 요 10:29; 마 15:24, 20:23

"선생들이여 내가 어떻게 하여야 구원을 받으리이까" 빌립보 감옥의 간수가 물었습니다. 바울과 실라가 답했습니다. "주 예수를 믿으라 그리하면 너와 네 집이 구원을 받으리라" 그렇습니다. 우리가 어떻게 구원 받습니까? 예수님을 믿어 구원 받습니다. 그렇다면 구원은 예수님을 믿기로 한 나의 선택에 달린 것일까요? 오늘은 하나님의 선택에 대해 살펴봅시다(네덜란드신앙고백 제16항).

1. 우리의 선택이 먼저일까? 하나님의 선택이 먼저일까?

네덜란드신앙고백 제15항에서, 인간의 전적타락과 부패에 대해 살펴보았습니다. 그런데 인간의 타락에 대해 조금 다르게 이해하는 사람들이 있었습니다. 그 분들은 말하기를, 인간이 하나님을 떠나 타락한 것은 맞지만 그렇다고 자유의지를 상실한 것은 아니라고 합니다. 여기서 자유의지가 무엇인지 이해하는 것이 중요합니다. 자유의지란 외출할 때 정장을 입을까, 청바지를 입을까를 선택할 수 있는 자유를 말하는 것이 아닙니다. 점심식사로 백반을 먹을까, 짜장면을 먹을까를 결정할 수 있는 자유를 말하는 것이 아닙니다. 자유의지란 하나님이 보시기에 선한 것을 선택하고 행할 수 있는 자유를 의미합니다. 이들은 말하기를, 인간이 타락했을지라도 그의 자유의지는 남아있기 때문에 하나님이 보시기에 선한 것을 선택하고 행할 능력이 있다고 합니다. 인간은 자유의지를 사용하여 하나님의 은혜에 동조하거나 협력하여 구원을 얻는 것이라 했습니다. 즉 회개와 믿음과 구원은 인간의 자유의지에 달린 것입니다. 이와 같은 주장을 하는 분들이 아르미니우스주의자, 또는 반(세미) 펠라기우스주의자들입니다.

그런데 이분들이 설명해야 할 한 가지 문제가 있습니다. 그것은 하나님의 선택과 예정입니다. 성경은 구원받을 자기 백성을 선택(예정)하셨다고 말씀합니다. 하나님이 선택한 자가 구원받는다고 한다면, 인간의 자유의지를 주장할 여지가 없어지게 됩니다. 이분들이 생각할 때, 구원이란 인간이 자유의지를 가지고 선택하고 수용해야 받는 것인데 말이지요. 예정과 자유의지를 어떻게 조화시킬 수 있을까요? 그래서 이분들은 말하기를, 하나님께서 선택하신 것은 맞는데, 앞으로 스스로 믿을 자를 선택하셨다고 합니다. 앞으로 그 사람이 믿을지 믿지 않을지 하나님이 미리 아시고, 믿을 사람을 예정하셨다는 것이지요. 이를 "예지예정"이라고 부릅니다.

만약 그렇다면 하나님의 선택이 먼저입니까? 사람의 선택이 먼저입니까? 아르미니우스주의자들이나 반펠라기우스주의자들에 따르면, 자유의지로 그리스도를 선택하는 자를 하나님이 선택하시는 것입니다. 그러니 논리적으로 사람이 먼저 하나님을 선택하면, 하나님이 그를 구원얻을 자로 선택하시는 것입니다. 엄밀하게 말하면, 선택이란 하나님께는 없는 것입니다. 사람이 선택하는 것을 보고 하나님이 선택한다는 것은, 하나님의 선택이라고 볼 수 없기 때문입니다.

그러나 우리 고백은 다릅니다. 타락으로 인해 인간의 자유의지는 죄에 종속되었고, 악에 묶였고, 선에 대하여는 죽었습니다. 죄인은 하나님이 원하시는 선을 택하지 못합니다. 죄인은 영적으로 죽었습니다. 그래서 전적으로 무능력합니다. 그래서 하나님을 선택할 수 없습니다. 죄인이 그리스도를 선택할 것이기 때문에, 하나님이 그를 선택한 것이 아닙니다. 하나님이 그를 선택하셨기 때문에, 죄인이 그리스도를 선택하게 된 것입니다. 죄인이 하나님을 선택한 것이 아니라, 하나님이 죄인을 선택하신 것입니다. 그러니 믿음이 예정의 조건이나 원인이 아닙니다. 믿음은 예정의 결과입니다.

2. 성경은 어떻게 말씀하고 있습니까?

우리가 스스로 선택하고 결정해서 아버지께 나아오게 된 것이 아닙니다. 아버지께서 오게 하여 주신 자만이 구원 얻은 것입니다.

> "또 이르시되 그러므로 전에 너희에게 말하기를 내 아버지께서 오게 하여 주지 아니하시면 누구든지 내게 올 수 없다 하였노라 하시니라" (요 6:65)

하나님께서 선택하신 자가 믿고 구원받게 된 것입니다.

> "이방인들이 듣고 기뻐하여 하나님의 말씀을 찬송하며 영생을 주시기로 작정된 자는 다 믿더라"(행 13:48)

하나님의 선택은 우리의 선택보다 앞섭니다. 얼마나 앞섭니까? 우리가 나기도 전입니다. 우리가 선이나 악을 행하기도 전입니다.

> "그뿐 아니라 또한 리브가가 우리 조상 이삭 한 사람으로 말미암아 임신하였는데 그 자식들이 아직 나지도 아니하고 무슨 선이나 악을 행하지 아니한 때에 택하심을 따라 되는 하나님의 뜻이 행위로 말미암지 않고 오직 부르시는 이로 말미암아 서게 하려 하사" (롬 9:10-11)

사실 하나님의 선택은 창세 전에 있었습니다.

> "그 때에 임금이 그 오른편에 있는 자들에게 이르시되 내 아버지께 복 받을 자들이여 나아와 창세로부터 너희

> 를 위하여 예비된 나라를 상속받으라" (마 25:34)

> "곧 창세 전에 그리스도 안에서 우리를 택하사 우리로 사랑 안에서 그 앞에 거룩하고 흠이 없게 하시려고 그 기쁘신 뜻대로 우리를 예정하사 예수 그리스도로 말미암아 자기의 아들들이 되게 하셨으니" (엡 1:4-5)

바울은 자신이 어떻게 구원받게 되었는지 곰곰이 생각해 보았습니다. 그런데 그럴만한 조건이나 이유가 없었습니다. 바울은 예수님을 선택하지 않았습니다. 선택은 고사하고 호감조차 없었습니다. 오히려 그는 교회를 핍박했습니다. 그래서 답은 하나님의 선택밖에 없었습니다. 구원의 근거는 하나님의 예정이요, 그의 주권적인 은혜입니다.

> "그러나 내 어머니의 태로부터 나를 택정하시고 은혜로 나를 부르신 이가" (갈 1:15)

구원하시는 선택이 있다면, 내버려두시는 유기도 있습니다. 믿지 않는 유대인들에 대해서 예수님은 무어라 말씀하셨습니까?

> "너희가 내 양이 아니므로 믿지 아니하는도다" (요10:26)

너희가 믿지 아니하므로 내 양이 아니다 하신 것이 아니라, 내 양이 아니므로 믿지 아니한다고 하셨습니다.

> "하나님께 속한 자는 하나님의 말씀을 듣나니 너희가 듣지 아니함은 하나님께 속하지 아니하였음이로다" (요 8:47)

우리가 어떻게 하나님의 말씀을 듣는 자가 되었습니까? 하나님께 속한 자였기 때문입니다.

이상의 말씀에서 분명한 사실이 무엇입니까? 우리의 선택보다 하나님의 선택이 먼저입니다. 예정 교리의 핵심은 하나님의 절대 주권과 오직 은혜입니다.

3. 우리의 응답은 무엇입니까?

구원이 나의 선택이나 결정에 달려있다면, 늘 불안할 것입니다. 나도 나를 믿지 못하기 때문입니다. 하지만 구원은 나의 믿음으로 된 것이 아니라, 하나님의 변하지 않는 은혜의 작정으로 된 것입니다. 그러니 큰 확신 속에서 감사하고 찬송할 수 있습니다. 때로 방황하는 나 자신을 봅니다. 방황하는 형제들을 봅니다. 하지만 포기하지 않고 비난하지 않고 소망을 가지는 것은 하나님의 작정 때문입니다. 믿음이 흔들릴만한 큰 시험과 곤란한 형편을 만날 때도 있지만, 모든 것을 우리의 구원을 위해 선하게 이루실 것을 믿고 인내할 수 있습니다.

또한 우리가 하나님의 무조건적인 선택과 은혜를 입었으니, 우리도 성도를 무조건적으로 사랑하는 것이 마땅합니다. 마음이 찰떡같이 맞아 떨어지는 사람, 별로 노력하지 않아도 사랑할 수 있는 사람, 공동체 안에 잘 어울리는 사람과만 가까이하고 사랑하는 것은 부끄러운 일입니다. 서먹하고 불편한 형제자매들에게도 다가갑시다. 나의 기준과 조건에 미달하는 사람이라 할지라도 하나님이 그를 사랑하여 무조건적으로 택하셨다면, 나도 그를 사랑합시다. 주일 아침마다 우리의 악수와 문안은 무조건적이어야 합니다. 우리의 사랑과 섬김은 무조건적이어야 합니다.

구속사는 전쟁사입니다

(창세기 3:15)

Article XVII.

Nous croyons que nostre bon Dieu par sa merveilleuse sagesse et bonté, voyant que l'homme s'estoit ainsi precipité en la mort tant corporelle que spirituelle et rendu du tout malheureux s'est luy mesme mis à le cercher, lors qu'il s'enfuyoit de luy tout tremblant, et l'a console luy faisant promesse de luy donner son Fils fait de femme pour briser la teste du serpent, et le faire bienheureux.

제17항. [명령에 불순종한 인간과 구원을 약속하시는 하나님]

우리가 믿는 것은 인간이 [스스로] 자신을 영적이고도 육적인 죽음에 던져버리고 완전히 비참하게 된 것을 보신 우리의 선하신 하나님께서 그가 너무 두려워하여 자신으로부터 도망쳤을 때, 자신의 경이로운 지혜와 선으로 친히 그를 찾으셨을 뿐만 아니라, 뱀의 머리를 상하게 하시고 그를 복 받는 자로 만드시기 위해, 한 여자에게서 태어나게 되실 자신의 [친] 아들을 주신다고 그에게 약속하심으로 또한 그를 위로하셨다는 [사실]입니다.

관련성경

창 3:15, 22:18; 사 7:14; 요 7:42; 딤후 2:8; 히 7:14; 요 1:14; 창 3장, 갈 4:4.

죄는 하나님을 떠나려는 마음입니다. 하나님 없이도 잘 살 수 있다는 생각입니다. 하나님과 교제하기를 싫어하는 성향입니다. 마음에서 하나님의 자리를 없애려는 경향입니다(롬 1:28; 시 14:1). 그러면 죄의 결과는 무엇입니까? 죽음입니다. 죽음이란 하나님과의 관계가 단절된 상태를 가리킵니다. 하나님을 떠난 상태가 곧 죽은 상태입니다.

예수님의 비유 중에, 둘째 아들이 아버지의 유산을 처분하여 먼 곳에 가서 허랑방탕했던 이야기를 기억하십니까? 둘째 아들의 죄가 무엇입니까? 허랑방탕했던 것입니까? 그것은 죄의 증상입니다. 죄는 아들이 아버지와 함께 사는 것이 행복하지 않은 것입니다. 그래서 아버지로부터 멀어지고 싶었습니다. 마음에서 아버지의 자리를 지우려 했습니다. 그것이 죄입니다. 그 결과 아버지를 떠나게 되었지요. 그것이 죽음입니다. 그래서 아들이 돌아왔을 때 아버지는 내 아들은 죽었다가 다시 살아났다고 기뻐했습니다.

에덴동산에서 아담과 여자의 죄는 무엇이었습니까? 스스로 하나님과 같이 되려 한 것입니다. 하나님을 몰아내고 스스로 선과 악을 판단하는 주권자가 되려 한 것입니다. 그 결과가 무엇입니까? 죽음입니다(네가 먹는 날에는 반드시 죽으리라). 죽음이 무엇입니까? 하나님의 낯을 피하여 나무 사이에 숨은 것입니다. 하나님과의 단절이 죽음입니다. 에덴동산에서 내어 쫓긴 것이 죽음입니다. 이리하여 아담 안에 있었던 우리 모두는 죽은 자가 되었습니다.

그런데 하나님은 죽은 우리를 살리기로 작정하셨습니다. 하나님으로부터 분리되어 죽은 자를 하나님과 교제하는 자로 살리는 것을 가리켜 구원이라고 합니다. 하나님은 우리를 구원하기로 작정하신 것입니다(네덜란드신앙고백서 제17항). 그런데 이 구원을 어떻게 이루실까요? 구원의 방법이 무엇입니까?

우선 하나님은 뱀과 여자가 서로 원수가 되게 하셨습니다. "내가 너로 여자와 원수가 되게 하고" 뱀과 여자가 원수 되는 것이 어떻게 구원의 방법이 될 수 있습니까? 왜냐하면 여자가 뱀의 말을 듣고 순종하여 죽음에 이르렀기 때문입니다. 그래서 하나님은 여자가 뱀을 싫어하고, 뱀을 미워하게 만드십니다. 뱀과 평화롭게 이야기하지 못하도록 만드십니다. 그렇게 여자를 지키기 원하셨습니다. 여자와 뱀의 관계를 깨뜨리심으로 둘이 뜻을 합하는 것을 막으신 것입니다. 뱀은 여자를 자기 편으로 만들었다 생각했을 것입니다. "보라 이 사람이 우리 가운데 하나처럼 되었도다"하고 기뻐했을 것입니다. 하지만 하나님은 여자를 뱀에게 넘겨주지 않으셨습니다. "안 돼. 이 사람은 내 사람이야. 내 형상을 회복해야 할 사람이야" 사탄이 베드로를 밀 까부르듯 하려고 청구했지만 허락하지 않으셨듯이, 하나님은 여자를 넘겨주지 않으셨습니다. 하나님은 여자가 사탄의 소유가 되고 사탄의 형상이 되는 것을 막기 위해 여자와 뱀 사이에 적개심을 두셨습니다. 싸움이 있게 하셨습니다. 여자가 구원 얻는 길은 뱀과 원수가 되는 것입니다.

그런데 뱀과 여자의 싸움은 이 둘의 싸움으로 끝나지 않습니다. "네 후손도 여자의 후손과 원수가 되게 하리니" 뱀과 여자의 싸움은 뱀의 후손과 여자의 후손의 싸움으로 확장됩니다. 뱀의 후손이 누구입니까? 사탄이 사람처럼 자식을 낳는다는 말입니까? 뱀의 후손이란 사탄에게 속한 자, 사탄을 따르는 무리를 의미합니다. 그러면 여자의 후손은 누구입니까? 단지 여자에게서 태어난 자를 의미하는 것이 아니라, 여자를 따르는 사람, 여자에게 속한 자를 의미합니다. 뱀의 후손이 있고, 여자의 후손이 있습니다. 뱀의 말을 듣고 뱀에게 순종하며 뱀의 종노릇하는 사람들이 있고, 뱀을 반대하고 뱀을 미워하고 뱀이 하는 말이 거짓말이라고 폭로하는 사람들이 있습니다. 하나님의 구원계획은 여자에게서 끝나지 않고 여자의 후손으로 이어집니다. 결국 구속사는 뱀의 후손과 여자의 후손 간의 전쟁사입니다.

에덴에서 거룩한 전쟁을 선포하신 이래로, 양 편의 싸움은 한 순간도 멈춘 적이 없습니다. 하나님은 여자에게 하와라는 새로운 이름을 주셨습니다. 그리고 후손을 주셨습니다. 여자의 후손입니다. 그런데 그중 한 명은 뱀의 후손이었습니다. 가인이 아벨을 죽임으로, 뱀의 후손과 여자의 후손의 싸움이 본격적으로 개시되었습니다. 뱀의 후손들과 여자의 후손 노아가 나누어져 싸웠습니다. 노아의 후손 가운데 함의 후손과 셈의 후손이 나누어져 싸웠습니다. 셈의 후손 가운데 다시 아브라함의 후손이 나누어져 싸웠습니다. 아브라함의 후손 가운데 이스마엘과 이삭이 나누어져 싸웠습니다. 이삭의 후손 가운데 에서와 야곱이 나누어져 싸웠습니다. 사울과 다윗이 싸웠습니다. 북이스라엘과 남유다가 싸웠습니다. 이처럼 이 싸움은 여자의 후손들이라고 생각되던 무리들 가운데서도 일어납니다. 또 그 밖에서도 일어납니다. 야곱의 후손들은 애굽의 후손들과도 싸웠습니다. 가나안의 후손들과도 싸웠습니다. 그런데 그 모든 배후에는 뱀이 있었습니다.

이 싸움은 어떻게 될까요? 이 전쟁은 어떻게 끝날까요? 구원은 어떻게 완성되는 것입니까? "여자의 후손은 네 머리를 상하게 할 것이요 너는 그의 발꿈치를 상하게 할 것이니라" 이 전쟁은 여자의 후손이 뱀의 머리를 상하게 함으로 끝나게 됩니다. 여자의 후손이 결국 승리하게 될 것입니다.

누가 뱀의 머리를 깨뜨립니까? 아담과 하와는 아들을 낳고 기뻐했습니다. 이 아들이 뱀의 머리를 깨뜨릴 아들이 아닐까 했을 것입니다. 그래서 이름을 가인(내가 여호와로 말미암아 득남하였다)이라고 했습니다. 하지만 가인은 여자의 후손이 아니었습니다. 오히려 그는 여자의 후손을 죽였습니다. 아담과 하와는 구원의 완성을 보지 못하고 세상을 떠났습니다. 이 약속은 예수 그리스도를 통해 완성되었습니다. 예수님이 여자의 후손으로 이 땅에 오셨을 때, 뱀은 물어뜯기 시작했습니다. 그의 졸개 헤롯을 움직여 아기 예수님을 죽이려 했지요. 광야에서는 예수님이 이 싸움을 그만두게 하려고 유혹했습니다. 옛언약의 지도자들, 군중들, 제자들까지 동원하여 예수님을 넘어뜨리려고 했습니다. 결국 뱀은 가룟 유다 속에 들어가 예수님을 팔아넘기도록 했고 십자가에서 죽였습니다. 하지만 이 모든 공격은 여자의 후손의 발꿈치를 상하게 한 것에 지나지 않았습니다. 오히려 예수님은 십자가를 통해 죄의 요구과 죄값을 다 치루시고, 더 이상 죽음과 사망이 자기 백성을 다스리지 못하도록 하셨습니다. 뱀은 죽이고 멸망시키려 했지만, 여자의 후손은 생명을 얻게 하셨습니다(요 10:10). 뱀의 계획은 폭망했습니다. 이로써 뱀의 머리는 깨졌습니다. 이후로 지금까지 뱀이 꿈틀거리는 하지만, 몸통과 꼬리만 흔들고 있을 뿐입니다. 닭은 모가지가 끊어져도 마당을 뛰어다닐 수 있습니다. 뱀도 마찬가지입니다. 하지만 마지막 날, 뱀은 영원한 불못에 던져질 것입니다. 그때 하나님의 구원은 온전히 완성될 것입니다.

구원이 완성되는 그날까지, 전쟁은 계속될 것입니다. 뱀의 후손과 싸워야 하는 여자의 후손은 누구입니까? 예수님을 따르는 자들, 예수님께 속한 자들이 여자의 후손입니다. 예수님이 여자의 후손이시지만, 예수님 안에 있는 우리도 여자의 후손입니다. 사람은 누구나 이 둘 중에 어느 한 편입니다. 뱀의 후손이든 여자의 후손이든 둘 중 하나입니다. 바울은 어두움의 자녀이든, 빛의 자녀이든 둘 중 하나라 했습니다. 하나님은 이 둘이 서로 싸우고 불화하게 하심으로, 여전히 구원을 이루어가고 계십니다.

나에게는 거룩한 싸움이 있습니까? 이 싸움은 믿는다고 말하는 무리들 가운데서도 일어납니다. 오늘날의 신학은 뱀의 후손과 여자의 후손 사이의 싸움을 희미하게 만드는 것 같습니다. 하지만 이 둘의 구분이 희미해지면 구원의 일이 약화됩니다. 뱀의 후손들이 버젓이 공격하고 있는데, 여자의 후손들은 평화 하자고만 말합니다. 평화만 외친다고 평화할 수 있습니까? 진정한 평화는 전쟁에서 이겨야 얻는 것입니다.

이 싸움은 믿지 않는 자들과의 관계 속에서도 일어납니다. 가정에서, 학교에서, 직장에서, 삶의 곳곳에서 일어납니다. 뱀은 각종 문명의 이기를 통해 사람들을 지배하려고 노력합니다. 영화와 드라마, 넷플릭스와 소셜 미디어를 통해서 전례 없이 빠른 속도로, 한꺼번에 많은 사람을 미혹할 수 있습니다. 옛날 뱀은 선악을 알게 하는 나무 밑에서 사람을 유혹했지만, 이제는 스마트폰 속에서 그렇게 할 수 있습니다. 하나님이 없다 하는 사상이 죄의 핵심이지요. 뱀은 여전히 인본주의 사상들을 가르치고 배우게 합니다. 네 몸은 네 것이라고, 네가 원하는 대로 사용하라고 부추깁니다. 여자의 후손들까지도 방종하도록 유혹합니다. 때로는 악한 권력을 통해 여자의 후손을 핍박하기도 합니다. 어떤 곳에서는 물리력을 동원해 위협하고 협박하고 때리고 가두기도 합니다. 정치를 통해, 입법 활동을 통해 여자의 후손들을 공격하기도 합니다.

우리는 여자의 후손으로 뱀의 후손과 싸워야 합니다. 뱀의 유혹과 거짓말을 알아채고 반대해야 합니다. 마음의 반쪽은 그리스도께 드리고, 나머지 반쪽은 뱀에게 주는 일은 그만두어야 합니다. 때로 싸움으로 지치고 피곤할 때는 찬양합시다. "승리는 내 것일세 승리는 내 것일세 구세주의 보혈로써 승리는 내 것일세" 그렇습니다. 승리는 우리의 것입니다. 아담과 하와 이후로 인간들이 죄짓기를 그친 적은 한 번도 없습니다. 동시에 하나님의 구원 사역이 그친 적도 한 번도 없습니다. 에덴동산에서 싸움이 시작된 이후 늘 뱀이 이기는 듯 보였지만, 여자의 후손은 이미 뱀의 머리를 밟아 깨뜨리셨습니다. 최후 승리가 멀지 않았습니다. "평강의 하나님께서 속히 사탄을 너희 발 아래에서 상하게 하시리라 우리 주 예수의 은혜가 너희에게 있을지어다"(롬 16:20). 오늘도 구속사 전쟁에서 승리합시다.

제18항

성육신, 임마누엘의 성취

(이사야 7:10-17)

Article XVIII.

Nous confessons donc, que Dieu a accompli la promesse qu'il avoit faite aux Peres anciens par la bouche de ses saincts Prophetes en envoyant son propre Fils unique et eternel au monde au temps ordonné par luy, lequel a prins la forme de serviteur fait à la semblance des hommes prenant vrayement à soy une vraye nature humaine avec toutes les infirmitez d'icelle (excepté Peché) estant conceu ventre de la bienheureuse vierge Marie par la vertu du S. Esprit sans oeuvre d'homme, et non seulement a prins la nature humaine quant au corps; mais aussi une vraye ame humaine, afin qu'il fust vray homme. Cor puis que l'ame estoit aussi bien perdue que le corps, il falloit qu'il prinst à soy tous les deux, pour les sauver ensemble. Pourtant nous confessons, contre l'heresie de Anabaptistes, nians, que Christ a pris chair humaine de sa mere, que Christ a participé la mesme chair et sang des enfans, qu'il est fruict des reins de David selon la chair, fait de la semence de David selon la chair, fruict du ventre de la vierge Marie, fait de femme, germe de David, jetton de la racine de Iesse, sorti de Iuda, descendu des Iuifs selon la chair, de la semence d'Abraham et a esté fait semblable à ses freres, excepté le Peché, de sorte qu'il est par ce moyen vrayement nostre Emanuel, c'est à dire Dieu avec nous.

제18항. [인간이 되신 하나님 예수 그리스도]

그러므로 우리는 하나님께서 자기 자신의 유일하고 영원한 아들을 정하신 때 세상에 보내심으로, 자신의 거룩한 선지자들의 입을 통해 선조들에게 친히 하신 약속을 성취하셨다는 것을 고백합니다. 그분은 (죄 이외의) 모든 연약함을 가진 참된 인성을 취하시고 복된 동정녀 마리아의 태에서 인간의 행위 없이 성령의 능력으로 잉태되심으로써 종의 형체를 취하셨고 인간과 동일하게 되셨습니다. 그리고 참 인간이 되시기 위해 육체와 관련한 인성뿐만 아니라, 인간의 참 영혼도 취하셨습니다. 왜

나하면 영혼에다가 육체까지도 상실되었기 때문에 그 둘을 함께 구원하기 위해서는 그분이 그 둘 모두 취하실 필요가 있었습니다. 그러므로 우리는 그리스도께서 자신의 어머니의 인간 몸을 취하신 것을 부인하는 제세례파 이단과 반대로, 그리스도께서 유아들의 동일한 피와 몸을 분담하셨다는 것을 고백합니다. [또한] 그분이 육신을 따라 다윗 허리의 열매, 즉 육신을 따라 다윗 씨의 [열매]이시요, 동정녀 마리아 태의 열매, 즉 여자의 [열매]이시며 다윗의 싹이시고 이새의 뿌리에서 난 순이시며 유다 [가문]의 출신에 속하시고 육신을 따라 유대 후손에 속하시며, 아브라함의 씨를 취하셨기 때문에 아브라함의 씨에 속하시고, 죄 이외에는 자신의 형제들과 동일하게 되신 분이라는 것을 [고백합니다.] 따라서 그러한 방법으로 그분은 진실로 우리의 임마누엘, 즉 우리와 함께 하시는 하나님이 되십니다.

관련성경

빌 2:7; 딤전 3:16; 눅 1:55; 창 26:4; 삼하 7:12; 시 132:11; 행 13:23; 딤전 2:5; 고전 12:3; 신 29:2; 시 119:34; 롬 7:19; 렘 33:15; 히 7:14; 롬 9:5; 갈 3:16; 히 2:16; 마 1:16.

성경은 예수님의 성육신의 의미를 임마누엘의 성취라고 말씀합니다(네덜란드신앙고백 제18항). "이 모든 일이 된 것은 주께서 선지자로 하신 말씀을 이루려 하심이니 이르시되 보라 처녀가 잉태하여 아들을 낳을 것이요 그의 이름은 임마누엘이라 하리라 하셨으니 이를 번역한즉 하나님이 우리와 함께 계시다 함이라"(마 1:22). 말씀을 통해 성육신, 임마누엘의 성취를 함께 묵상해 봅시다.

1. 임마누엘의 일차적 성취

먼저, 임마누엘 예언의 일차적 의미를 살펴봅시다. 때는 남유다 왕 아하스 시대였습니다. 앗수르가 신흥강국으로 일어나기 시작했습니다. 이전까지 패권은 아람이 쥐고 있었지요. 앗수르가 세력을 뻗쳐오자, 위협을 느낀 아람은 북이스라엘과 여러 작은 해안 국가들과 동맹을 맺어 앗수르에 대항하는 반앗수르 동맹을 만듭니다. 그런데 남유다는 반앗수르 동맹에 참여하지 않습니다. 그러자 아람과 북이스라엘이 남유다를 침공합니다. 유다의 수도였던 예루살렘은 가까스로 지켜낼 수 있었지만, 유다 군사 12만명이 전사했고, 20만명이 포로로 끌려갔습니다(대하 28:5-8).

그런데 또다시 아람과 북이스라엘 연합군이 남침을 계획했습니다. 왕과 백성의 마음은 숲이 바람에 흔들림같이 흔들렸습니다. 나라가 풍전등화의 형편이었습니다. 이때 남유다 왕 아하스는 "윗못 수도 끝 세탁자의 밭 큰 길"에 있었습니다. 윗못이란 고대 다윗 성 북동쪽 외곽 기슭에 있었던 기혼 샘을 가리킵니다. 기혼 샘은 예루살렘 백성들에게 가장 중요한 물 공급지였습니다. 사람들은 이 샘에서 식수를 길었고, 남은 물은 수로를 따라 아래 못인 실로아(실로암)로 내려갑니다. 그 물이 흐르는 길목에 아낙네들이 세탁하는 곳이 있었습니다. 그런데 아하스가 왜 이곳에 가 있었을까요? 기혼 샘에서 나는 물을 예루살렘 성안으로 끌어들이는 수로 작업을 하고 있었기 때문입니다. 성이 포위당하면, 수로가 생명줄과 같습니다. 그래서 아하스는 적의 침입에 대비해 수로를 살피고 있었던 것입니다. 기혼 샘의 물을 성 안으로 끌어들이는 작업은 아하스 때 시작하여, 다음 왕인 히스기야 때 완성됩니다. 이 수로가 현재까지 남아있습니다. 길이 약 533m에 달하는 "히스기야 터널"입니다.

하나님은 이사야 선지자를 열심히 수로 공사 중인 아하스에게 보내셨습니다. 그리고 약속의 말씀을 주셨습니다. 아람 왕 르신과 북이스라엘 왕 베가가 동맹을 맺어 침입하지만, 그 둘은 연기 나는 두 부지깽이 그루터기에 불과하다고 하셨습니다. 르신과 베가는 곧 부러질 막대기라고 하셨습니다. 남유다를 지켜주시겠다는 약속이었지요. 그러면서 아하스에게 이 약속을 믿으라고 하셨습니다. 만약 믿기 어려우면, 징조(표적)를 구하라고 하셨습니다. 네가 믿을 수 있도록 어떤 징조라도 주겠다고 하신 것입니다.

하지만 아하스는 징조를 구하지 않겠다고 합니다. "나는 여호와를 시험하지 아니하겠나이다" 굉장히 신앙적인 말 같지만, 사실 이 말은 "아… 됐어요. 하나님은 신경 끄세요." "내 일은 내가 알아서 할께요"라는 뜻입니다. 하나님의 약속을 신뢰하지 못하겠다는 뜻입니다. 하나님은 필요 없다는 뜻입니다. 그도 그럴 것이, 아하스는 하나님을 경외하는 왕이 아니었습니다. 20세에 왕이 되어 이방 사람의 가증한 일을 따라 자기 아들을 불 가운데로 지나가게 했습니다. 예루살렘 성전 안에 이방 제단을 만들어 세우기도 했습니다. 이제 그는 하나님 말고도 믿을만한 것들이 있었습니다. 앗수르가 유다를 도와주겠다는 약조도 받았습니다. 수로 공사도 원활하게 진행되고 있습니다. 이런 때에 선지자가 와서 하나님을 믿으라고 하니 귀찮은 것입니다. "너나 잘하세요" 하는 마음이었습니다. 앗수르의 도움을 받고 수로 공사를 잘하는 것이 하나님을 의지하는 것보다 더 낫다고 생각했던 것입니다.

하나님은 어떻게 반응하십니까? "넌 믿지 않았으니 국물도 없어"라고 해야 할 것 같습니다. 그런데 하나님은 징조가 필요 없다는 아하스에게 친히 징조를 주셨습니다. 그 징조가 바로 임마누엘입니다. 하나님이 우리와 함께 계시다는 뜻이지요. 아하스는 하나님을 무시하고 믿지 않았습니다. 그럼에도 불구하고, 하나님은 그들과 함께 하시겠다고 선언하신 것입니다. 그럼에도 불구하고, 유다를 지키고 보호하겠다고 말씀하신 것입니다.

"보라 처녀가 잉태하여 아들을 낳을 것이요 그의 이름을 임마누엘이라 하리라"(사 7:14). "처녀"(알마)라는 단어에 정관사가 붙어있습니다. 즉 너도 알고 나도 아는 그 처녀를 가리킵니다. 아마도 당시 유다 왕실의 한 처녀였을 것입니다. "처녀"(알마)라는 단어가 동정녀를 의미하는가 아니면 단지 젊은 여자를 의미하는가? 또 이 예언과 연결하여 마리아가 동정녀였는가 아니면 젊은 여자였는가 하는 논쟁에 휘말릴 필요가 없습니다. 마리아는 분명 남자를 알지 못하는 처녀, 동정녀라고 성경이 분명히 말씀하기 때문입니다. 하지만 이 예언의 일차적인 배경과 문맥은 이사야도 알고 아하스도 아는 어느 한 처녀가 앞으로 시집을 가서 아들을 낳을 것인데, 그 아들이 철이 들 때쯤에(악을 버리며 선을 택할 줄 알 때, 약 열두 살쯤 되었을 때) 네가 미워하는 두 왕의 땅(아람과 북이스라엘)이 황폐하게 되리라는 예언입니다. 즉 하나님께서 유다와 임마누엘 하셔서, 아람과 북이스라엘의 공격을 막아주시고 성을 보호하시겠다는 예언입니다. 아하스가 먼저 하나님을 찾고 구한 것이 아닙니다. 아하스는 믿지 않고 거역하고 완악했지만, 그럼에도 불구하고 하나님께서 친히 임마누엘 하신 것입니다.

2. 임마누엘의 궁극적 성취

임마누엘 예언은 예수 그리스도의 성육신으로 온전히 성취되었습니다. 이사야가 예언한 임마누엘의 의미는 예수 그리스도의 탄생으로 더 뚜렷해지고, 더 온전해졌습니다. 하나님께서 독생자를 누구에게 보내셨습니까? 하나님을 사랑하는 백성들에게 보내신 것이 아닙니다. 하나님을 잘 믿는 백성에게 보내신 것이 아닙니다. 믿지 않는 백성들, 믿는다고 하면서도 외식하는 백성들에게 보내셨습니다. 예수님이 태어나셨을 때, 그들은 오히려 예수님을 죽이려 했습니다. 그리고 결국 십자가에 못 박아 죽였습니다. 거역하고 반역하는 옛언약백성들에게 사랑하는 독생자를 보내주심으로, '그럼에도 불구하고'의 임마누엘을 이루어 주셨습니다.

예수님께서 처녀의 몸에서 나셨습니다. 이 사실의 의미는 단지 기적이 아닙니다. 단지 '있을 수 없는 일이 일어났다'가 아닙니다. 그것이 '우리로부터' 혹은 '우리에게서' 나온 것이 아니라는 의미입니다. 신약에서 예수님의 탄생이 임마누엘의 성취라고 말씀하신 초점은 그것이 우리에게서 나온 일이 아니라는데 있습니다. 우리의 믿음이나 우리의 잘함으로부터가 아니라, 혹은 우리가 만들어 낸 결과물로서가 아니라, 인간의 죄악됨과 완고함과 거역함에도 불구하고 하나님이 만들어 내시는 약속의 성취를 의미하는 것입니다. 창조주가 창조물의 후손으로 오셨습니다. 도무지 자녀를 낳을 수 없는 자에게서 예수님이 나셨습니다.

이는 하나님의 약속의 성취가 인간에게 달린 것이 아니라 전적으로 하나님의 의지와 은혜에 달린 것임을 보여주신 사건입니다.

때로 우리 앞에도 북이스라엘과 아람의 무시무시한 공격이 있습니다. 때로 우리 마음이 풍전등화와 같을 때도 있습니다. 그때 우리는 어떻습니까? 아하스처럼 우리를 도와주기로 한 사람들의 약속을 더 의지하지 않습니까? 우리 스스로 마련해 둔 대책을 더 의지하지 않습니까? 하나님이 필요 없다고 말하지는 않지만, 이런 것까지 구할 필요는 없다고 말하지 않습니까? 숨은 교만이요 믿음 없음입니다. 그럼에도 불구하고 하나님은 우리를 버리지 않으십니다. 포기하지 않으십니다. 우리의 연약과 허물과 죄보다 하나님의 의지와 능력과 은혜가 더 크기 때문입니다. 그래서 '그럼에도 불구하고' 임마누엘 하십니다. 임마누엘은 하나님의 '그럼에도 불구하고의 사랑'입니다. 임마누엘은 하나님의 "무조건적인 은혜"입니다.

임마누엘에 소망이 있습니다. 예수님이 우리와 함께 거하시기에 소망이 있습니다. 아무리 앙상하고 마른 가지라도 나무에 붙어있으면 나뭇가지라고 합니다. 그러나 아무리 가지가 굵고 잎이 무성하고 열매가 많이 달린 가지라도 나무에서 떨어지면 장작이라고 합니다. 지금 내 모습이 아무리 앙상하고 초라하다 할지라도, 잎도 없고 열매도 없다 할지라도, 그리스도께 붙어있으면 임마누엘의 사람이요, 소망이 있습니다. 그리스도께 붙어있는 자로 삽시다. 앗수르를 의지하기보다, 군사와 성벽과 물을 의지하기보다, 임마누엘 하나님을 의지합시다. 임마누엘의 은혜와 사랑이 우리를 새롭게 하실 것입니다.

제19항

그리스도의 신성과 인성이 우리와 무슨 상관입니까?

(히브리서 2:17-18)

Article XIX.

Nous croyons, que par ceste conception la personne du Fils a esté unie et conjointe inseparablement avec la nature humaine, de sorte qu'il n'y a point deux Fils de Dieu, ni deux personnes; ains deux natures unies en une seule personne, retenant chacune nature ses proprietez distinctes: Ainsi que la Nature divine est tousjours demeurée incrée, sans commencement des jours, ni fin de vie, remplissant le ciel et la terre. La nature humaine n'a pas perdu ses proprietez; mais est demeurée Creature ayant commencement de jours, estant d'une nature finie, et retenant tout ce qui convient à un vray corps. Et jaçoit que par sa resurrection il luy ait donné immortalité; ce neantmoins il n'a pas changé la verité de sa nature humaine, attendu que nostre salut et resurrection depend aussi de la verité de son corps. Mais ces deux natures sont tellement unies ensemble en une personne, qu'elles n'ont pas mesmes esté separées par sa mort. Cela donc qu'il a mourant commandé à son Pere c'estoit un vray esprit humain, lequel sortit hors de son corps: mais cependant la nature divine demeura tousjours unie avec l'humaine, mesme estant gisante au tombeau: et la divinité ne laissoit d'estre en luy, comme elle estoit en luy, quand il estoit petit enfant, combien que pour peu de temps elle ne se demomstra pas ainsi. Voila pourquoy nous le confessons estre vray Dieu et vray homme. Vray Dieu, pour vaincre la mort pas sa puissance: et vray homme, afin qu'il peust mourir pour nous selont l'infinrmité de sa chair.

제19항. [참 하나님과 참 인간이신 그리스도]

우리는 이 수태로 성자 [하나님]의 위격이 인간의 본성과 분리 불가능하게 하나가 되었고 결합되었다는 것을 믿습니다. 따라서 결코 하나님의 두 아들이 있는 것도 아니요, 두 위격(혹은 인격)이 있는 것도 아닙니다. 다만 두 본성은, 각 본성이 자체의 고유한 속성을 보유한 채로, 하

나의 유일한 인격(혹은 위격) 속에 하나가 되었습니다. 즉 신성(=하나님의 본성. Nature divine)은 하늘과 땅에 충만하여 날의 시작도 생명의 끝도 없이 창조되지 않은 그대로 항상 유지되는 것과 같습니다. 인성(=인간의 본성. nature humanine)도 결코 그 자체의 고유한 속성을 잃어버리지 않지만, 날의 시작이 있는 피조물로 유지되는데, 유한한 본성에 속하며, 참된 육체에 적합한 모든 것을 가지고 있습니다. 심지어 그분은 자신의 부활로 불멸성을 그 [인성에] 주셨음에도 불구하고, 결코 자신의 인성에 관한 진리를 바꾸시지 않았습니다. 왜냐하면 우리의 구원과 부활이 그분의 육체의 진리에 달려 있기 때문입니다. 그러나 이 두 본성은 심지어 그분의 죽음으로도 결코 분리되지 않았을 만큼 그와 같이 하나의 인격(혹은 위격) 안에서 완벽하게 하나가 되었습니다. 그러므로 그분이 죽으시면서 자기 아버지께 부탁하신 것은 그분의 육체로부터 나누어진 참된 인간 영혼이지만 그 순간에도 신성은 인간의 [본성]과 항상 하나가 되어 있었는데, 심지어 그분이 무덤에 누워계실 때조차도 [그랬습니다]. 또한 신성(divinité)은, 그분이 어린아이였던 때처럼, -물론 그 때에도 [신성이] 잠시 드러나지 않았지만- 그분 안에 계시는 것을 멈추지 않았습니다. 이런 이유 때문에 우리는 그분이 참 하나님과 참 사람이심을 고백합니다. 참 하나님[이심]은 자신의 능력으로 죽음을 이기시기 위함이요, 참 사람[이심]은 그분이 자기 육신의 연약함을 따라 우리를 위해 죽으실 수 있기 위함입니다.

관련성경

마 28:20; 요 10:13; 엡 4:8, 12; 히 7:3; 마 26:11; 행 1:11, 3:21; 눅 24:39; 요 20:25; 행 1:3; 마 27:50.

네덜란드신앙고백서 제19항은 그리스도의 신성과 인성을 고백합니다. 이 내용이 단지 사람들이 만들어 낸 진술이 아니라, 성경 말씀에서 나온 교리가 맞을까요? 히브리서 1장과 2장 말씀을 통해 이를 살펴봅시다. 그리고 이 사실이 히브리서를 받았던 당시 성도들에게, 또 우리에게 어떤 의미가 있는지도 묵상해 봅시다.

먼저 히브리서 1, 2장의 논점부터 살펴봅시다.

1:1-14 하나님 아들의 신성 (하나님의 영광의 광채, 본체의 형상)
    2:1-4 적용: 경고 (이같이 큰 구원을 등한히 여기리요)

2:5-16 하나님 아들의 인성 (혈과 육을 함께 지니시다)
    2:17-18 적용: 위로 (시험받는 자들을 도우시리라)

1. 그리스도의 신성

예수님은 하나님의 영광의 광채시며, 그 본체의 형상이십니다(히 1:3). 즉 하나님과 본성상 동등하신 분이십니다. 히브리서 저자는 이 사실을 천사와의 비교를 통해 드러냅니다. 천사들이 천상의 존재들이며 제아무리 뛰어나다 할지라도, 하나님의 아들과 비교할 수는 없습니다. 하나님께서 천사들에게는 내 아들이라고 하신 일은 없습니다. 예수님은 하나님의 우편에 앉아 다스리시는 분이시고, 천사들은 나아와 그 앞에서 경배하며 섬길 뿐입니다.

히브리서 저자는 1장에서 7번의 구약 인용을 통해 이 사실을 논증하고 있습니다. 일곱 번의 구약 인용구 중에 다섯 번은 아들에 관한 것이고,

한 번은 아들과 천사의 관계에 관한 것이며, 나머지 한번은 천사에 관한 내용입니다. 그런데 아들에 대해 인용한 구약 인용구 중 두 번은 본래 하나님께 돌려진 찬양이었습니다. 하나님께 드린 찬양을 아들에게 돌리고 있습니다. 이는 아버지와 아들이 동등하시기 때문에 가능합니다.

그렇다면 예수님의 신성이라는 주제가 히브리서를 받았던 성도들에게는 어떤 의미가 있었습니까? 무엇보다 무서운 경고였습니다. 왜 그럴까요?

본성상 동등이신 아버지와 아들께서 하신 일이 있습니다. "이 모든 날 마지막에는 아들을 통하여 우리에게 말씀하셨으니"(1:2). 이것이 무슨 의미입니까? 구약의 약속과 말씀들은 선지자들과 사역자들을 통해 주신 것이었습니다. 또 출애굽과 같은 사건으로, 성막과 같은 모형으로, 제사와 정결법과 같은 제도로 주신 것이었습니다. 성경은 구약의 약속과 말씀들을 천사들을 통해서 주셨다고 표현하기도 합니다(민 20:16; 행 7:53; 갈 3:19; 히 2:2). 그런데 이제 옛언약에 속한 모든 것이 끝날 마지막 때가 되었습니다. 그리고 그 마지막에 아버지는 아들을 이 땅에 보내시고, 아들을 통해 말씀하셨습니다. 즉 아들을 통해 옛언약을 성취하시고, 새언약을 세우셨습니다. 옛언약을 천사들을 통해 주신 것이라면, 새언약은 아들을 통해 주신 것입니다. 천사와 아들은 비교할 수 없습니다. 그래서 "이같이 큰 구원"입니다(히 2:3).

예수님은 모든 날 마지막에 주신 말씀이십니다. 그래서 마지막 말씀이고, 최종적인 말씀입니다. 하나님은 더 이상 다른 방도나 방식으로 말씀하지 않으시고, 오직 예수님을 통해서만 말씀하십니다. 그래서 이 말씀을 거절하면 다른 방법이나 기회가 없습니다. 천사를 통해 주신 말씀에 불순종하는 자도 상응하는 보응을 받았다면, 하나님의 아들이신 예수님을 통해 주신 복음을 거절하고 소홀히 여기는 자가 더 준엄한 심판을 받을 것은 분명합니다.

히브리서의 수신자들은 고난의 큰 싸움 중에 있었습니다(히 10:32). 비방과 환난을 당하고 사람에게 구경거리가 되었습니다(히 10:33). 갇히기도 하고, 소유를 빼앗기기도 했습니다(히 10:34). 이런 박해 때문이었는지, 그들은 말씀을 배우는 일을 점점 소홀히 여겼습니다(히 3:12). 또 함께 모여 예배하며 서로를 격려하는 일을 중단하는 이들도 있었습니다(히 10:24-25). 타협하거나 배교하는 이들도 생겨났습니다. 그들에게 예수님께서 하나님과 동등이신 분이라는 사실은, 그들이 받은 복음이 얼마나 큰 것인지 다시 일깨워줍니다. 예수님으로 말미암아 주신 복음이 얼마나 중한 것인지 깨닫게 합니다. 그리고 지금 그들이 예수님 안에서 하나님 앞에 있음을 상기시켜 줍니다. 이들이 받은 복음은 어떤 고난과 박해가 있다 할지라도 포기할 수 없습니다. 놓칠 수 없습니다. 이 큰 구원을 흘러 떠내려 보내지 않도록 굳게 잡아야 합니다.

2. 그리스도의 인성

이어서 저자는 예수님의 인성에 대해 말씀합니다. 예수님은 우리와 같은 모양으로 혈과 육을 함께 지니셨습니다(히 2:14). 앞서 천사보다 뛰어나신 예수님을 말했는데, 이제는 천사보다 잠시 못하게 되신 예수님에 대해 말합니다(히 2:9). 1장에서 예수님의 신성을 논하기 위해 구약성경을 일곱 번 인용했는데, 2장에서는 예수님의 인성을 논하기 위해 시편 8편 말씀을 인용합니다.

시편 8편은 사람의 본래 소명과 사명에 대해 다룹니다. 그것은 하나님을 대리하여 온 세상을 다스리는 일입니다. 그런데 첫 인간 아담은 범죄하여 타락함으로, 하나님으로부터 받은 소명과 사명을 성취하지 못했습니다. 그런데 그 일을 이룬 새 아담, 참 사람이 있습니다. 그분이 예수님이십니다. 그래서 히브리서는 이 시편의 내용을 예수님께 적용하고 있습니다. 예수님께서 어떻게 사람의 본래 소명과 역할을 이루셨습니까?

먼저 예수님은 참 사람으로 이 땅에 오셨습니다. 그리고 고난 당하시고 죽으셨습니다. 그의 낮아지심은 사람의 죄와 죄책을 담당하신 결과였습니다. 이로써 본래 사명을 상실한 사람의 죄의 문제를 해결해 주셨습니다. 그리고 예수님은 부활하시고 승천하셨습니다. 그의 높아지심은 인간의 본래 사명을 회복하신 사건입니다. 왜냐하면 하나님 우편에서 온 세상을 다스리는 일을 하시게 되었기 때문입니다. 예수님은 그의 비하와 승귀를 통해, 타락하여 실패한 인간의 본래 사명과 역할을 회복시켜 주셨습니다.

우리가 예수님과 연합되었다는 사실이 복음입니다. 예수님 안에 있는 사람은 예수님과 함께 참 사람의 지위를 회복합니다. 성도는 더 이상 죄에 매여 종노릇하는 자가 아닙니다. 죽음을 무서워하는 자가 아닙니다(히 2:15). 오히려 예수님과 함께 이 세상을 다스리는 자가 되었습니다. 이제 이 세상은 하나님의 아들(예수님)과 그 형제들(성도들)에 의해 다스려집니다(히 2:11). 이것이 참 사람이신 예수님과 그의 형제들에게 주어진 영광과 존귀의 관입니다.

그렇다면 예수님의 인성이라는 주제가 히브리서를 받았던 성도들에게는 어떤 의미가 있었습니까? 큰 위로요 소망이었습니다. 왜 그럴까요?

예수님께서 우리와 동일한 혈과 육을 입으신 목적을 기억해 보십시오. 우리의 죄를 속량하시기 위함입니다(히 2:17). 우리에게 본래 사람의 지위와 소명을 회복시켜 주시기 위함입니다(히 2:8). 아브라함의 자손을 붙들어주시기 위함입니다(히 2:16). 예수님은 지금도 여전히 이 목적을 이루고 계십니다. 세상에 의해 핍박당하는 성도들은 이 사실을 잊어버릴 수 있습니다. 세상이 더 커 보일 수 있습니다. 세상이 성도들을 다스리고 있는 것 같습니다. 하지만 실상은 성도가 세상을 다스리고 있습니다. 성도는 하늘과 땅의 모든 권세를 받으신 예수님과 연합된 자입니다. 성도는 생명과 구원의 복음을 맡은 자입니다. 복음을 전하기 위해 죽음을 불사하는 자들입니다.

나아가 하나님의 아들이신 예수님께서 친히 이렇게까지 낮아지실 수 있었던 이유를 기억해 보십시오. 예수님이 우리를 부끄러워하지 않으셨기 때문입니다. 죄인인 우리를 내 형제라 부르시기를 부끄러워하지 않으셨기 때문입니다. 우리는 나보다 조금 못한 사람과 비슷하게 엮이는 것을 참지 못합니다. 나는 저 사람보다 더 낫다는 표를 내고 싶어 합니다. 그런데 예수님은 죄인인 우리와 하나 되는 것을 부끄러워하지 않으셨습니다. 어떻게 그럴 수 있으셨습니까? 우리를 사랑하시기 때문입니다. 우리를 구원하시고 싶으셨기 때문입니다. 그렇다면 예수님은 고난당하는 성도들을 지금도 내버려두실 리가 없습니다. 그들을 사랑하셔서 건져내실 것입니다. 고난당하는 자들을 능히 도우실 것입니다(히 2:18). 예수님이 우리를 그렇게 사랑하시고 위하신다면 누가 우리를 그의 사랑에서 끊을 수 있겠습니까?

예수님의 신성과 인성이 우리에게 어떤 의미입니까? 첫째, 하나님의 아들을 통해 주신 복음을 끝까지 굳게 잡으라는 경고요 도전입니다. 둘째, 우리와 하나 되기를 부끄러워 하지 않으신 예수님의 사랑에서 우리를 끊을 수 있는 것은 없다는 위로요 소망입니다. 이처럼 예수님은 온전히 우리를 위하시는 분이십니다. 오늘도 예수님 안에서 감사하며, 당한 시험을 이겨내는 성도들이 됩시다.

예수님이 세례 받으신 이유

(마태복음 3:13-17)

Article XX.

Nous croyons que Dieu estant tresparfaitement misericordieux, et aussi tresjuste a envoyé son Fils prendre la nature, en laquelle la desobeissance avoit esté commise, pour en icelle porter la punition du peché par la tresrigoureuse mort et passion d'iceuy. Dieu donc a declaré sa justice envers son Fils l'ayant chargé de nos pechez: et a espandu sa bonté, et misericorde sur nous coulpables, et dignes de damnation, nous donnant son Fils à la mort par une tresparfaicte amour, et le ressuscitant pour nostre justification, afin que par luy nous eussions immortalité et vie eternelle.

제20항. [하나님의 가장 완벽한 사랑]

가장 완벽하게 자비로우시고, 또한 가장 공의로우신 하나님께서 자신의 아들을 보내셔서 불순종이 저질러진 그 [인]성을 취하도록 [하신 것은] 저 [인성] 안에서 가장 혹독한 죽음과 고난으로 죄의 형벌을 감당하게 하시기 위한 것임을 우리는 믿습니다. 그러므로 하나님께서는, 그 [아들]로 말미암아 우리가 불멸과 영생을 가지도록 하시기 위하여, 가장 완벽한 사랑으로 자기 아들을 죽음에 내어주시고 우리의 칭의를 위하여 부활시키심으로, 우리의 죄를 짊어지신 자기 아들에 대하여 자신의 공의를 선포하셨고, 죄를 범하여 저주받아 마땅한 우리를 위하여 자신의 선하심과 자비하심을 우리에게 쏟아 부으셨습니다,

관련성경

히 2:14; 롬 8:3, 32, 4:25.

예수님께서 30세에 공생애를 시작하셨다는 말을 들어보셨지요? 예수님의 공생애란 메시야(그리스도)로서의 공적 사역을 의미합니다. 예수님의 공생애는 언제 시작되었을까요? 갈릴리 회당에서 가르치신 때입니까? 제자들을 부르셨을 때입니까? 아닙니다. 예수님의 수세가 공생애의 시작이었습니다. 예수님의 수세가 어떤 의미에서 공생애의 시작일까요? 예수님은 왜 세례를 받으셨을까요? 오늘은 예수님께서 세례 받으신 사건을 통해, '그리스도 안에 나타난 하나님의 공의와 자비'(네덜란드신앙고백 제20항)의 의미를 묵상해 봅시다.

1. 그리스도로서의 임명장

사실 예수님은 세례 받으실 필요가 없었습니다. 세례 요한이 베푸는 세례는 죄를 씻는 표와 상징으로써의 세례였기 때문입니다. 그러니 죄가 없으신 예수님은 받을 필요가 없는 것이지요. 그래서 요한은 자신에게 세례를 받으러 오신 예수님을 보고 깜짝 놀랐습니다. "내가 당신에게 세례를 받아야 할 터인데 당신이 내게로 오시나이까"(마 3:14). 그렇습니다. 세례를 받는다면 오히려 요한이 예수님께 받아야 했습니다.

그렇다면 죄가 없으신 예수님께서 왜 회개의 세례를 받으셨을까요? 예수님께서 자신을 세례가 필요한 죄인과 동일시 하셨기 때문입니다. 회개해야 할 자기 백성과 같아지셨기 때문입니다. 예수님은 그렇게 자기 백성의 죄를 짊어지셨습니다. 중보자로서 자기 백성과 연합되셨고, 죄인이 되셨습니다. 그래서 세례 요한은 예수님을 보고, "보라 세상 죄를 지고 가는 하나님의 어린 양이로다"(요 1:29)고 했습니다. 예수님은 세례 받으심으로 자기 백성의 죄를 짊어진 메시야로서의 공적 사역을 시작하신 것입니다. 우리는 십자가 사건만이 대속의 사건이라고 생각할 때가 많지만, 사실 예수님의 공생애 시작부터가 자기 백성의 죄를 짊어지신 메시야의 대속적 사역이었습니다.

구약시대 왕, 선지자, 제사장들을 기름 부어 세웠다 하여 이들을 메시야라고 했습니다. 기름 부음을 받는 것이 메시야로서의 공적 사역의 시작인 것이지요. 그렇다면 예수님은 언제 기름 부음을 받으셨습니까? 예수님께서 세례를 받으시고 물 위로 올라오실 때, 성령께서 그 위에 임하셨습니다. 이 사건은 예수님께서 성령으로 기름 부음을 받으셨음을 보여줍니다. 그런데 왜 기름이 아니라 성령입니까? 예. 사실 구약시대 기름 부음은 성령의 부으심을 상징하고 예표하는 것이었습니다. "주 여호와의 영이 내게 내리셨으니 이는 여호와께서 내게 기름을 부으사" (사 61:1; 눅 4:18). 기름 부음과 성령의 임하심을 동일시하고 있음을 보십시오. 따라서 수세 시 성령의 임하심은 예수님을 메시야(그리스도)로 임명하는 기름 부음이었습니다. 예수님은 세례 받으심으로 그리스도라는 임명장을 받으신 것입니다.

2. 예수님의 수세에 나타난 하나님의 공의

예수님의 수세에는 하나님의 공의가 잘 나타납니다. 세례 베풀기를 거절하며 어찌하여 당신이 내게로 오십니까 했던 요한의 질문에, 예수님은 이렇게 답하십니다. "우리가 이와 같이 하여 모든 의를 이루는 것이 합당하니라" 예수님의 수세가 의를 이루는 일이라고 하셨습니다. 세례 받으시는 일이 어떻게 하나님의 의를 이루는 일이 될까요?

(1) 예수님께서 죄인이 받아야 할 세례를 받으심으로 죗값을 요구하시는 하나님의 의를 이루셨습니다. 하나님의 공의는 죄 있는 자를 죄 있

다 하는 것입니다. 죄 있는 자를 그저 죄 없다 한다면, 그것은 공의가 아닙니다. 그래서 하나님의 의는 우선적으로 죄인을 정죄하고 심판함으로 드러납니다. 그런데 하나님은 백성의 죄를 예수님께 전가시키셨습니다. 이제 하나님은 그 죗값을 예수님에게서 찾으실 것입니다. 그러니 예수님께서 죄인의 세례를 받으신 사건은 죗값을 요구하는 하나님의 공의가 잘 드러난 사건입니다.

(2) 예수님의 수세는 그리스도를 통해 자기 백성을 구속하시는 하나님의 의를 이루는 일입니다. 백성의 죄를 예수님께 전가시킨 이유가 무엇입니까? 백성을 의롭다 하시기 위함입니다. 그래서 예수님의 사역은 단지 죄인의 죄를 짊어지신 것으로 끝나지 않습니다. 죽으시고 부활하심으로 그 죄인을 의롭다 하십니다. 예수님의 수세는 이런 예수님의 사역을 미리 보여주고 있습니다. 교부 크리소스톰(John Chrysostom, 349-407)은 예수님의 수세를 설명하며, "물속에 잠기셨다가 거기서 다시 솟아오르셨다는 것은 음부에 내려가셨다가 부활하셨다는 상징이다"라고 했습니다. 물에 잠기심은 그의 죽으심을, 물에서 올라오심은 그의 부활을 상징합니다. 그러니 예수님의 수세는 죄인을 의롭다 하시는 하나님의 의를 보여줍니다. 죄인을 심판하시는 하나님의 의와 죄인을 구원하시는 하나님의 의가 동시에 드러납니다. 예수님이 요한에게 말씀하신 "모든 의"는 '심판하시는 의'와 '구원하시는 의' 모두를 의미할 것입니다(롬 10:3-4, 10 cf. 마 5:6, 10, 20; 6:1, 33; 21:32; 롬 3:22; 빌 3:9; 고후 5:21).

"하나님이 죄를 알지도 못하신 이를 우리를 대신하여 죄로 삼으신 것은 우리로 하여금 그 안에서 하나님의 의가 되게 하려 하심이라"(고후 5:21). 자기 백성의 죄를 짊어지시고 그들을 의로운 자 되게 하시려고 예수님께서 세례 받으신 것입니다.

3. 의로운 자가 되는 길

그렇다면 예수님의 수세가 우리에게 어떤 의미가 있을까요? 예수님께서 죄인들과 연합되심으로 세례 받으셨음을 기억해야 합니다. 그러니 우리도 예수님의 세례에 참여한 것입니다. 예수님의 세례에 동참한 것입니다. 우리는 신비로운 연합을 통해 그리스도의 죽으심과 부활하심에 참여하고 있습니다. 예수님과 연합되는 것, 그것이 우리가 하나님의 의로 의롭게 되는 유일한 길입니다. 우리가 받는 세례가 바로 이런 의미입니다. "무릇 그리스도 예수와 합하여 세례를 받은 우리는 그의 죽으심과 합하여 세례를 받은 줄을 알지 못하느냐 그러므로 우리가 그의 죽으심과 합하여 세례를 받음으로 그와 함께 장사되었나니 이는 아버지의 영광으로 말미암아 그리스도를 죽은 자 가운데서 살리심과 같이 우리로 또한 새 생명 가운데서 행하게 하려 함이라"(롬 6:3-4). "너희가 세례로 그리스도와 함께 장사되고 또 죽은 자들 가운데서 그를 일으키신 하나님의 역사를 믿음으로 말미암아 그 안에서 함께 일으키심을 받았느니라"(골 2:12).

예수님께서 세례를 받으시고 물에서 올라오시자, 하늘에서 음성이 들렸습니다. "이는 내 사랑하는 아들이요 내 기뻐하는 자라" 예수 그리스도만이 하나님께서 기쁘게 받으시는 '하나님의 의'라는 선언입니다. 이 음성은 예수님께만 적용되는 말씀이지요. 어느 누가 하나님이 기뻐하시는 아들이라는 인정을 받을 수 있겠습니까? 그럼에도 불구하고 이 음성을 들을 수 있는 사람이 있습니다. 바로 세례를 받고 예수님과 연합된 사람입니다. 하나님 아버지는 예수 그리스도 안에서 우리에게 말씀하십니다. "너는 내 사랑하는 아들이요 내 기뻐하는 자라" 우리의 정체성은 예수 그리스도 안에 있습니다. 그리스도 안에서 매일 이 하나님의 음성을 들어야만 우리가 누군지 알 수 있습니다. 세상은 행위나 소유로 우리를 평가하지만, 하나님은 아들로서 우리를 받으십니다. 우리가 얼마나 자주 넘어지고 자빠지고 실수하고 빗나가는 자식들입니까? 그럼에도 불구하고 그리스도 안에서 우리는 하나님이 사랑하시고 기뻐하시는 자라는 소망과 위로를 놓지 마십시오.

유럽의 앵글로 색슨 족 군인들은 세례를 받을 때, 오른팔을 물 밖으로 내어놓고 세례를 받았다고 합니다. 왜냐하면 오른팔은 전쟁터에 나가서 사람을 죽여야 하는 팔이었기 때문입니다. 우리는 온몸이 세례받은 사람들입니다. 그래서 새 몸이 되었습니다. 그리스도의 것이 되었습니다. 그러니 죄짓는 일에 우리 몸을 사용하지 말고, 몸으로 하나님께 영광을 돌립시다. 한 팔은 물속에서 빼고, 이 팔은 내 마음대로 사용하겠다 하지 맙시다. 머리는 물속에서 빼고, 내 머리는 내 마음대로 사용하겠다 하지 맙시다. 우리 팔도, 다리도, 머리도, 몸도 다 주님의 것으로 쓰임 받읍시다. 루터는 자기 책상에 "밥티자투스 숨(Baptizatus Sum: 나는 세례 받았다)"이라고 새겨 놓았다고 합니다. 우리도 그 의미를 묵상하며 매일의 삶을 살아내었으면 좋겠습니다.

이 모든 구원의 역사는 성령님으로 말미암는 것입니다. 성령님이 아니고서는 의로운 자로 살 수 없습니다. 하나님의 아들로 살 수 없습니다. 성령님께서 아직 물속에 빠져 죽어있는 주의 자녀를 건져 올려주서야 합니다. 예수님 위에 임하셨던 성령께서 우리 위에도 임하셔서 성령으로 충만케 해 주서야 합니다. 성령님의 임하심만을 간절히 간구합니다.

그가 고난당한 이유

(이사야 52:13-53:12)

Article XXI.

Nous croyons que Iesus Christ est grand sacrificateur eternellement avec serment, selon l'ordre de Melchisedech, et s'est presenté en nostre nom devant son Pere pour appaiser son ire avec pleine satisfaction en s'offrant soy-mesme sur le bois de la croix, et espendant son precieux sang, pour la purification de nos pechez, comme les prophetes avoyent predit. Car il est escrit: que la correction de nostre paix a esté mise sur le Fils de Dieu, et que nous sommes gueris par ses playes: qu'il a esté mene à la mort comme un agneau, mis au rang des pecheurs et condamné comme malfaiteur par Ponce Pilate, jaçoit qu'il le prononçast innocent. Il a donc payé, ce qu'il n'avoit point ravi et a souffert, luy juste, pour les injustes, voire en son corps et en son Ame, de sorte que sentant l'horrible punition deuë à nos pechez, sa sueur devint comme grumeaux de sang descoulans en terre: Il a crié, mon Dieu, mon Dieu pourquoy n'as tu delaissé? et a enduré tout cela pour la remission de nos pechez. Pourtant à bon droict nous disons avec S. Paul, que nous ne cognoissnce de nostre Seigneur Iesus Christ: nous trouvons toutes consolations en ses playes, et n'avons besoin de cercher, n'inventer autre moyen, pour nous reconcilier avec Dieu, que ce seul et unique Sacrifice une fois fait, lequel rend les fideles parfaicts à perpetuité. C'est aussi la cause pourquoy il a esté appelé par l'ange de Dieu Iesus Christ, c'est à dire, Sauveur, d'autant qu'il debvoir sauver son peuple de ses pechez.

제21항. [우리를 위한 영원한 대제사장이시며 동시에 속죄 제물이신 그리스도]

예수 그리스도께서 맹세하심으로 멜기세덱의 순차를 따라 영원히 대제사장이시며, [또한] 우리의 이름으로 자신의 아버지 앞에 자신을 세우셨다고 우리는 믿는다. [그분은] 아버지의 진노를 충분한 속죄로 누그러뜨리기 위하여 십자가 나무 위에 자신을 제물로 바치시고 우리의 죄를 씻

기 위해 자신의 고귀한 피를 쏟으신 [분이십니다.] 이것은 선지자들이 예언했던 것과 같습니다. 왜냐하면 이렇게 기록되었기 때문입니다. "우리의 평화를 위한 징계가 하나님의 아들 위에 놓였고, 그분의 상처 자국으로 우리는 치유되었다; 그분은 마치 도수장으로 끌려가는 어린 양과 같았고 죄인 신분으로 여겨졌습니다."[사 53:5, 7, 12] 처음에는 그분을 죄 없는 분이라 선언했던 [바로 그] 본디오 빌라도에 의해 강도처럼 정죄되었습니다. 그분은 자신이 빼앗지 않은 것을 물어주었고 고난을 당하셨습니다. 의인이신 그분이 불의한 자들을 위하여! 우리의 죄 때문에 자신의 육체와 자신의 영혼으로 끔찍한 형벌을 겪으셨습니다. 그분의 땀은 땅에 떨어지는 피 방울처럼 떨어졌습니다. 그분은 "나의 하나님, 나의 하나님, 어찌하여 나를 버리셨습니까?"라고 부르짖으셨고 우리의 죄 용서를 위하여 이 모든 것을 참으셨습니다. 그러므로 우리가 바울과 함께 바르게 말하길, 우리는 예수와 십자가에 못 박히신 그분 외에는 다른 어떤 것도 알지 않을 것이요,[고전 2:2] 우리는 우리 주 예수 그리스도에 관한 지식의 탁월함을 위하여 모든 것을 해로 여기며,[빌 3:8] 신자들을 영원히 완전하게 하는 이 유일하고도 특별한 단 번의 희생제사 외에는 우리를 하나님과 화목하게 만드는 다른 방법을 고안하지 않도록 우리는 그분의 상처 자국에서 모든 위로를 발견합니다. 또한 이것이 하나님의 천사에 의해 그분이 예수, 즉 구원자라 불리는 이유입니다. 그분은 자기 백성을 그들의 죄에서 구원할 것이기 때문입니다.

관련성경

시 11:4; 히 5:10; 롬 5:8-9; 골 2:14; 히 2:17, 9장; 롬 4:25; 요 15:13; 행 2:24; 요 3:16; 롬 8:32; 딤전 1:15; 사 53:5; 히 9:14; 벧전 2:24; 마 15:28; 요 18:38; 시 69:5; 출 12:6; 시 22:16; 사 53:7; 단 9:26; 고전 2:2; 롬 5:6; 빌 2:8; 히 9:12; 벧전 1:18-19; 요 10:9; 히 9:25-26, 10:14; 요 5:10; 마 1:21; 행 4:12; 눅 1:31.

1. 고난당한 그가 누구입니까?

오늘 말씀에 고난당하는 한 사람이 나옵니다. 그가 당하는 고난이 보통 고난이 아닙니다. 몰골이 망가져 사람인지 아닌지조차 구분하기 어렵습니다(14절). "네가 정말 아무개가 맞느냐" 사람들이 깜짝 놀랄 정도였습니다. 그는 간고(어려울 간, 쓸 고)를 많이 겪었습니다(3절). 똑같은 단어가 4절에서는 슬픔으로 번역되었습니다. 직역하면 그는 고통의 사람, 슬픔의 사람입니다. 또 그는 질고를 아는 자입니다. 질병으로 인한 아픔과 괴로움에 익숙하다는 뜻입니다. 사람들이 그를 좋아할 리 없습니다. 그는 곤욕과 심문을 당하고 끌려갔습니다(8절). 곤욕이란 에워싸인 것, 억압된 상태를 의미합니다. 사로잡히고 묶여서 끌려가 심문을 당했습니다. 그의 모습이 마치 도수장으로 끌려가는 양 같았습니다(7절). 결국 그는 살아있는 자들의 땅에서 끊어졌습니다.

도대체 이 사람은 누구입니까? 극심한 고통을 당했던 그가 누구입니까? 우리와 똑같은 질문을 했던 한 사람이 있었습니다. 에티오피아 내시였습니다. 절기를 지키러 예루살렘에 올라왔다 내려가는 길에 마차 안에서 우리가 읽은 이 말씀을 읽었습니다. 그리고 우리와 똑같은 질문을 했습니다. "선지자가 이 말한 것이 누구를 가리킴이냐 자기를 가리킴이냐 타인을 가리킴이냐"(행 8:34). 빌립이 답했습니다. "얼마 전 십자가에 못 박혀 죽은 예수가 바로 이 사람이요." 그리고 이 말씀에서부터 예수님을 전했습니다.

안타깝게도 오늘날 많은 유대인들이 이 본문을 잘 모릅니다. 우리가 성경일년일독을 하듯, 유대인들도 안식일마다 회당에서 구약성경을 일년일독합니다. 그런데 다 읽는 것이 아니라, 발췌해서 읽습니다. 이사야

52장 12절까지는 읽고, 이사야 53장은 뛰어넘어 54장을 읽습니다. 랍비들에게 왜 이 본문은 안 읽느냐고 물으면, 다 읽는 것이 아니라 발췌해서 읽는다고 답합니다. 의도적으로 53장을 읽지 않는 것으로 보입니다. 그래서 대부분의 유대인들은 이 말씀을 잘 모릅니다. 그들이 이 말씀을 읽고 에티오피아 내시가 했던 질문을 한다면, 얼마나 좋겠습니까?

그가 누구입니까? 성경은 명백하게 그는 고난의 종, 예수님이라고 말씀합니다. 예수님의 몰골이 말이 아니었습니다. 채찍에 맞아서 뼈가 드러날 정도였습니다. 얼굴도 상했습니다. 맞아서 붓고 멍이 들었기 때문입니다. 가시관을 머리에 씌우니까, 가시 독이 얼굴에 퍼져 퉁퉁 붓게 됩니다. 얼굴을 알아보지 못할 정도였습니다. 침 뱉음도 당하고, 손바닥으로 침을 당하기도 했습니다. 희롱도 당했습니다. 다른 사람은 말할 것도 없고 제자들조차도 그를 버리고 도망가 버렸습니다. 양손과 발에 못이 박히고, 벌거벗겨져 나무에 달렸습니다. 창으로 옆구리를 찔렸습니다. 그러나 그는 도살장으로 끌려가는 양처럼 잠잠했고, 죽은 뒤 부자의 무덤에 장사되었습니다. 고난의 종, 그는 예수님이십니다.

2. 그가 고난당한 이유가 무엇입니까?

그렇다면 그가 고난당한 이유가 무엇입니까? 왜 예수님께서 이런 고난을 당하셨습니까? 2가지 이유가 있습니다.

(1) 자기 백성의 죄를 담당하셨기 때문입니다.

"여호와께서는 우리 모두의 죄악을 그에게 담당시키셨도다"(6절). "그가 살아있는 자들의 땅에서 끊어짐은 마땅히 형벌 받을 내 백성의 허물 때문이라"(8절). "그들의 죄악을 친히 담당하리로다"(11절). "그가 많은 사람의 죄를 담당하며"(12절). 우리의 모든 죄를 그에게 옮기셔서, 그 죗값을 대신 치르게 하신 것입니다. 그러니 그가 당한 고통과 고난은 사실 우리가 감당해야 할 죗값입니다. 예수님이 당하신 그 고통과 슬픔과 병은 사실은 우리가 당해야 하는 것들입니다. 그런데 제가 받을 그 형벌을 예수님이 감당하셨기 때문에, 저도 목사가 되어 설교도 하고, 목회도 하고, 예배도 하고 있습니다. 만약 예수님이 담당해 주지 않으셨다면, 제가 끌려 나와서, 따귀를 맞고, 채찍에 맞고, 벌거벗겨져 나무에 달려 죽임을 당했을 것입니다. 저만 그렇게 죽을까요? 제가 그렇게 죽고 나면, 그다음에 장로님들이 끌려 나와서 맞고 찢기고 찔리고 벌거벗겨져 나무에 달려 죽을 것입니다. 장로님들 다 죽고 나면, 집사님들이 끌려 나와 죽고, 집사님들이 다 죽고 나면, 권사님들이 끌려 나와 죽고, 권사님들이 다 죽고 나면, 청년들이 끌려 나와 죽을 것입니다. 어린아이들은 예외인가요? 아니지요. 어린아이들까지 끌려 나와 다 죽고, 그리고 아무도 없었다 그래야 되는 것이지요.

예수님이 나의 징계, 나의 형벌, 나의 고통, 나의 질고를 대신 받으셨기 때문에, 그 사건이 우리에게 미치는 영향이 있습니다. "그가 징계를 받으므로 우리는 평화를 누리고 그가 채찍에 맞으므로 우리는 나음을 받았도다"(5절). 예수님 손에 못이 박힐 때 우리의 손으로 지은 모든 죄가 씻기고, 예수님의 발에 못이 박힐 때 우리의 발로 지은 모든 죄가 씻기고, 머리가 가시관에 찔릴 때 우리가 생각으로 범한 모든 죄가 씻기고, 예수님이 침 뱉음을 당하고 따귀를 맞을 때 우리가 당해야 할 모욕과 치욕이 사라지고, 이리저리 끌려다니며 곤욕과 심문을 당하셨을 때 우리가 결박당하여 심문받을 것이 사라지고, 벌거벗김을 당하여 나무에 달릴 때 우리가 당할 부끄러움과 수치가 사라지고, 채찍에 맞아서 피부가 찢어지고 등이 벗겨질 때 우리의 상처와 병이 낫고, 창에 옆구리가 찔렸을 때 우리의 병들었던 오장육부가 낫고, 그가 십자가에 죽으심으로 우리에게 새 삶이 시작되었습니다. 예수님의 상처가 우리의 치료제입니다. 예수님의 질고가 우리 몸과 마음의 병을 낫게 하셨습니다. 예수님께서 하나님으로부터 끊어짐이, 우리에게 샬롬이 되었습니다.

이 사실을 믿으십니까? 우리의 어떤 행위로, 선행으로, 공로로 죄사함 받은 것 아닙니다. 돈을 많이 내어서, 보물을 갖다 바쳐서 죄사함 받은 것 아닙니다. 내 자신을 학대하고, 때리고, 고통받게 함으로 죄사함 받는 것 아닙니다. 사람이 할 수 있었다면, 예수님께서 오실 필요가 없었습니다. 믿음으로 죄사함을 받습니다. 믿음으로 의롭다 하심을 받습니다. 믿음으로 구원받습니다. 믿음으로 하나님의 백성이 됩니다. 믿음으로 영원토록 하나님과 함께 삽니다.

(2) 우리에게 본을 끼치기 위해서입니다.

우리는 오늘 말씀에서 하나님께서 구원을 이루시고, 새 일을 행하시는 방법을 발견해야 합니다. 그 방법이 고난, 멸시, 질고, 죽음입니다. 하나님은 말씀으로 천지를 만드신 분이십니다. 말씀만으로 우리의 구원을 이루지 못하실까요? 예수님을 이 땅에 보내셨다 하더라도, 예수님도 말씀으로 우리의 구원을 못 이루실까요? 그런데 왜 예수님은 고난과 멸시와 질고와 죽음이라는 방법으로 우리를 구원하시고 하나님의 일을 이루셨을까요? 예. 예수님은 하나님의 일을 이루는 방법을 보여주셨습니다. 죄인의 죽음이 하나님이 일하시는 방법입니다. 하나님은 사람의 강함으로 일하지 않으십니다. 사람의 똑똑함으로 일하지 않으십니다. 풍채가 좋고, 곱고, 힘이 세고, 리더십이 있는 것으로 일하지 않으십니다.

여호와의 종의 모습을 보십시오. 말구유에서 태어나셨습니다. 목수의 아들이셨습니다. 가난한 집에서 자라셨습니다. 시골 출신이었습니다. 학벌이 있는 것도 아니었습니다. 스펙으로 성공한다면, 예수님은 반드시 실패하셨을 것입니다. 왜 이런 모습입니까? 왜 화려하고 멋있는 방식이 아닙니까? 왜 고운 모양도 없고 풍채도 없습니까? 왜 사람의 마음에 흠모할 만한 것이 없습니까? 이것이 죄인을 통해 자기 구원을 이루시는 하나님의 방법이기 때문입니다. 하나님은 못난 것을 가지고 일하십니다. 멸시와 수치 받는 것을 가지고 일하십니다. 하나님은 가난하고 병든 것을 가지고 일하십니다. 하나님은 죽은 것을 가지고 일하십니다.

"이를 위하여 너희가 부르심을 받았으니 그리스도도 너희를 위하여 고난을 받으사 너희에게 본을 끼쳐 그 자취를 따라오게 하려 하셨느니라"(벧전 2:21). 예수님의 본을 받고 그 자취를 따라간다는 말은 무슨 의미일까요? 우리도 예수님처럼 말구유에서 태어나고, 가난해야 하고, 끌려가야 하고, 맞고, 십자가에서 죽어야 된다는 말입니까? 아닙니다. 예수님의 십자가 죽음은 대속의 죽음입니다. 그것은 따라 할 수 있는 것이 아닙니다. 그러나 십자가는 하나님이 일하시는 방식입니다. 죄인은 죽고 하나님이 일하시는 방식입니다. 사람은 죽고 하나님의 영광이 나타나는 하나님의 방법입니다. 예수님께는 예수님이 져야 했던 십자가가 있었다면, 우리에게는 우리가 져야 할 십자가가 있습니다.

가난하고 못 배웠다고, 멸시당해 본 적이 있으십니까? 누명을 써본 적이 있으십니까? 욕을 먹고, 조롱거리가 된 적이 있으십니까? 질병으로 인해, 육체의 약함으로 인해 고통당하고 있으십니까? 여러분은 혹시 슬픔의 사람이십니까? 간고의 사람이십니까? 질병의 사람이십니까? "아니 이런 건 예수님께서 다 감당하셨다고 했는데, 왜 아직까지 나한테 있는 거야?" 예. 생명과 나음과 샬롬과 안식은 이미 우리에게 이루어졌습니다. 또 온전히 이루실 것입니다. 그러나 동시에 나도 하나님의 일 하시는 방식에 동참하고 있는 것입니다. 하나님의 구원에 참여하고 있는 것입니다. 예수님과 같은 모양으로 예수님을 따라, 하나님의 일에 동참하고 있는 것입니다. 이런 모습으로 무엇이 되겠나, 이런 모양으로 어떻게 하나님의 일이 되겠나 싶으시지요? 그 볼품없는 모습으로 하나님은 하나님의 일을 하시고, 많은 사람을 건지고 살리십니다. 그러니, 그 자리에서 "내가 고난의 종을 닮아가는구나" 생각하십시오. 어떤 고난이든, 어떤 질고든, 어떤 형편이든, 어떤 사람이든 하나님은 그 가운데서도 구원을 만들어 내시고, 자기 일을 이루십니다. 이 믿음으로 여호와의 종이 갔던 그 길을 묵묵히 잘 쫓아가셔서 그분이 이르렀던 그 영광에 다함께 도달하는 주의 백성들이 됩시다.

오직 은혜만으로

(에베소서 2:1-9)

Article XXII.

Nous croyons, que pour obtenir la vraye cognoissance de ce grand mystere, le S. Esprit allume en nos coeurs une vraye foy, laquelle embrasse Iesus Christ, avec tous ses merites: et le fait sien, et ne cerche plus rien hors d'iceluy. Car il faut necessairement, que tout ce qui est requis pour nostre salut, ne soit point en Iesus Christ: ou si tout y est, que celuy qui a Iesus Christ par foy, ait tout son salut. De dire donc, que Christ ne suffit point, mais qu'il y faut quelque aultre chose avec, c'est un blaspheme trop enorme contre Dieu: Car il s'ensuivroit, que Iesus Christ ne seroit que demy Sauveur. Et Pourtant à juste cause nous disons avec Sainct Paul, que nous sommes justifiez par la seule foy, ou, par la foy sans les oeuvres. Cependant nous n'entendons pas à proprement parler, que ce soit la foy mesme qui nous justifie: car elle n'est que l'instrument par lequel nous embrassons Christ noste justice; mais Iesus Christ, nous alloüant tous ses merites, et tant de sainctes oeuvres qu'il a faictes pour nous, et en nostre nom, est nostre justice, et la foy est l'instrument, qui nous tient avec luy en la communion de tous ses biens, lesquels estant faits nostres nous sont plus que suffisans, pour nous absoudre de nos pechez.

제22항. [우리의 전부이신 예수 그리스도 : 완전한 구원의 소유]

우리가 이 위대한 비밀에 대한 참된 지식을 얻도록 성령께서 우리 마음에 참된 믿음을 일으키심을 우리는 믿습니다. [이 믿음은 예수 그리스도를 그분의 모든 공로와 함께 수용하고, 그분을 소유하도록 만들고 그분 이외의 어떤 것도 추구하지 않습니다. 왜냐하면 우리의 구원에 요구되는 모든 것이 예수 그리스도 안에 있지 않거나, 아니면 그와 같이 모든 것이 예수 그리스도 안에 있어서 믿음으로 그분을 소유한 자가 자신의 구원 전부를 가지거나, 반드시 [둘 중 하나]여야 하기 때문입니다. 그러므로 그리스도께서 충분하지 않고 그분과 더불어 다른 무엇이 더 필

요하다고 말하는 것은 하나님에 대한 너무나도 엄청난 모독입니다. 왜냐하면 예수 그리스도께서 절반의 구원자에 불과하다는 결론에 도달할 것이기 때문입니다. 그러므로 우리는 정당한 이유로 바울과 함께 말합니다. 즉 우리가 오직 믿음으로만, 또는 행위 없는 믿음으로 의롭게 된다는 것입니다. 그렇지만 우리는 결코 우리를 의롭게 하는 것이 믿음 그 자체라고 말하는 것을 인정하지 않습니다. 왜냐하면 [믿음]은 우리가 그리스도를 우리의 의로 수용하는 수단에 불과하기 때문입니다. 하지만 그리스도께서는 자신의 공로 전부를 [우리에게 제공하시고], 또한 그분이 우리를 위해 우리의 이름으로 행하신 수많은 거룩한 사역들까지도 우리에게 제공하시는 [분으로] 우리의 의이십니다. 그리고 믿음은 우리가 교제 속에서 그분과 함께 그분의 모든 선한 것들을 붙잡는 수단이요, 그것들이 우리의 것이 되게 하는 [수단]입니다. [그러므로 믿음은] 우리에게 우리 죄로부터 우리를 해방시키기에 충분한 것 이상입니다.

관련성경

시 51:8; 엡 1:17-18; 살전 1:6; 고전 2:12; 갈 2:21; 렘 23:6; 고전 1:20; 렘 51:10; 고전 15:3; 마 1:21; 롬 8:1, 3:20, 28; 갈 2:16; 히 7:19; 롬 8:29, 33; 행 13:28; 벧전 1:4; 롬 10:3, 5, 9; 눅 1:77; 딛 3:5; 시 32:1; 롬 4:5; 롬 3:24, 27; 빌 3:9; 딤후 1:9; 시 115:1; 고전 4:7; 롬 4:2.

아일랜드에 펠라기우스(360-420)라는 수도승이 있었습니다. 그는 로마를 여행하던 중 크게 실망하게 됩니다. 성도들이 영적으로 게으르고, 방탕하고 문란하게 사는 것을 보았기 때문입니다. 어떻게 성도들이 이렇게 살 수 있단 말인가 의분이 일어났습니다. 그래서 죄에 대해 연구합니다. 그가 내린 결론이 무엇일까요? 인간의 원죄를 인정하지 않았습니다. 인간은 죄 없이 태어난다고 주장했습니다. 또 선을 행할 수 있는 완벽한 능력(자유의지)을 가지고 있다고 했습니다. 죄를 짓지 않을 수 있으며, 스스로 율법과 교훈을 지켜 구원에 이를 수 있다고 보았습니다. 그렇다면 사람이 죄를 짓게 되는 이유는 무엇일까요? 그것은 자라면서 죄짓는 사람들을 보고 죄를 모방하기 때문이라고 했습니다. 그래서 우리는 그리스도를 본받아야 한다고 주장했습니다. 사람이 죄인이 된 것은 죄와 죄인을 모방했기 때문이지요. 그러니 의인이신 예수님을 모방하면(본받으면) 의인이 된다는 논리입니다. 예수님은 훌륭한 모범이십니다. 의인의 샘플이십니다. 구원자가 아니라! 이것이 펠라기우스의 인간관이요, 구원관입니다. 그는 인간의 윤리적 책임과 결단을 강조하려다가, 예수 그리스도로 말미암는 구속의 의미를 변질시키고 말았습니다. 예수님께서 십자가에 못 박혀 죽으신 것은 예수님을 샘플로 따라 하라고 하신 일이 아니라 우리의 죄책과 형벌을 대신 담당하신 사건입니다.

펠라기우스가 사도적인 복음에서 벗어난 주장을 하자 바른 복음을 변호하는 자가 나왔으니, 그가 바로 어거스틴(354-430)입니다. 그는 아담과 하와의 타락에 의해 시작된 죄의 기원(원죄)에 대해 말하고, 인간의 자유의지는 죄의 본성으로 철저하게 오염되었다고 했습니다. 모든 인간은 죄 가운데 잉태되어 죄 가운데 태어난다고 했습니다. 또한 그리스도의 은혜가 없이는 그 누구도 율법의 요구를 행할 수 없으며, 율법을 행하는 것조차도 하나님의 은혜임을 말했습니다.

펠라기우스와 어거스틴의 논쟁으로 인해 418년 200명이 넘는 감독들이 카르타고에 모였습니다. 카르타고 공의회에서 펠라기우스의 주장은 이단으로 정죄되었습니다. 그리고 이렇게 천명합니다. "우리가 그리스도를 통해 하나님으로부터 은혜의 도우심을 받지 않으면 행동 하나하나에 이르기까지 알 수 없을뿐더러 올바르게 행동할 수도 없으므로 우리는 은혜가 없으면 경건에 속한 어느 것 하나라도 가지거나 생각하거나 말하거나 행할 수 없다"

그럼에도 불구하고 펠라기우스의 주장은 사라지지 않았습니다. 뒤이어 반(semi)펠라기우스주의가 등장하게 됩니다. 여기서 "반"은 반대한다는 뜻이 아니라, 반만 펠라기우스라는 뜻입니다. 왜 반만 펠라기우스일까요? 이들은 펠라기우스와는 달리 원죄를 인정합니다. 인간은 죄인이고, 죄인으로 태어난다고 말합니다. 하지만 전혀 어떤 선과 의지도 없는 것은 아니라고 했습니다. 선을 택거나 행할 수 있는 의지와 능력이 있다고 보았습니다. 그래서 구원이 어떻게 가능한가? 하나님께서 사람에게 은혜도 주시지만, 사람도 자신의 선한 의지와 능력으로 은혜를 선택하고 은혜에 협력해야 구원이 가능하다고 주장합니다. 반펠라기우스주의를 대표하는 요한 카씨안은 이렇게 말했습니다. "구원을 얻으려면 인간이 주도권을 쥐고 신앙을 시작해야 한다. 그때 비로소 하나님의 은총이 임한다. 구원은 하나님의 은총과 인간의 의지가 협력하여 주어진다. 하나님은 우리에게서 스스로 신앙의 싹이 나오는 것을 보시고 은혜로 그것을 성장시킨다." 즉 구원을 위하여 사람은 하나님과 협력해야 합니다. 이것이 바로 로마교회의 구원관이 되었습니다.

펠라기우스의 주장을 어거스틴이 대항했듯이, 반펠라기우스의 주장과 그것을 따르는 로마교회에 대해 루터가 대항합니다. 루터는, 자유의지는 죽었다고 했습니다. 그래서 자유의지라고 부르지 않고, 노예의지라고 불렀습니다. 인간의 의지는 죄의 노예가 되었습니다. 죄가 원하는 대로 선택할 수 있는 자유가 있을 뿐입니다. 죄를 짓는데만 자유롭습니다. 그러므로 구원을 위해 사람이 하나님과 협력할 수 없고, 오직 하나님의 은혜로만 가능합니다. "사람은 죄의 상태로 타락하여 구원을 수반하는 어떤 영적 선을 향한 의지의 모든 능력을 전적으로 잃어버렸다. 그래서 본성적 사람은 선을 철저하게 싫어하고 죄로 죽었기 때문에, 스스로의 힘으로는 자신을 돌이킬 수 없고 그것을 위해 자신을 준비시킬 수 없다."(웨스트민스터신앙고백 제9장 3항) 구원은 우리의 선택이나, 의지나, 공로나, 행위에 달린 것이 아니라, 전적으로 하나님의 은혜에 의한 것입니다.

어떤 분은 말합니다. "하나님이 당신의 구원을 위해 99%를 하셨습니다. 이제 당신은 1%만 하면 됩니다." 그러면서 다음과 같은 비유를 듭니다. 물에 빠져 거의 죽게 된 사람이 있습니다. 그런데 바로 옆에 구명대가 던져졌습니다. 이제 허우적거리다가도 그것을 잡기만 하면 구원을 받을 수 있습니다. 또 중병으로 거의 죽게 된 사람이 있습니다. 그런데 이 약만 먹으면 살 수 있습니다. 이 사람은 스스로 약을 먹지도 못하기 때문에, 숟가락에 담아 입에 넣어주었습니다. 이제 꿀꺽 삼키기만 하면 살 수 있습니다. 이것이 맞는 비유일까요? 아닙니다. 왜냐하면 죄인은 물에 빠져서 거의 죽게 된 사람이 아니라, 이미 죽어 대양 밑에 가라앉아 있는 존재이기 때문입니다. 죄인은 병상에서 거의 죽게 된 환자가 아니라, 이미 죽어 무덤 속에 있는 시체이기 때문입니다.

오늘 본문 말씀을 보십시오. "허물과 죄로 죽었던 너희를 살리셨도다"(1절). "긍휼이 풍성하신 하나님이 우리를 사랑하신 그 큰 사랑을 인하여 허물로 죽은 우리를 그리스도와 함께 살리셨고 너희는 은혜로 구원을 받은 것이라"(4-5절). 구원은 병든 자를 고친 것이 아니라, 죽은 자를 살린 사건입니다. 병든 자를 고친 것이라면, 환자가 할 말이 있습니다. 내가 병원을 잘 선택했고, 내가 의사를 잘 찾아갔고, 내가 치료를 잘 받았고, 약을 잘 먹었기 때문에 나았다고 할 수 있습니다. 그러나 구원은 죽은 자가 살아난 것이기에 할 말이 없습니다. 오직 은혜(Sola Gratia)라는 말밖에 할 수 없습니다.

그러므로 오직 은혜로만 구원받은 사람에게 '없는 것'이 있습니다. "행위에서 난 것이 아니니 이는 누구든지 자랑하지 못하게 함이라"(9절). 은혜만으로 구원받은 사람에게는 자랑이 없습니다. 하나님의 은혜를 높이고 찬양할 뿐 나를 높일 수가 없습니다. 다른 사람과 비교하여, 나를 자랑할 수 없습니다. "나는 했는데, 너는 왜 못해"가 없습니다. 공로도 없습니다. 로마교회는 구원받는데 공로가 있어야 한다고 했습니다. 그런데 나의 공로가 부족하면 어떻게 할까요? 자기 구원을 받고도 공로가 남아있는 사람들이 있습니다. 그 사람들이 성인입니다. 공로의 보고에 성인들의 공로가 쌓여있는데, 그것을 나의 것으로 만들면 된다고 합니다. 통장에 예금된 돈을 인출 하듯 말입니다. 그 공로를 나누어주는 자가 바로 교황과 사제들입니다. 이 말이 맞습니까? 구원받을 수 있는 공로가 있다고요? 천만의 말씀입니다. 오직 은혜로만 구원받은 사람에게는 자랑과 공로가 있을 수 없습니다.

반면 오직 은혜로만 구원 받은 사람에게 '있는 것'이 있습니다. 그것이 무엇이지 예수님께서 비유로 말씀해 주셨습니다. 베드로가 물었습니다. 형제가 내게 죄를 범하면 몇 번이나 용서하면 되겠습니까? 예수님은 이렇게 답하셨지요. 한 주인이 만 달란트 빚진 종의 빚을 탕감해 주었습니다. 1만 달란트는 60,000,000명이 일한 품삯을 더한 액수입니다. 당시 유대 전역에서 로마에 바친 1년 세금이 800달란트였다고 하니, 주인이 종에게 탕감해 준 것이 얼마나 큰 가치였는지 상상할 수 있습니다. 그런데 왜 탕감해 주었습니까? "갚을 것이 없는지라". 그렇습니다. 도무지 갚을 수가 없었습니다. 그래서 "그 종의 주인이 불쌍히 여겨 놓아 보내며 그 빚을 탕감하여 주었더니"(마 18:28). 다른 이유가 없었습니다. 불쌍히 여겨 은혜를 베푼 것입니다. 그런데 방금 만 달란트를 아무 이유 없이 탕감받고 나가던 종이 자기에게 백 데나리온 빚진 자를 만났습니다. 1백 데나리온은 100명이 일한 품삯입니다. 백 데나리온 빚진 자의 멱살을 잡고 왜 빚을 갚지 않느냐며 빚을 갚도록 옥에 가두었습니다. 그 장면을 보던 동료들이 민망하고 딱하여, 이 일을 주인에게 고했습니다. 그랬더니 주인이 만 달란트 탕감해 주었던 종을 불러 말합니다. "내가 너를 불쌍히 여김과 같이 너도 네 동료를 불쌍히 여김이 마땅하지 아니하냐" 그리고 만 달란트를 갚도록 옥에 넣었습니다. 예수님은 이렇게 말씀하십니다. "너희가 각각 마음으로부터 형제를 용서하지 아니하면 나의 하늘 아버지께서도 너희에게 이와 같이 하시리라" 그렇습니다. 오직 은혜로 구원받은 사람에게는 용서가 있습니다. 불쌍히 여김이 있습니다. 기다리고 참아주고 용서하고 긍휼을 베풉니다. 용서한다는 말의 어원에는 "보내 버린다", "가게 하다"는 뜻이 있습니다. 우리가 누군가를 용서한다는 것은 그와 관련된 일체의 것을 우리의 기억 저편으로 보내버리는 것입니다. "나는 곧 나를 위하여 네 허물을 도말하는 자니 네 죄를 기억지 아니하리라"(사 43:25). 하나님은 용서하시는 분이시고, 그 은혜를 안다면 우리도 그렇게 할 수밖에 없습니다.

구원은 성부 하나님의 값없이 베푸시는 변치 않는 사랑과 성자 예수님의 중보의 효력과 성령 하나님의 내주하셔서 감동, 위로, 교통하시는 역사에 전적으로 의지합니다. 삼위 하나님의 이 은혜가 변치 않기에, 우리의 구원이 변치 않습니다. 평생에 이 은혜를 감사하고 찬송하며, 서로를 용서하고 사랑하며 삽시다.

제23항

양과 염소의 비유는
행위 구원을 말하는가?

(마태복음 25:31-46)

Article XXIII.

Nous croyons que nostre beatitude gist en la remission de nos pechez à cause de Iesus Christ, et qu'en cela est contenuë nostre justice dcevant Dieu, comme David et S. Paul nous enseignent: declarans la beatitude de l'homme à qui Dieu allouë justice sans oeuvres. Et le mesme Apostre dit, que nous sommes justifiez gratuitement, ou de grace par la redemption qui est en Iesus Christ. Et pourtant nous tenons ce fondement ferme à jamais, donnans toute gloire à Dieu en nous humilians et recognoissans tels que nous sommes, sans rien presumer de nous mesmes, ni de nos merites, et nous appuyons et reposons en la seule obeissance de Christ crucifié, laquelle est nostre, quand nous croyons en luy. Icelle est suffisante pour couvrir toutes nos iniquitez, et nous rendre asseurez, esloignant la conscience de crainte, horreur, et espouvantement pour approcher de Dieu, sans faire comme nostre premier pere Adam, lequel tremblant se vouloit couvrir avec des fueilles de figuier. Et de fait, s'il nous falloit comparoistre devant Dieu, estant appuyez tant peu que ce soit sur nous, ou sur quelque autre creature: helas! nous serions engloutis. Et pourtant un chacun doit dire avec David: O Seigneur, n'entre point en jugement avec tes serviteurs: car devant toy homme qui vive ne sera justifié.

제23항. [그리스도의 순종과 하나님 앞에서 의로운 자]

우리는 우리의 행복이 예수 그리스도 때문에 우리의 죄가 용서됨에 있다는 것과, 하나님 앞에서 우리의 의가 [바로] 그곳에 있다는 것을 믿습니다. 그것은 다윗과 바울이 우리에게 가르치는 것과 같습니다. 즉 [그들은] "일한 것이 없이 하나님께 의로 여기심을 받은 사람의 복에 대하여" 설명합니다. [시 32:1-5; 롬 4:4-8] 또한 동일한 사도는 말하길, 우리가 "그리스도 예수 안에 있는 속량으로 말미암아 하나님의 은혜로 값없이 의롭다 하심을" 얻게 됩니다. [롬 3:24] 그렇기 때문에 우리는 이 기초를

항상 견고하게 붙잡습니다. [따라서 우리는] 모든 영광을 하나님께 돌리고, 우리 자신을 낮추며, 우리가 있는 모습 이대로 인정하고, 어떤 것도 우리 자신이나 우리의 공로에 돌림 없이 오직 십자가에 못 박히신 그리스도의 순종만을 의지하고 기초합니다. 그것은(=그리스도의 순종은) 우리가 그분을 믿을 때 우리의 것이 됩니다. 저 [순종]은 우리의 모든 죄악을 가리기에 [충분하고], 또한 양심이 두려움과 공포와 불안에서 벗어나 하나님께 나아가기 위한 확신을 주기에도 충분합니다. [그러므로 우리는] 우리의 첫 조상 아담이 떨면서 무화과 잎으로 자신을 가리려고 했던 것과 같이 행동할 필요가 없습니다. 뿐만 아니라, 실제로는 만일 우리가 우리 자신이나 어떤 다른 피조물에 의지한 채로 하나님 앞에 나타나야 했더라면, 화로다, 우리는 삼키어져버려야 했을 것입니다. 그렇기 때문에 누구나 다윗과 함께 [이렇게] 말해야 합니다. "오, 주님, 주의 종에게 심판을 행하지 마소서! 주의 눈앞에는 의로운 인생이 하나도 없나이다."[시 143:2]

관련성경

히 11:7; 엡 2:8; 고후 5:19 (10); 딤전 2:6; 요일 2:1; 창 3:7; (롬 5:19); 롬 4:6; 행 4:12; 겔 36:23, 32; 신 27:26; 약 2:10; 창 3:7; 시 143:2; 눅 16:15; 욥 1장; 고전 4:4; 시 18:28; 습 3:11; 히 10:20

네덜란드신앙고백 제24항은 거룩과 선행에 대해 다룹니다. 예수님을 믿음으로 의롭다 함을 받은 성도들은 선한 행위들을 하게 됩니다. 그러나 그 선행은 공덕을 쌓기 위한 것도 아니요, 구원의 근거도 아니라고 고백합니다. 그런데 오늘 본문 말씀을 보면, 진짜 그런가 하는 의문이 듭니다.

마지막 때 주님께서 열방을 두 편으로 나누십니다. 오른편에는 양, 왼편에는 염소입니다. 오른편 양에게 말씀하십니다. "내 아버지께 복을 받은 자들이여 나아와 창세로부터 너희를 위하여 예비된 나라를 상속받으라" 왜냐하면 너는 내가 주릴 때 먹을 것을 주었고, 목마를 때 마시게 하였고, 나그네 되었을 때 영접하였고, 헐벗었을 때 옷을 입혔고, 병들었을 때 돌보았고, 옥에 갇혔을 때 와서 보았기 때문이라 하셨습니다. 양들이 깜짝 놀라 말했습니다. "우리가 언제 주께서 주리신 것이나, 목마르신 것이나, 나그네 되신 것이나, 헐벗은 것이나, 병드신 것이나, 옥에 갇히신 것을 보고 섬겼었습니까?" 그랬더니 "여기 내 형제 중에 지극히 작은 자 하나에게 한 것이 곧 내게 한 것이니라" 하셨습니다. 그리곤 왼편에 있는 염소들에게 말씀하십니다. "저주를 받은 자들아 나를 떠나 마귀와 그 사자들을 위하여 예비된 영원한 불에 들어가라" 왜냐하면 너희는 내가 주릴 때 먹을 것을 주지 않았고, 목마를 때에 마시게 하지 않았고, 나그네 되었을 때 영접하지 않았고, 헐벗었을 때 옷을 입히지 않았고, 병들었을 때, 옥에 갇혔을 때 돌보지 않았기 때문이라 하셨습니다. 염소들이 깜짝 놀라 묻습니다. "아니, 우리가 언제 주께서 그러신 것을 보고 공양하지 않았습니까?" 그랬더니 "이 지극히 작은 자 하나에게 하지 아니한 것이 곧 내게 하지 아니한 것이니라" 하시며, 염소들은 영벌에, 양들은 영생에 들어가게 하셨습니다.

이 비유는 선행이 구원의 근거라고 가르치는 것 같습니다. 영원한 심판을 받는 것은 구제를 하지 않았기 때문인 것 같습니다. 배고픈 사람, 목마른 사람, 나그네 되고 헐벗은 사람들을 돌보지 않았기 때문이 아닙니까? 또 한편으로 이런 생각도 듭니다. 예수님을 믿지 않는 사람이라 할지라도 불쌍하고 가난하고 힘든 사람들을 도와준 사람들은, 자신도 모르게 예수님을 섬긴 것이기 때문에 천국 가는 것이 아닌가요? 예수님의 비유는 양들의 선행이 구원의 근거라고 말하고 있지 않습니까?

이 비유를 어떻게 이해해야 할까요? 비유를 제대로 이해하기 위해서는 예수님께서 말씀하신 "내 형제 중에 지극히 작은 자 하나"가 누구인지 정확히 알아야 합니다. 그들이 굶주리고 헐벗고 나그네 되고 병들고 투옥되었다고 합니다. 이들이 누구입니까? 일반적인 의미의 사회적 약자를 가리키는 것입니까? 예수님은 이들이 자신과 하나라고 말씀하셨습니다. 이들이 배고픈 것을 내가 배고픈 것이고, 이들이 나그네 된 것은 내가 나그네 된 것이고, 이들이 옥에 갇힌 것은 내가 갇힌 것이라 하십니다. 누가 예수님과 하나 된 사람입니까? 이 세상에 배고픈 사람은 다 예수님과 하나 된 사람입니까? 나쁜 짓을 해서 감옥에 갇힌 사람도 있는데, 예수님은 그들과도 하나라고 하십니까?

비유를 이해하기 위한 핵심 질문! 예수님께서 나와 하나라고 말씀하신 내 형제들 중 지극히 작은 자 하나는 누구입니까? 예. 예수님께서 파송하신 사도와 사역자들입니다. "내 형제"라는 용어는 예수님께서 제자들을 지칭하는 용어입니다. "손을 내밀어 제자들을 가리켜 이르시되 나의 어머니와 나의 동생들을 보라 누구든지 하늘에 계신 내 아버지의 뜻대로 하는 자가 내 형제요 자매요 어머니이니라(마 12:49-50). 부활하신 예수님은 제자들을 내 형제들이라 부르십니다. "가서 내 형제들에게 갈릴리로 가라 하라 거기서 나를 보리라"(마 28:10). 내 형제 중 지극히 작은 자 하나는 천국 복음을 온 세상에 전파하기 위해 예수님이 파송하신 사도들과 사역자들을 가리킵니다. 예수님께서 파송하신 자를, 예수님은 자신과 하나로 여기십니다. 이들이 복음을 전하면서 배고프고, 목마르고, 나그네 되고, 헐벗고, 병들고, 옥에 갇히기도 했습니다. 세상 사람들은 그들을 어떻게 대우하느냐에 따라, 즉 그들을 영접하느냐 하지 않느냐에 따라 영생을 받기도 하고 영벌을 받기도 합니다.

사실 예수님은 일찍이 제자들을 파송하시면서 이미 이 말씀을 하셨습니다. "너희 전대에 금이나 은이나 동을 가지지 말고 여행을 위하여 배낭이나 두 벌 옷이나 신이나 지팡이를 가지지 말라 이는 일꾼이 자기의 먹을 것 받는 것이 마땅함이라 어떤 성이나 마을에 들어가든지 그 중에 합당한 자를 찾아내어 너희가 떠나기까지 거기서 머물라"(마 10:9-11) 제자들이 복음을 전할 때 그들을 영접하는 자들(양)이 있을 거란 말씀입니다. "누구든지 너희를 영접하지도 아니하고 너희 말을 듣지도 아니하거든 그 집이나 성에서 나가 너희 발의 먼지를 떨어 버리라 내가 진실로 너희에게 이르노니 심판 날에 소돔과 고모라 땅이 그 성보다 견디기 쉬우리라"(마 10:14-15). 제자들이 전하는 복음을 듣지 않고 배척하는 자들(염소)도 있을 거란 말씀입니다. 그들에게 임할 심판이 소돔과 고모라의 심판보다 더할 것이라 했습니다. "또 누구든지 제자의 이름으로 이 작은 자 중 하나에게 냉수 한 그릇이라도 주는 자는 내가 진실로 너희에게 이르노니 그 사람이 결단코 상을 잃지 아니하리라"(마 10:42). 반면 제자들을 영접하여 그들에게 냉수 한 그릇이라도 대접하는 사람은 결코 상을 잃지 않는다 하셨습니다.

"너희를 영접하는 자는 나를 영접하는 것이요 나를 영접하는 자는 나를 보내신 이를 영접하는 것이니라"(마 10:40).

복음 전파를 위해 파송한 제자들을 영접하는 것은 예수님을 영접하는 것입니다. 또 그들을 어떻게 대우하느냐에 따라 소돔과 고모라보다 더 큰 심판을 받기도 하고, 상을 받기도 할 것입니다. 복음 전파자들을 영접했다는 말은 그들의 말을 들었다는 뜻입니다. 즉 그들이 전하는 진리, 복음을 받아들였다는 의미입니다. 반면, 그들을 영접하지 않았다는 것은 그들이 전하는 복음을 배척했다는 뜻입니다.

사도행전을 보십시오. 바울이 복음을 전할 때, 두 가지 반응이 있었습니다. 바울이 전하는 복음을 듣기 싫어하고, 마을에서 쫓아내고, 잡아 가두고, 위협하고, 때렸던 사람들이 있었습니다. 염소들이었습니다. 반면, 바울의 이야기를 듣고 회개하고 믿고 세례를 받고, 자기 집에 영접하고, 자기 집을 교회로 내어 드리고, 바울과 그 일행을 물질로 돕고, 옥에 갇혔을 때 필요한 것을 넣어주고, 찾아와서 위로했던 사람들도 있었습니다. 양들이었습니다.

비유에서 굶주리고, 나그네 되고, 헐벗고, 병들고 투옥된 사람들은 일반적으로 가난한 자들, 약자들, 소외된 자들이 아닙니다. 그들은 예수님께서 파송하신 사도들과 복음 전하는 사역자들이었습니다. 이들을 영접한다는 것은 이들이 전하는 복음을 받아들인다는 의미요, 이들을 배척한다는 것은 이들이 전하는 복음을 거부한다는 의미입니다. 영벌과 영생을 얻는 기준이 무엇입니까? 사도들과 사역자들이 전한 복음을 받아들이느냐 거부하느냐입니다.

오늘날 더 이상 사도는 없습니다. 그러나 사도직을 전수 받아 복음의 진리를 가르치는 직분자들이 있습니다. 그리고 그 진리를 전수하는 예수님의 몸인 교회가 있습니다. 이제 사람들은 직분자들과 교회가 전하는 이 복음의 진리에 대해 어떤 반응을 보이는지에 따라 영생과 영벌을 받게 될 것입니다. 그러므로 예수님의 비유는 행위 구원을 말하는 말씀이 아니라, 복음을 받아들이는 자만이 영생을 얻는다는 이신칭의를 가르치는 말씀입니다.

물론 이렇게 구원받은 양들이 선한 행위들을 하는 것은 당연합니다. 하지만 양들은 선행이 자기 속에서 나온 것이라고 생각하지 않습니다. "내 속 곧 내 육신에 선한 것이 거하지 아니하는 줄을 아노니 원함은 내게 있으나 선을 행하는 것은 없노라"(롬 7:18). 내 속에 선한 것이 하나도 없는데, 어떻게 밖으로 나올 선한 것이 있겠습니까? 그렇다면 참된 선행의 출처는 어디입니까? 우리에게서 선한 그 무엇이 하나라도 나올 수 있었다면, 그것은 전적으로 성령님에게서 온 것입니다. 우리에게서 나온 선행도 사실은 우리의 것이 아니라 성령님의 것입니다.

뿐 아니라, 구원받은 하나님의 자녀가 행하는 선이라 할지라도 결코 완전하지 못합니다. 전적으로 무흠하다거나 책망할 것이 없다고 말할 수 없습니다. 오히려 항상 불완전하며 오염되어 있습니다. 그럼에도 불구하고 우리의 선행을 하나님이 기뻐하시고 받으시는 이유는 무엇일까요? 하나님께서 이미 그리스도 안에서 우리를 용납해 주셨기 때문입니다. 이미 내 양이라 말씀해 주셨기 때문입니다. 그래서 양들의 흠 있는 선행조차도 예수님 안에서 용납해 주시는 것입니다. 하나님께서는 그의 아들 안에서 양들을 보시고, 연약과 불완전이 많아도 그들을 기쁘게 받아주십니다. 결국 선행은 그리스도 안에서만 가능합니다. 구원의 시

작뿐 아니라 그 과정과 결과와 평가도 그리스도 안에서 은혜로 이루어
질 뿐입니다.

그러니 우리는 이래저래 행복한 양들입니다. 감사하는 가을이 됩시다.
그리고 그리스도 안에서 성령의 도우심으로 선한 일에 더욱 열심 내는
양들이 됩시다.

예수님의 의가
우리 것이 되는 법

(로마서 5:1-2)

Article XXIV.

Nous croyons que ceste vraye foy estant engendrée en l'homme par l'oüie de la parole de Dieu, et par l'operation du S. Esprit, le regenere et fait nouvel homme, le faisant vivre d'une nouvelle vie, l'affranchissant de la servitude de peché. Ainsi tant s'en fault, que ceste foy justifiante refroidisse les hommes de bien et sainctement vivre; que tout au rebours sans icelle jamais ils ne feront rien pour l'amour de Dieu, mais seulement pour l'amour d'euxmesmes, et craignant d'estre damnez. Il est don impossible, que ceste saincte foy soit oyseuse en l'homme, veu que nous ne parlons pas de la foy vaine; mais de celle, que l'Escriture appelle foy ouvrante par charité: laquelle induict l'homme à s'exercer és oeuvres que Dieu a commandées par sa parole: lesquelles oeuvres procedantes de la bonne racine de foy, sont bonnes et receuës devant Dieu, d'autant qu'elles sont toutes sanctifiées par sa grace. Cependant elles ne viennent point en conte pour nous justifier. Car c'est par la foy en Christ que nous sommes justifiez voire devant que faire bonnes oeuvres: autrement elles ne pourroyent estre bonnes, non plus que le fruict d'un arbre ne peust estre bon, que premierement l'arbre ne soit bon. Nous faisons doncques des bonnes oeuvres; mais non point pour meriter (car que meriterions nous?); mais plutost nous sommes redevables à Dieu, pour les bonnes oeuvres que nous faisons, et non pas luy envers nous: d'autant que c'est luy qui met en nous le vouloir et le parfaire selon son bon-plaisir, regardans à ce qyu est escrut: Quand vous aurez fait tout ce qui vous est commandé, dites, nous sommes serviteurs inutiles: ce que nous debvions faire nous l'avons fait. Nous ne voulons pas cependant nier, que Dieu ne remunere les bonnes oeuvres; mais c'est par sa grace, qu'il couronne ses dons. Au reste combien que nous faisons des bonnes oeuvres, nous n'y fondons point nostre salut: car nous ne pouvons faire aucune oeuvre qui ne soit souillée par nostre chair, et aussi digne de punition. Et quand nous en pourrions monstrer une, la memoire d'un seul peché suffit pour la rejetter devant Dieu. Par ainsi nous

serions tousjours en doubte, et flottans çá et lá sans auculne certitude, et nos povres consciences seroyent tousjours tourmentées, si elle ne se reposoyent sur le merite de la mort et passion de nostre Sauveur.

제24항. [성화와 중생과 선행]

우리는 하나님 말씀의 들음과 성령의 역사로 사람 속에 생성된, 이 참된 믿음이 그를 중생시키고, 새 사람으로 만들며, 새로운 삶을 살아가도록 하고, 죄의 종노릇으로부터 해방시킨다는 것을 믿습니다. 그러므로 의롭게 하는 이 믿음이 선하고 거룩하게 사는 사람들을 냉랭하게 만들 것이라는 [주장]은 잘못입니다. 완전히 반대로 이 [믿음이 없다면 결코 그들이 하나님에 대한 사랑 때문에 행할 수 있는 [일은 아무 것도 없을 것이고 다만 자신들에 대한 사랑 때문에 정죄되는 것을 두려워할 뿐입니다. 따라서 이 거룩한 믿음이 사람 안에서 빈둥거리는 [일은 불가능합니다. 왜냐하면 우리는 헛된 믿음에 대해서가 아니라, 성경이 사랑으로 역사하는 믿음이라 부르는 바로 이 [믿음]에 대해 말하기 때문이다. 그것은(=믿음은) 사람을 움직여서 하나님께서 자신의 말씀으로 명령하신 일들(=행위들)을 실행하도록 합니다. 믿음의 선한 뿌리에서 나오는 그 일들(=행위들)은 하나님 앞에서 선하고 받아들여집니다. 왜냐하면 그들 모두 그분의 은혜로 성화되었기 때문입니다. 그렇지만 그것들이(=행위들이) 우리를 의롭게 하기 위한 것으로는 전혀 고려되지 않습니다. 왜냐하면 우리가 의롭게 되는 것은 선한 일들을(=행위들을) 행하기 전에 그리스도를 [믿는] 믿음으로 말미암기 때문입니다. 먼저 그 나무가 선하지 않고서는 그 나무의 열매가 선할 수 없는 것과 마찬가지로, 달리 그것들이(=행위들이) 선할 수는 없을 것입니다. 그와 같이 우리가 선한 일들을 행합니다만 [그것이] 결코 가치 있는 것은(=결코 우리의 공로는) 아닙니다. (실제로 우리는 어떤 가치가 (=실제로 우리에게 무슨 공로가) 있습니까?) 그러나 오히려 우리가 행하는 선한 일들에 있어서는 우리가 하나님께 빚진 자들이지, 결코 그분이 우리에게 [빚진 것이] 아닙니다. 왜냐하면 그분은 자신의 선한 기뻐하심을 따라 우리 안에 [우리의 원함과 완수함을 넣으시기 때문입니다. [참조, 빌 2:10] [다음과 같

이] 기록되어 있는 것에 주목합시다. "이와 같이 너희도 명령 받은 것을 다 행한 후에 이르기를 우리는 무익한 종이라. 우리가 하여야 할 일을 한 것뿐이라 할지니라."[눅 17:10] 그럼에도 또한 우리는 하나님께서 선한 일들을 보상하신다는 것을 결코 부인하고 싶지 않습니다. 그러나 그 분이 자신의 선물에 관을 씌우시는 것은 그분의 은혜로 말미암는 것입니다. 비록 우리가 선한 일들을 행한다 할지라도 우리는 결코 우리의 구원을 그 위에 세우지 않습니다. 왜냐하면 우리는 우리의 육신에 의해 더럽혀지지 않고 또한 처벌 받지 않을만한 어떤 일도 할 수 없기 때문입니다. 그리고 우리가 하나의 [선행]을 만들 수 있다 해도 오직 하나의 죄에 대한 기억은 [하나의 죄만으로도] 하나님 앞에서 거부되기에 충분하다. 만일 그것들이 우리 구세주 죽음과 고난의 공로 위에 세워지지 않는다면 우리는 어떤 확실성도 없이 여기저기로 쫓겨 다니면서 항상 의심 속에 있을 것이요, 우리의 가난한 양심은 항상 괴로워할 것입니다.

관련성경

롬 10:17; 요 5:26; 엡 2:4; 요 8:36; 딛 2:12; 요 15장; 히 11:6; 딤전 1:5; 갈 5:6; 딛 3:8; 롬 9:32; 딛 3:5; 마 7:17; 롬 14:23; 히 11:4; 창 4:4; 고전 4:7; 빌 3:13; 사 26:12; 갈 3:5; 살전 2:13; 눅 17:10; 롬 2:6; 행 2:13; 요이 8절; 롬 11:5 (6, 7); (엡 2:5); 사 64:6; 고전 3:11; 사 28:26; ㄹㅎㅁ 10:11; 합 2:4

"주의 눈 앞에는 의로운 인생이 하나도 없나이다"(시 143:2). 그렇습니다. 의로움은 나의 것이 아니라, 그리스도의 것입니다. 그렇다면 예수님의 의가 어떻게 우리의 것이 될 수 있을까요? 어떤 방식으로 예수님의 의가 나에게 주어집니까? 나는 어떻게 의인이 됩니까?

1. 주입인가?

로마교회는 사람이 원죄로 말미암아 타락하고 부패했지만, 전혀 아무 능력도 없는 것은 아니라 했습니다. 선한 능력과 의지가 남아있습니다. 하나님은 그것을 바탕으로 인간에게 초자연적인 능력을 주셔서 죄가 사하여지고 의로운 사람이 되게 하신다고 말합니다. 그 초자연적인 능력이 일곱 가지 방법을 통해 주입됩니다. 여기서 중요한 단어는 '주입'입니다. 주입이 무엇입니까? 타이어에 공기를 주입하고, 주사기로 약물을 주입하지요. 주사기로 약물을 주입하면, 그 약물이 실재적으로 우리 몸속에 들어옵니다. 그리고 약효를 발휘해서 병이 낫습니다. 마찬가지로 우리가 어떻게 의인이 될 수 있습니까? 하나님께서 의라는 것을 우리 속에 주입하셔서 실재적으로 의로운 사람이 되는 것이라 합니다. 의는 약물이고, 약물을 주입하는 주사기는 성례입니다. 주사기가 일곱 가지입니다. 일곱 가지 주사기가 무엇일까요?

① 성세성사
흔히 '영세'라고 부릅니다. 초자연적인 능력이 성세성사를 통해 우리 속에 들어와서, 원죄를 실재적으로 씻어내는 효험이 있다고 합니다. 즉 원죄를 사하는 주사기입니다.
② 견진성사
물론 의미는 다르지만, 우리 교회의 입교와 비슷한 성사입니다. 신

자에게 성령을 내려주고, 세속과 싸울 수 있는 힘을 주입시키는 주사기입니다.

③성체성사

영적 양식인 예수님을 먹고 마심으로 그 양식을 우리 속에 주입시키는 주사기입니다. 그래서 떡과 포도주가 실재 그리스도의 몸으로 변한다고 주장합니다.

④고백성사

아무리 은혜와 힘을 주입해도, 살다 보면 또 죄를 짓습니다. 그러면 생명력이 차츰 약화 되고 은혜가 점점 떨어집니다. 연료통에 연료가 점점 떨어지듯이 말입니다. 그때 죄인의 잃어버린 생명력과 약해진 은혜를 새롭게 주입받는 주사기입니다. 사제에게 가서 죄를 고백하고 뉘우치면 사제가 사면 선언을 해 주는데, 이렇게 하면 영원한 형벌은 면합니다. 하지만 현재 받아야 할 형벌은 남아있습니다. 죗값은 치러야 하는 것이지요. 죗값을 치르는 행위를 보속 혹은 속상이라고 합니다. 속상 행위로는 자선 행위, 기도, 금식, 금욕, 철야, 지속적인 시편 읽기, 자기 고문, 성지순례, 십자군 출정 등이 있습니다. 이 땅에서 미처 다 속상하지 못한 형벌이 있으면, 어떻게 될까요? 천국 가기 전에 연옥이라는 곳에서 속상을 해야 합니다. 연옥에서 남은 죄의 형벌을 다 받고 죄를 씻어내야 하는 것이지요. 그렇다면 속상을 위해 해야 하는 행위는 어떻게 정합니까? 사제가 결정해 줍니다. 사제는 형벌을 결정하는 권세가 있습니다. 동일하게 사제는 면벌 해 줄 수 있는 권세도 있습니다. 현재적 징벌을 면벌 해 주는 방법이 바로 면벌부였습니다(우리가 흔히 면죄부라고 부릅니다). 면벌부를 받으면, 벌을 안 받아도 됩니다. 그래서 연옥에서 벌 받고 있는 사람도 천국으로 갈 수 있다고 말합니다. 물론 면벌부를 그냥 주지는 않습니다. 돈을 내야 줍니다.

⑤신품성사

사제 안수식이라고 말할 수 있습니다. 사제가 되려 할 때, 사제직을 수행할 수 있는 권위와 능력을 주입시켜 주는 주사기입니다.

⑥혼인성사

로마교회는 성행위를 죄악으로 여겼습니다. 혼인성사는 성적인 죄를 사면해 주고 결혼을 거룩한 것으로 만드는 주사기입니다.

⑦종부성사

죽음을 앞둔 자에게 베푸는 것인데, 다른 성례들을 통해 아직 미처 다 사하지 못한 죄의 찌꺼기를 씻어주는 주사기입니다. 사제가 축복한 기름을 눈과 귀, 코와 입, 손과 허리에 바릅니다.

이처럼 일곱 가지 성례를 통해 은혜가 주입됩니다. 그래서 내가 실재적으로 의로운 사람이 됩니다.

병원에서 주사 맞았던 때를 기억해 보십시오. 주사를 맞긴 하는데, 이것이 정말 효과가 있을까 하는 의심이 든 적이 있으시지요? 그런데 내가 그런 의심을 품으면, 주사의 효과가 없어집니까? 약물에 대한 확신이 없는 사람에게는 주입된 약물이 효과가 없는 것입니까? 아닙니다. 주입된 약물 때문에, 효과가 나타나는 것입니다. 주사 맞는 사람이 그 효험을 믿는지 안 믿는지는 상관이 없습니다. 주사를 맞았느냐 맞지 않았느냐가 중요합니다. 마찬가지로, 성례를 받았느냐 받지 않았느냐가 중요합니다. 내가 믿느냐 믿지 않느냐는 중요하지 않습니다. 로마교회의 7성례와 구원은 딱 붙어있습니다. 7성례를 하지 않으면, 구원이 없습니다. 7성례를 받은 사람은 구원받은 사람입니다. 일곱 가지 성례를 통해 실재적으로 구원의 은혜와 의로움이 주입되기 때문입니다. 그런데 7성례를 집행하는 사람이 누구입니까? 사제입니다. 그래서 사제가 없으면 구원이 없습니다. 7성례를 못 받기 때문입니다. 이렇게 사제는 중보자가 됩니다. 이처럼 로마교회에서 구원은 성례와 사제에게 떼려야 뗄 수 없이 붙어있습니다.

2. 전가인가?

그러나 구원의 은혜를 받아 의롭게 되는 것은 주입되는 것이 아니라, 전가되는 것입니다. 의로움을 주입받아 실제로 의로운 자가 되는 것이 아닙니다. 의로운 분은 예수 그리스도 뿐이기 때문입니다. 예수님의 의로움을 덧입어 의롭다 하심을 받는 자가 될 뿐입니다. 덮어 씌워지는 것이고, 예수님의 의로움을 옷 입는 것입니다. 내가 실재로 의인이 된 것입니까? 아니면 여전히 나는 죄인이지만 예수 그리스도의 의로 덮어 씌워진 나를 하나님께서 의롭다고 인정해 주시는 것입니까? 후자입니다. 이를 '칭의'라고 부릅니다(롬 5:1). 예수님의 의를 덧입을 수 있는 근거는 예수님께서 나와 하나가 되셨기 때문입니다. 내가 예수님 안에 있기 때문입니다. 그래서 하나님이 나를 보실 때는 죄인인 나를 보시는 것이 아니라, 예수님 안에 있는 나를 보십니다. 나는 여전히 죄인이지만, 의인이신 예수님 안에 있기 때문에 의인으로 보십니다.

"성도가 어떻게 저런 짓을 할 수 있지?", "교회가 어떻게 그럴 수 있지?" 비난할 때가 종종 있습니다. 그런데 그럴 수 있습니다. 성도와 교회가 실재 의인된 것이 아니기 때문입니다. 실제로 죄를 짓지 않는 것이 아닙니다. 여전히 죄인이고 여전히 죄를 짓지만, 예수 그리스도 안에서 의롭다 여겨지는 것입니다. 루터의 95개조 반박문의 제1조가 무엇입니까? 회개는 평생 해야 한다는 것입니다. 일곱 가지 성사만 하면 해결되는 것이 아닙니다. 고백성사만 하면, 면벌부만 사면 의로운 자가 되는 것이 아닙니다. 우리는 여전히 죄인이고, 평생 죄를 짓고 살기 때문에 평생 회개해야 합니다. 그러니 잘 생각해 보십시오. 우리는 죄짓는 자들이 교회를 무너뜨리는 자들이라고 비난하고 비판합니다. 물론 죄가 교회를 위태롭게 하는 것은 사실입니다. 하지만 회개하면 됩니다. 죄인이라 할지라도 회개하는 자는 교회를 무너뜨리는 자가 아닙니다. 오히려 회개할 것이 없다 생각하는 자들이 교회를 무너뜨리는 자들입니다. 스스로 의로운 사람, 자신이 죄인인 줄을 모르는 사람이 교회를 무너뜨립니다. 자기 눈 속에 들보가 있는데 다른 사람의 눈 속에 있는 티끌을 빼려는 사람이 정말 교회를 넘어뜨리는 자입니다.

그렇다면 예수님의 의를 전가 받기 위해서 무엇이 필요합니까? 내가 예수 그리스도와 연합된 자라는 믿음이 필요합니다. 좀 더 정확하게 말하면, 예수님께서 나를 그 분 안에 연합시켜 하나가 되게 하셨다는 사실에 "아멘" 해야 합니다. 이것이 믿음입니다. 하나님께서 이미 이루어 놓으신 구원을 받고, 수용하고, 인정하는 것이 믿음입니다. 우리는 믿음으로 말미암아 의롭다 함을 받습니다. "그로 말미암아 우리가 믿음으로 서 있는 이 은혜에 들어감을 얻었으며"(롬 5:2). 구원은 오직 은혜로 받습니다. 그런데 그 은혜 안으로 들어가서 서게 하는 것이 무엇입니까? 믿음입니다. 그렇다고 해서 믿음 자체가 우리를 의롭게 만드는 것이 아닙니다. 믿음은 의로우신 예수님을 받아들이는 도구요 방편일 뿐입니다. 믿음은 죄인인 우리를 의인이신 예수님께 연합시키는 도구입니다. 그래서 믿음이라는 손은 아무것도 만들어 내지 않습니다. 오직 받을 뿐입니다.

그러면 믿음은 어떻게 생깁니까? 믿음은 우리가 만들어 낼 수 있는 것입니까? 어떤 분은 말합니다. "믿는다는 것, 그것은 내가 하는 일이 아닙니까? 내가 믿음으로 의롭게 되는 것이니, 하나님의 구원에 협력하고 있는 것이 아닙니까?" 하지만 그렇지 않습니다. 믿음으로 말미암아 구원받는다는 말을, 나의 믿음 덕분에 구원받는다고 오해하면 안 됩니다. 믿음은 나의 공로가 아닙니다. 왜냐하면 믿음은 우리에게서 나오는 것이 아니라, 성령님으로부터 나오는 것이기 때문입니다. 성령님께서 우리가 예수 그리스도 안에 있음을 믿게 하십니다(요일 3:24; 고전 12:3; 롬 8:16). 그리고 성령님은 말씀과 성례와 기도를 통해 내 속에 믿음을 불러일으켜 주십니다. 믿음을 강하게 해 주십니다. 성령님께서 우리에게 이 믿음을 일으켜주셔야 합니다. 하나님께서 예수 그리스도 안에서 이루신 구원을 성령님으로 말미암아 "아멘"하는 역사가 우리에게도 일어나길 소망합니다.

의는 그리스도의 것입니다. 그리스도의 의를 우리 것으로 받는 것이 믿음입니다. 믿음은 받는 손입니다. 그러면 그 믿음은 우리에게서 나왔습니까? 우리에게서 난 것이 아니라 하나님의 선물입니다. 믿음조차도 칭의의 근거가 아니라, 도구일 뿐입니다. 칭의는 값없는 은혜입니다. 모든 것이 은혜입니다.

제25항

피를 먹지 말라

(레위기 17:1-16)

Article XXV.

Nous croyons que les Ceremoies et figures de la Loy ont cessé à la venuë de Christ, et toutes ombres ont prins fin, de sorte que l'usage en doit estre osté entre les Chrestiens. Toutesfois la verité et substance d'icelles nous en demeure en Iesus Christ, en qui elles ont leur accompissement. Cependant nous usons encores de tesmoignages prins de la Loy, et de Prophetes pour nous confermer en l'Evangile, et aussi pour regler nostre vie en toute honnesteté, à la gloire de Dieu, ensuivant sa volonté.

제25항. 율법의 완결자이신 그리스도

우리는 율법의 의식들과 표상들이 그리스도의 오심으로 중단되었으므로 모든 그림자가 종결되었다는 것을 믿습니다. 그러므로 그것들의 사용이 그리스도인들에게는 반드시 폐기되어야만 한다는 것을 [믿습니다]. 그럼에도 불구하고 그것들의 진리와 본질은 [여전히] 예수 그리스도 안에서 우리에게 남아 있습니다. 그분 안에서 그것들은 성취되었습니다. 하지만 여전히 우리는 율법과 선지자들로부터 취해진 증거들을 사용하는데, [이것은] 우리 자신을 복음 안에서 굳건하게 하려는 것이요, 또한 우리의 삶을 하나님의 뜻에 따라 하나님의 영광에 부합하게 하려는 것입니다.

관련성경

롬 10:4; 갈 3장, 4장; 골 2:17; 벧후 1:19, 3:2, 18.

하나님은 피를 먹지 말라 하셨습니다. 피를 먹는 자는 대적하겠다고 하십니다. 피를 먹는 자는 내 백성 중에서 끊어진다고 하셨습니다(레 17:10). 피를 먹지 말라 하셨으니, 선짓국은 먹으면 안 되는 것입니까? 여호와의 증인들은 수혈을 거부합니다. 피를 먹지 말라 하셨기 때문입니다. 수혈도 피를 받는 것이니까요. 그래서 죽어가면서도 수혈을 거부합니다. 이것이 성경 말씀대로 순종하는 것일까요?

레위기 17장은 사실 하나의 메시지를 말씀하고 있습니다. 그 핵심은 '피의 용도가 무엇인가'하는 것입니다. 피를 먹지 말라 하신 이유가 무엇입니까? "육체의 생명은 피에 있음이라 내가 이 피를 너희에게 주어 제단에 뿌려 너희의 생명을 위하여 속죄하게 하였나니 생명이 피에 있으므로 피가 죄를 속하느니라"(레 17:11). 이 구절을 직역하면, "왜냐하면 육체의 생명, 그것이 피에 있기 때문이다. 내가 너희의 생명을 위하여 속죄하게 하려고 그것을 너희를 위해 제단 위에 주었다. 왜냐하면 그 피 그것이 생명을 통해 속죄를 하기 때문이다." 우리는 단지 피를 먹지 말라는 단편적인 명령만 기억하는 경우가 많지만, 먹지 말라 하시는지 이유를 아는 것이 중요합니다. 피의 용도가 속죄하기 위한 것이기 때문입니다. 그러니까 피를 먹지 말라는 말씀의 의도는 우리의 건강이나 보건위생을 위해서가 아닙니다. 피의 용도를 상기시키고 가르치기 위한 것입니다. '피는 다른 용도로 사용해서는 안 되는 것이구나.' '피는 하나님께서 우리의 속죄를 위해 주신 것이구나.'를 가르치는 그림책이고, 예표입니다.

그래서 피는 제단 위에서만 드려져야 합니다. 피의 용도가 속죄이기 때문에, 피가 흘려져야 하는 유일한 곳은 제단 위입니다. 속죄의 피로만 사용되어야 한다는 뜻입니다. 이 점을 가르치기 위해 짐승을 잡을 때는 반드시 회막으로 가져와서 잡고 화목제를 드린 후에 그 고기를 먹을 수 있다고 하셨습니다(레 17:3-4). 짐승을 잡게 되면 필연적으로 피가 흐릅니다. 그때에도 피의 용도가 무엇인지 가르치기 위해서 회막에서 잡으라 하신 것입니다. 이 명령도 그림책이고 예표입니다. 이 명령은 광야 생활 중에서 행해야 하는 명령입니다. 가나안 땅에 정착한 다음에는 각 성에서 잡고 먹을 수 있었습니다(신 12:15). 회막이 있는 실로까지 와서 잡고 먹을 필요는 없었습니다. 식용을 위한 도축은 어디서든지 가능했습니다. 그러나 그때에도 피는 먹지 말아야 합니다. 그리고 땅에 피가 흘렀으면 흙으로 덮으라 하셨습니다. 피는 제단 위에서만 흘려져야 하기 때문입니다.

그러니까 피를 먹지 말라는 율법의 본 의미가 무엇입니까? 첫째, 피의 용도는 속죄를 위한 것입니다. 둘째, 그렇기에 피가 흘려져야 하는 곳은 제단뿐입니다. 지금까지 옛언약에서 피를 먹지 말라는 율법이 의미하는 바를 이해했습니다. 이제 이 율법을 새언약백성 된 우리가 어떻게 이해하고, 어떻게 지켜야 하는지 살펴봅시다.

1. 우리 죄를 속하는 피는 예수님의 피 밖에 없습니다.

율법은 그림자이고 예표입니다. 그림자의 시대, 예표의 시대는 끝났습니다(네덜란드신앙고백 제25항). 그것을 어떻게 압니까? 예수님께서 이렇게 말씀하셨기 때문입니다.

"예수께서 이르시되 내가 진실로 진실로 너희에게 이르노니 인자의 살을 먹지 아니하고 인자의 피를 마시지 아니하면 너희 속에 생명이 없느니라 내 살을 먹고 내 피를 마시는 자는 영생을 가졌고 마지막 날에 내가 그를 다시 살리리니 내 살은 참된 양식이요 내 피는 참된 음료로다 내 살을 먹고 내 피를 마시는 자는 내 안에 거하고 나도 그의 안에 거하나니 살아 계신 아버지께서 나를 보내시매 내가 아버지로 말미암아 사는 것 같이 나를 먹는 그 사람도 나로 말미암아 살리라"(요 6:53-57)

구약 율법은 피를 먹지 말라고 하셨는데, 예수님은 왜 내 피를 마셔야 한다고 하십니까? 피는 속죄를 위한 것입니다. 구약시대 그 어떤 피도 마시지 말라 하신 것은 그 어떤 피도 너희에게 온전한 속죄를 주지 못한다는 의미입니다. 그런데 이제 예수님은 내 피를 마셔야만 한다고 하십니다. 이 말씀은 다른 피로서는 속죄를 이룰 수 없고, 예수님의 피로만 속죄가 가능하다는 의미입니다(히 9:12). 생명이 피에 있지만 소의 피, 양의 피로는 생명을 얻지 못합니다. 예수님의 피로만 생명을 얻습니다. 율법은 그 어떤 피도 마시지 못하게 하심으로, 속죄와 생명을 주는 피는 예수님의 피 밖에 없음을 가르치신 것입니다. 옛언약의 백성들은 피를 마시지 않음으로 속죄와 생명의 원리를 어렴풋하게 배웠다면, 새언약 백성들은 예수님의 피를 마심으로 성취된 속죄와 생명을 얻습니다. 속죄와 생명을 위해서 우리가 마셔야 하는 유일한 피는 예수님의 피 밖에 없습니다.

피를 마시지 말라는 율법을 새언약 백성들은 어떻게 지킬 수 있습니까? 성찬을 행함으로 지킵니다. 성찬을 통해, 피의 본래 용도와 목적인 온전한 속죄가 이루어졌기 때문입니다. 생명은 피에 있다고 하셨는데, 예수님의 피로만 생명을 얻게 되기 때문입니다. 우리는 예수님의 피를 마심으로, 피를 먹지 말라는 율법을 완성된 의미로 지키고 있습니다. 선짓국을 먹지 말아야 한다는 주장은 예표와 성취의 관계를 알지 못하고, 율법을 문자주의적으로 보았기 때문입니다. 입으로 들어가는 것이 사람을 더럽게 하지 못합니다.

2. 이제 우리 피도 하나님의 제단에만 드려져야 합니다.

율법은 피가 속죄를 위해 제단 위에서만 흘려져야 한다고 했습니다. 피는 하나님께만 드려져야 한다는 것을 가르치셨습니다. 예수님의 피는 우리의 속죄를 위해 하나님의 제단 위에 뿌려졌습니다. 그런데 이제 우리도 예수님의 피를 받았다는 사실을 기억해야 합니다. 예수님의 피를 마심으로 새 생명을 얻게 되었습니다. 예수님의 피는 주의 제단 위에 뿌려졌습니다. 예수님의 피를 받은 우리의 피는 어디에 드려져야 하겠습니까? 우리의 피도 주의 제단 위에만 드려져야 합니다. 예수님의 생명을 얻는 우리의 생명은 누구에게 드려져야 하겠습니까? 우리의 생명은 생명의 주인이신 하나님께만 드려져야 합니다.

아우카 부족에게 창에 찔려 순교했던 짐 엘리엇은 21살이던 1948년 4월 16일자 일기에서 레위기 17장 17절을 묵상하면서 이렇게 기록했습니다.

"피를 먹는 자는 영원히 하나님의 진노를 산다. 나도 마찬가지다. 내가 만일 내 생명의 피를 아껴 제물로 붓지 않을진대 하나님의 무서운 진노가 내 뜻을 가로막을 것을 알아야 한다. 아버지, 제 생명을 취하소서. 주님의 뜻이라면 내 피를 취하소서. 주님의 삼키는 불로 제 피를 태우소서. 제 것이 아니기에 아끼지 않겠습니다. 주님, 가지소서. 다 가지소서. 제 생명을 세상을 위한 희생으로 부으소서. 피는 주님의 제단 앞에 흐를 때만 가치가 있는 것입니다."

예수 그리스도의 피로 인해 모든 제사가 단번에 이루어졌다는 사실로만 끝나서는 안 됩니다. 피는 오직 생명의 주인에게만 드려져야 하고, 피는 오직 주의 제단 앞에만 뿌려져야 합니다. 이제 우리의 교회생활과 신앙생활, 일상생활이 우리의 피를 제단 위에 쏟는 제사가 되어야 합니다. 피는 주님의 제단 앞에 흐를 때만 가치가 있는 것입니다. 우리는 우리 생명을, 우리 피를 주님의 제단 앞에 뿌리고 있습니까? 세상의 헛된 일에 뿌리고 있습니까?

"여러분은 자기를 위하여 또는 온 양 떼를 위하여 삼가라 성령이 그들 가운데 여러분을 감독자로 삼고 하나님이 자기 피로 사신 교회를 보살피게 하셨느니라"(행 20:28). 하나님이 자기 피로 사신 교회를 위해 하나님이 주신 피를 바칠 수는 없을까요? '하나님의 나라를 위하여 내 피를 드리겠습니다. 내 생명을 바치겠습니다.'하는 사람이 갈수록 줄어들고 있습니다. 자기 것 챙기고, 자기 것 누리는 일에 몰두할 뿐입니다. 세상의 헛된 욕망을 따라 바람과 같이 사라질 이 땅의 영광을 쫓아 생명을 낭비하고 피를 허비하는 자들이 너무 많습니다. 나를 하나님의 제단에 바치는 것이 진정한 자아실현입니다. 하나님은 자신을 바치는 자를 통해 일을 이루십니다. '나의 생명은 하나님께서 주신 것이니, 생명의 주인이신 하나님께 드리기를 원합니다. 나의 피는 주의 제단 위에서만 흘리기를 원합니다. 모두 다 남김없이 드리오니, 하나님의 나라와 일을 위하여 사용하옵소서.' 결단하고 헌신하는 연말이 됩시다.

예수님을 그리스도라 부르는 이유

(디모데전서 2:5)

Article XXVI.

Nous croyons que nous n'avons aucune approche vers Dieu sinon par un seul Mediateur et Advocat Iesus Christ le juste, qui pour ceste cause a esté fait homme, unissant ensemble la nature divine et humaine, afin que nous hommes ayons entrée vers la majesté divine; autrement nous n'y aurions point d'entrée. Mais ce Mediateur que le Pere nous a ordonné entre luy et nous ne nous doit pas espouvanter par sa grandeur, pour nous en faire cercher un aultre à nostre fantasie: car il n'y a personne ni au ciel ni en terre entre les creatures qui nous aime plus que Iesus Christ, lequel jaçoit qu'il fut en la forme de Dieu, s'est anneanti soy-mesme, prenant la forme d'homme et de serviteur pour nous, et s'est fait du tout semblable à ses freres. Si donc il nous falloit trouver un autre intercesseur, qui nous ayme plus que celuy qui a mis sa vie pour nous, lors mesmes, que nous estions ses ennemis? Et s'il en fault trouver un, qui ait credit et puissance, qui est celuy qui en a aultant, que celuy qui est assis à la dextre du Pere, et qui a toute puissance au ciel et en la terre? Et qui sera plutost exaucé, que le propre fils de Dieu bienaymé? La seule deffiance donc a amené ceste coustume de deshonorer les saincts au lieu des les honnorer, faisant ce que jamais ils n'ont fait ni demandé; mais l'ont rejetté constamment, et selon leur debvoir, comme il appert par leurs escrits. Il ne fault pas icy alleguer que nous ne sommes par dignes: car il n'est pas icy question de presenter nos prieres sur nostre dignité; mais seulement sur l'excellence et dignité de Iesus Christ, duquel la justice est nostre par la foy. Et pourtant à bon droict l'Apostre nous voulant oster ceste folle crainte ou plustost deffiance, nous dit, que Iesus Christ a esté fait du tout semblable à sef freres, afin qu'il fust souverain Sacrificateur, misericordieux et fidele, pour purifier les pechez du Peuple; car par ce qu'il a souffert estant tenté, il est aussi puissant pour secourir ceux qui sont tentez. Et puis apres afin de nous donner meilleur courage d'approcher pres de luy, il dit: Nous donc, ayans un souverain sacrifiteur IESVS fils de DIEU, qui est entré

és cieux, tenons la confession: car nous n'avons point un souverain sacrificateur, qui ne puisse avoir compassion de nos infirmitez; mais qui a esté tenté de mesmes que nous en toutes choses excepté peché. Allons donc avec fiance au throsne de grace afin que nous obtenions misericorde, et trouvions grace pour estre aydesz. Le mesme Apostre dit, que nous avons liberté d'entrer au lieu Sainct par le sang de Iesus: Allons donc, dit il, en certitude de foy. Etc. Item, Christ a perpetuelle sacrificature, parquoy il peut sauver à plein ceux qui s'approchent de Dieu par luy, tousjours vivant pour interceder pour eux. Que fait il d'avantage, puis que Christ luy mesme prononce: Ie suis la voye, la verité, la vie: Nul ne vient à mon Pere, sinon par moy? A quel propos cercherons nous un autre advocat? Puis qu'il a pleu a Dieu de nous donner son fils pour estre nostre Advocat, ne le laissons point lá pour en prendre un autre, ou plustost cercher sans jamais trouver. Car quand Dieu nous l'a donné il sçavoit bien que nous estions pecheurs. Pourtant, ensuyvans le commandement de Christ, nous invocquons le pere celeste par Christ nostre seul Mediateur comme nous sommes enseignez par l'Oraison dominicale, estans asseurez, que tout ce que nous demanderons au Pere en son Nom, nous l'obtiendrons.

제26항. [우리의 유일한 중보자 예수 그리스도]

우리는 유일한 중보자와 변호인 예수 그리스도를 통하지 않고는 하나님께로 가까이 가는 접근 [수단]이 없음을 믿습니다. 의인이신 그분은, 이런 이유 때문에, 신성과 인성이 조화롭게 결합된 사람이 되셔서 우리 사람들이 신적 위엄에 들어가는 통로를 갖도록 하셨습니다. 달리 말하면 우리에게는 그 통로가 전혀 없습니다. 하지만 이 중보자는 아버지께서 자신과 우리 사이에 세우신 분이시며, 또한 결코 자신의 위대함 때문에 우리가 공포에 질려 우리의 환상[=이상적인 생각]에 따라 다른 [신]을 찾는 [일이 벌어지지 않도록 하시는 분이십니다. 왜냐하면 예수 그리스도보다 더 강렬하게 우리를 사랑하는 자가, 하늘에서도 땅 위에서도 피조

물 중에는 아무도 없기 때문입니다. 그분은 하나님의 본체로 계셨음에도 불구하고 자신을 비우시고 우리를 위하여 사람과 종의 본체를 취하셨으며 모든 면에서 자신의 형제들과 동일하게 되셔야 했습니다. 그러므로 만일 우리가 우리에게 호의적인 다른 중보자를 찾아야만 했다면, [과연] 우리는, 우리가 그분의 원수였을 때에도 우리를 위해 자신의 생명을 버리신 [바로] 그분보다 우리를 더 사랑하는 분을 찾을 수 있었을까요? 또한 만일 [지금] 신망과 권세를 가진 누군가를 찾아야만 한다면, 성부의 우편에 앉아 계시고 하늘과 땅의 모든 권세를 가지신 그분만큼 많이 가진 자가 누구입니까? 또한 하나님의 사랑 받는 독보적 아들보다 더 잘 받아들여질 자가 누구입니까? 그러므로 오직 불신앙이 성인들[=성도들]에게 명예 대신에 불명예를 돌리는 이 관습을 끌어들였는데, 그것은 그들이 행하지도 요구하지도 않았던 것입니다. 반대로 그들은 그들 자신의 저술들에 나타난 것처럼 지속적이고 의무적으로 거절했습니다. 여기서는 우리가 무가치하다는 것을 내세우지 말아야 합니다. 왜냐하면 여기서 문제는 우리가 기도를 우리의 가치에 근거하지 않고, 오직 예수 그리스도의 탁월함과 가치에만 근거하여 내세울 수 있기 때문입니다. 그분의 의는 믿음으로 우리의 것이 됩니다. 그러므로 사도는 우리가 이 어리석은 두려움을, 혹은 오히려 저 불신앙을 제거하길 원하면서 우리에게 올바르게 말합니다. 예수 그리스도께서 "범사에 형제들과 같이 되심이 마땅하도다. 이는 하나님의 일에 자비하고 신실한 대제사장이 되어 백성의 죄를 속량하려 하심이라. 그가 시험을 받아 고난을 당하셨은 즉 시험 받는 자들을 능히 도우실 수 있느니라."[히 2:17-18] 그런 다음 그는 [우리가] 그분께 가까이 가도록 우리에게 더 큰 용기를 제공하기 위해 [이렇게] 말합니다. "그러므로 우리에게 큰 대제사장이 계시니 승천하신 이, 곧 하나님의 아들 예수시라. 우리가 믿는 도리를 굳게 잡을지어다. 우리에게 있는 대제사장은 우리의 연약함을 동정하지 못하실 이가 아니요, 모든 일에 우리와 똑같이 시험을 받으신 이로되 죄는 없으시니라. 그러므로 우리는 긍휼하심을 받고 때를 따라 돕는 은혜를 얻기 위하여 은혜의 보좌 앞에 담대히 나아갈 것이니라."[히 4:14-15] 동일한 사도는 [이렇게] 말합니다. "그러므로 형제들아, 우리가 예수의 피를 힘입어 성소에 들어갈 담력을 얻었나니,... 참 마음과 온전한 믿음으로 하나님께 나아가자!"[히 10:19-22] 등등. 마찬가지로, "예수는 영원

히 계시므로 그 제사장 직분도 갈리지 아니하느니라. 그러므로 자기를 힘입어 하나님께 나아가는 자들을 온전히 구원하실 수 있으니, 이는 그가 항상 살아 계셔서 그들을 위하여 간구하심이라."[히 7:24-25] 그리스도께서도 친히 "내가 곧 길이요 진리요 생명이니, 나로 말미암지 않고는 아버지께로 올 자가 없느니라."[요 14:6]라고 선포하신 이상, 무엇이 부족합니까? 어떤 목적으로 우리가 다른 변호인을 찾아야 합니까? 하나님께서는 자신의 아들을 우리의 변호인이 되도록 우리에게 주시길 기뻐하셨습니다. 다른 [변호인을 붙잡기 위해, 혹은 오히려 [그분을] 발견하지도 못한 체 [다른 변호인을] 찾기 위해 그분을 놓치지는 맙시다. 왜냐하면 하나님께서 그분을 우리에게 주셨을 때, 그분은 우리가 죄인들이라는 것을 잘 아셨기 때문입니다. 그러므로 그리스도의 명령에 따라 우리는 주님의 기도에서 배운 것과 같이 우리의 유일한 중보자 그리스도를 통하여 하늘 아버지를 부릅니다. 우리는 우리가 그분의 이름으로 아버지께 구한 모든 것을 얻는다고 확신합니다.

관련성경

딤전 2:5; 요일 2:1; 롬 8:26; 신 4:24; 창 3:10; 출 20:19; 렘 2:33; 사 43:22; 호 13:9; 눅 18:19; 엡 3:20; 요일 4:10; 엡 3:19; 빌 2:7; 요 15:13; 마 28장; 롬 5:8; 히 1:3, 7; 사 55:1-3; 행 14:15, 10:26; 히 9:24; 요 11:9; 행 4:12; 고전 1:30; 시 34:7; 렘 2:5; 히 4:14, 16; 렘 17:5, 7; 히 2:17-18, 4:14-16; 엡 2:18; 히 10:19; 히 7:25; 요 14:6; 시 44:(21) 6; 딤전 2:5; 요일 2:1; 롬 8:34; 눅 11:2; 요 14:13; 렘 16:20; 히 13:15.

예수님이 유일한 중보자라는 사실은 구원의 핵심 진리입니다(네덜란드 신앙고백서 제26항). 그래서 성도님들이 다 잘 아시는 것 같지만, 막상 그 의미를 설명하기는 쉽지 않습니다. 오늘 그 의미를 명확히 이해하고, 자녀들에게 또는 다른 이들에게 가르쳐줄 수 있으면 좋겠습니다.

1. 중보자의 필요성

하나님은 자기 백성과 교제하기를 원하십니다. 함께 살기를 원하십니다. 이것이 구원의 목적이고, 언약의 목적입니다. 그런데 문제가 있습니다. 하나님과 함께 사는 것은 고사하고, 그 앞에 나아갈 수 있는 자가 한 명도 없습니다. 하나님과 교제하기는커녕, 하나님께 접근할 수 있는 자도 한 명도 없습니다. 아담이 에덴에서 죄를 범한 후 모든 사람이 죄인이 되었기 때문입니다. 죄인은 하나님께 나아갈 수 없습니다. 에덴동산을 기억해 보십시오. 범죄 후 아담은 하나님께 나아가지 못했습니다. 오히려 나무 뒤에 숨었습니다. 그리고 죄인들이 접근하지 못하도록 에덴동산의 문은 닫혔습니다. 지성소도 생각해 보십시오. 지성소는 하나님께서 임재하시는 곳입니다. 그곳은 두꺼운 커튼으로 가려져 있습니다. 그 안에 들어갈 수 있는 사람이 없습니다. 들어갔다간 죽지요. 그러니 자기 백성과 교제하시려는 하나님의 뜻(즉, 구원)이 이루어질 수 없습니다.

그래서 하나님께서 하신 일이 있습니다. 죄인인 인간이 하나님께 나아올 수 없기 때문에, 하나님은 하나님과 사람 사이에 중보자를 세우셨습니다. 백성이 직접 하나님께 나아가는 것이 아니라, 중보자를 통해 나아갈 수 있게 하셨습니다. 하나님께서도 중보자를 통해서 백성들을 만나시고 교제하십니다. 중보자 없이는 하나님과 죄인의 만남이 불가능합니다. 그래서 구원은 중보자를 통해서만 가능합니다.

그런데 많은 분이 모르는 사실이 있습니다. 중보자 없이 구원 없다는 진리가 오늘 우리에게뿐 아니라, 모든 세대 모든 이들에게 동일하게 적용된다는 점을 모릅니다. 우리만 중보자를 통해 구원 얻는 것이 아니라, 옛적 백성들도 중보자를 통해서만 구원을 얻었습니다. 우리에게만 중보자가 필요한 것이 아니라, 옛언약 백성들에게도 필요했습니다.

2. 옛언약의 중보자들

구약시대 백성들 역시 중보자를 통해서 구원을 얻었습니다. 구약시대 중보자는 누구입니까?

첫째, 선지자입니다. 선지자가 왜 중보자입니까? 하나님께서 백성과 교제하려면, 먼저 백성 가운데 임재하셔야 합니다. 하나님이 어떻게 임재하십니까? 하나님은 어떤 형상으로 임재하지 않으십니다. 말씀으로 임재하십니다. 그런데 그 말씀을 선지자들을 통해 주십니다. 만약 선지자들을 통해 말씀을 주시지 않는다면, 하나님과 자기 백성이 교제할 방법이 없습니다(삼상 3:1). 그래서 선지자가 중보자입니다. 만약 선지자가 하나님이 하신 말씀을 왜곡, 변질시키거나, 하나님의 말씀이 아닌 자기의 생각을 전한다면, 하나님과 백성 사이의 관계는 깨어질 것입니다(왕상 22:22).

둘째, 제사장입니다. 제사장이 왜 중보자입니까? 하나님이 어디에 임재하십니까? 어디에서 자기 백성과 교제하십니까? 제단을 쌓고 제사하는 곳입니다. 그런데 그 제사를 아무나 드릴 수 없습니다. 제사장이

제단에서 섬깁니다. 제사장의 사역으로 자기 백성이 하나님께 나아갈 수 있고, 하나님과 만나게 됩니다. 그래서 제사장이 중보자입니다. 대속죄일, 대제사장의 속죄 사역으로 모든 백성의 죄가 사하여집니다(레 16:30). 만약 제사장이 거룩하지 못하여 섬기는 일에 실패하면, 백성들이 하나님을 만나는 길이 막힙니다(삼상 2:17).

셋째, 왕입니다. 왕이 왜 중보자입니까? 하나님께서 자기 백성과 함께 살기 위해서는 백성들이 하나님의 뜻대로 순종해야 합니다. 백성들이 하나님의 뜻대로 순종하며 살도록 하는 일을 왕이 합니다. 왕은 하나님의 법을 백성들에게 적용하는 일을 합니다. 이것이 이스라엘의 재판입니다. 왕이 백성들을 잘 재판하여 하나님의 뜻이 이루어지도록 해야만 구원이 성취됩니다(왕상 3:9). 그래서 왕이 중보자입니다. 하나님이 백성을 인도하시지만, 직접 나타나셔서 그렇게 하지 않습니다. 왕을 세워 인도하십니다. 그래서 왕이 중보자입니다. 뿐 아니라 왕은 원수와 대적들로부터 백성들을 보호하고 지키는 자입니다. 하나님과 교제하는 백성들과 하나님과 교제하는 장소를 지키는 자가 왕입니다. 만약 왕이 그 사역에 실패하면 구원이 깨어집니다.

모세도 중보자였습니다. 시내산에 하나님이 강림하셨을 때, 백성들은 두려워하여 나아가지 못했습니다(출 20:19). 모세가 시내산에 올라 하나님께 듣고 내려와 백성들에게 전해 주었습니다. 또 백성들의 반응을 하나님께 전했습니다. 모세의 중보로 이스라엘은 언약 백성이 되었고, 하나님이 그들 가운데 거하시게 되었습니다. 또 모세가 백성들을 재판하여 하나님의 통치를 대리했습니다(출 18:16). 아브라함도 중보자였습니다. 아브라함은 당대 선지자였고(창 20:7), 제사장이었고(창 13:18), 왕이었습니다(창 24:27). 노아도 중보자였습니다. 노아는 당대 선지자였고(창 6:13), 제사장이었고(창 8:20), 왕이었습니다(창 9:24-27). 아담도 중보자였습니다. 아담은 첫 번째 선지자였고(창 2:17), 제사장이었고(창 2:15), 왕이었습니다(창 1:28).

그런데 구약의 중보자들은 불완전한 중보자들이었습니다. 왜입니까? 그들 자신도 죄인이었기 때문입니다. 이사야가 무엇이라 고백했습니까? "화로다 나여 망하게 되었도다 나는 입술이 부정한 사람이요 나는 입술이 부정한 백성 중에 거주하면서 만군의 여호와이신 왕을 뵈었음이로다"(사 6:5). 자신도 하나님 앞에 설 수 없는 부정한 자인데, 어떻게 다른 죄인을 온전히 중보할 수 있겠습니까? 자신을 위해서도 중보자가 필요한데 말입니다. 그래서 우리는 구약 중보자들의 연약함과 실패를 쉽게 볼 수 있습니다. 선지자 엘리야도 실패했습니다(왕상 19:4). 다윗 왕도 실패했습니다(삼하 12:9). 대제사장 아론도 실패했습니다(출 32:4). 모세도 실패했습니다(민 27:14). 아브라함도 실패했습니다(창 16:4). 아담도 실패했습니다(창 3:12). 하나님은 옛언약시대 여러 중보자들을 세우셨지만, 그들은 참 중보자가 아니었습니다.

3. 새언약의 중보자

성경은 예수님을 새언약의 중보자라고 소개합니다. "그는 더 좋은 약속으로 세우신 더 좋은 언약의 중보자시라"(히 8:6). "이로 말미암아 그는 새 언약의 중보자시니 이는 첫 언약 때에 범한 죄에서 속량하려고 죽으사 부르심을 입은 자로 하여금 영원한 기업의 약속을 얻게 하려 하심이라"(히 9:15). 옛언약의 중보자들은 온전하지 못했습니다. 그들도 죄인이었기 때문입니다. 죄가 없으신 분만이 참 중보자가 될 수 있습니다. 그래서 하나님은 그의 아드님이신 예수님을 중보자로 보내주셨습니다. 예수님은 죄가 없으시기에 온전히 죄인을 중보하실 수 있습니다. 동시에 중보자는 백성을 대표하는 자입니다. 그런데 백성 가운데 한 사람이 백성을 대표할 수 있습니다. 우리를 대표한다고 할 때 우리 가운데 한 사람이어야 가능한 것이지요. 소가 나와서 "내가 이 사람들을 대표합니다"라고 말할 수는 없습니다. 우리와 같은 성정을 지닌 사람이어야 온전히 우리와 연합된 언약의 대표자가 될 수 있습니다. 이런 점에서 예수님은 참 사람이 되셨습니다. 그리하여 예수님은 온전히 우리와 연합된, 그러면서도 죄는 없으신 중보자가 되십니다.

구약시대 대표적인 중보자가 선지자, 제사장, 왕입니다. 선지자, 제사장, 왕을 기름 부어 세웠다 하여, 기름 부음 받은 자 즉 '메시야'라고 부릅니다. 메시야라는 말은 중보자라는 의미입니다. 메시야를 헬라어로 옮기면 '그리스도'입니다. 왜 예수님을 그리스도라 부릅니까? 예수님이 선지자, 제사장, 왕적 직분을 이루신 중보자이기 때문입니다. 예수님이 참 선지자이십니다(행 3:22-24). 참 제사장이십니다(히 9:11-12). 참 왕이십니다(요 18:37). 우리는 예수 그리스도의 중보를 통해서만 하나님과 교제하는 언약 백성이 될 수 있습니다. 예수님을 통해서만 하나님께 나아갈 수 있습니다(요 14:6). 예수님 없이는 구원이 있을 수 없습니다.

뿐 아니라 하나님과 사람 사이의 유일한(one and only) 중보자가 예수 그리스도이십니다. "하나님은 한 분이시요 또 하나님과 사람 사이에 중보자도 한 분이시니 곧 사람이신 그리스도 예수라"(딤전 2:5). 로마 교회는 하나님과 예수님 사이에 또 다른 중보자가 있다고 말합니다. 그가 마리아입니다. 예수님과 우리 사이에도 중보자가 있다고 말합니다. 그가 사제입니다. 그렇지 않습니다. 하나님과 우리 사이에 유일한 한 분 중보자는 예수님입니다. 중보자 예수님으로만 구원이 있습니다.

예수님이 새언약의 중보자라는 지식이 살아있는 지식이 되어야 합니다. 살아있는 지식이 되려면, 예수님으로 말미암아 하나님께 나아가야 합니다(히 10:19). 예수님의 이름으로 하나님께 구해야 합니다(요 16:24). 예수님 안에서 하나님과 함께 살아야 합니다(요 14:20). 예수님을 깊이 알고, 하나님과 깊이 교제해야 합니다(엡 3:18-19; 고전 1:9). 그것이 예수님께서 우리의 중보자 되신 목적이기 때문입니다. 그리고 아직 중보자 예수님을 알지 못하는 이들에게 예수님을 소개하고 싶은 마음이 불타야 합니다. 그것이 살아있는 지식을 가진 자의 모습입니다. 중보자 예수님 안에서 새해를 시작하니 감사합니다.

하지만 교회는
문 닫지 않습니다
(마태복음 16:15-25)

Article XXVII.

Nous croyons et confessons une seule Eglise Catholique, ou universelle, laquelle est une saincte congregation et assemblée des vrais fideles Chrestiens, attendans tout leur salut en Iesus Christ, estans lavez par son sang, et sanctifiez et seellez par le S. Esprit. Ceste Eglise a esté dés le commencement du Monde, et sera ainsi jusques à la fin, comme il appert en ce que Christ est Roy eternel, qui ne peut estre sans subjects. Et ceste S. Eglise est maintenuë de Dieu contre la rage de tout le monde, jaçoit que pour quelque temps elle soit bien petite en apparence aux yeux des hommes, et quasi comme estaincte: Comme le Seigneur pendant un temps si dangereux, qu'estoit celuy d'Achab, s'est reservé sept mille hommes qui n'ont ployé le genouil devant Baal. Aussi ceste S. Eglise n'est point située, attachée, ne limitée en un certain lieu, ou à certains personnages; ains elle est espanduë et dispersée par tout le monde, estant toutesfois joincte et unie de coeur, et de volonté en un mensme Esprit par la vertu de la Foy.

제27항. [그리스도의 교회: 유일성과 보편성과 거룩성]

우리는 유일한 보편적 또는 우주적 교회를 믿고 고백합니다. 그 [교회는] 참된 기독교 신자들의 거룩한 공동체와 모임입니다. 그들[=참된 기독교 신자들]은 예수 그리스도 안에서 자신들의 모든 구원을 기다리고, 그의 피로 씻음 받았으며, 성령으로 거룩하게 되고 보증되었습니다. 이 교회는 세상의 시작부터 있었고 끝까지 있을 것입니다. 그것은 그리스도께서 피지배자 없이는 불가능한 영원한 왕이시라는 바로 그 [사실]에서 밝혀지는 것과 같습니다. 그리고 이 거룩한 교회는, 온 세상의 분노에 맞서도록 하나님에 의해 보호되거나 보존됩니다. 비록 때론 그것이 한 동안 너무 작아서 사람의 눈에 보이지 않을지라도! 마치 주님께서 아합 [통치]의 위태로운 시대에 바알 앞에 무릎 꿇지 않았던 칠천 명을 보존하셨던 것과 같습니다. 또한 이 거룩한 교회는 어떤 장소나 어떤 사람들에게 고정되지도, 국한되지도, 한정되지도 않습니다. 오히려 그 [교회]는 온 세상을 통해 확장되고 흩어졌으며, 그럼에도 불구하고 동일한 한 분 성령 안에서 믿음의 능력으로 마음과 뜻이 서로 결합되고 연합됩니다.

관련성경

시 46:6; 렘 31:36; 시 102:12; 마 28:20; 삼하 7:16; 눅 1:32; 시 89:37, 110:4; 창 22장; 롬 11장; 왕상 19:18; 딤후 2:19; 눅 17:21; 마 11:25; 행 4:32; 엡 4:4; 벧전 3:20; 창 22:18; 마 16:18; 사 1:9; 롬 9:29; 욜 2:32; 행 2:21.

교회는 비록 잠시 동안 사람의 눈에는 매우 작게 보이고 거의 사라진 것처럼 보일 때도 있지만, 하나님께서는 온 세상의 분노에 맞서 이 거룩한 교회를 보존하십니다. 교회는 세상의 처음부터 존재했고 마지막 날까지 있을 것입니다. 네덜란드신앙고백서 제27항의 이 고백은 탁월한 고백입니다. 왜냐하면 성경의 구속사를 잘 요약했기 때문입니다.

1. 구속사, 교회의 역사

교회는 에덴동산에서부터 시작되었습니다. 성도는 단 2명뿐이었습니다. 정확하게 말하면, 아담은 중보자였고 하와는 성도였습니다. 교회는 생육하고 번성해야 할 사명을 받았지만, 뱀의 공격을 받아 오히려 문을 닫아야 했습니다. 하지만 하나님은 교회를 보존하십니다. 교회를 심판하고 벌하셨지만, 오히려 그 과정을 통해 교회 성도를 주셨는데 그들이 가인과 아벨이었습니다. 하지만 그중 한 명은 악한 자였습니다. 아벨만이 거룩한 성도였습니다. 그리고 악한 자가 예배자 아벨을 쳐 죽였습니다. 그래서 교회는 문을 닫아야 했습니다. 하지만 하나님은 또 다른 교회 성도 셋을 주셔서 교회를 보존하십니다.

셋의 후손 교회는 번성했지만, 점점 하나님을 떠나기 시작했습니다. 급기야 거룩한 성도는 노아와 일곱 성도밖에 남지 않았습니다. 세상은 포악과 강포로 가득했고, 교회 성도는 몇 명 남지 않았습니다. 교회는 문을 닫아야 할 위기에 처했습니다. 하지만 하나님은 교회를 보존하십니다. 배역한 교회와 세상을 홍수로 심판하시면서 방주 교회를 보존하셨고, 아라랏 산에서 교회를 새롭게 시작하셨습니다.

노아의 세 아들, 함과 야벳과 셈을 통해 교회는 번성했지만, 거룩한 성도는 셈의 후손 교회였습니다. 하지만 셈의 후손 교회도 뱀의 공격을 받아 점점 하나님을 떠났습니다. 교회는 문을 닫을 위기에 처했습니다. 하지만 하나님은 교회를 보존하시기 위해 셈 후손 교회로부터 아브라함을 불러내십니다.

아브라함 족장 교회는 생육과 번성의 약속을 받았지만, 아브라함에게는 자손이 없었습니다. 아브라함이 죽고 나면 교회는 문을 닫을 위기에 처했습니다. 하지만 하나님은 교회를 보존하시려고, 아브라함의 100세에 이삭을 주셨습니다. 그러나 한 명밖에 없었습니다. 그 한 명이었던 이삭도 후손이 없었습니다. 하나님은 신기한 방법으로 아내도 주시고, 에서와 야곱도 주셨습니다. 하나님은 야곱을 택하셨지만, 에서는 야곱을 죽이려 합니다. 야곱은 이삭 족장 교회로부터 내어 쫓겼지만, 하나님은 오히려 그 위기를 생육하고 번성하는 기회로 만드셨습니다. 야곱의 열두 아들을 통해 교회는 크게 번성하게 되었습니다. 하지만 열두 아들 대부분은 하나님 앞에 거룩하지 못했습니다. 하나님이 택하신 요셉만이 구별된 자였습니다. 하지만 형들은 요셉을 미워하여 죽이려 합니다. 교회는 큰 위기를 맞았지만, 하나님은 그 위기를 오히려 생육하고 번성하는 기회로 만드셨습니다. 야곱 족장 교회는 애굽에서 크게 번성하였습니다. 하지만 애굽에 내려간 야곱의 후손 교회(이스라엘)는 애굽에서 다른 신들을 섬기며 바로의 종이 되고 말았습니다. 교회는 큰 위기에 처했습니다. 하지만 하나님은 모세를 세워 그들을 출애굽시키고 교회를 보존하셨습니다.

하지만 출애굽 1세대 교회는 광야에서 열 번이나 하나님을 반역하다가 다 죽었습니다. 교회는 문을 닫아야 했습니다. 하지만 하나님은 출애굽 2세대 교회를 보존하시고, 여호수아를 세워 가나안 땅에 들어가게 하셨습니다. 그리하여 교회는 안식을 누리게 되었습니다. 교회의 안식은 잠깐이었습니다.

여호수아 사후에 교회는 하나님을 떠나기 시작했습니다. 하나님은 사사들을 세워 교회를 보존하셨습니다. 하지만 결국 실로의 성막은 무너지고, 교회는 블레셋과 이방 대적들의 손에 넘어가게 됩니다. 교회는 문을 닫아야 했습니다. 하지만 하나님은 다윗을 세워 교회의 대적들을 물리쳐주시고, 솔로몬 때에 예루살렘 성전을 세워 교회의 안식을 이루셨습니다. 그러나 교회의 안식은 잠깐이었습니다.

솔로몬 사후 교회는 배교하고 찢어졌습니다. 10지파 교회는 우상숭배의 길, 여로보암의 악한 길을 떠나지 않았습니다. 교회는 문을 닫아야 했습니다. 하지만 하나님은 유다 지파 교회를 보존하셨습니다. 하지만 남유다 교회도 끝내 배교했습니다. 성전은 무너지고, 이방 대적의 포로가 되고 말았습니다. 교회는 문을 다아야 했습니다. 하지만 하나님은 북이스라엘에서도 칠천 명의 성도를 보존하셨고, 남유다에서도 포로교회 성도들을 보존하셨습니다. 그리고 포로 성도들이 다시 돌아와 성전을 건축하게 하셨습니다. 성벽도 세우고, 언약도 갱신했습니다. 그러나 그들은 여전히 페르시아의 속국이었고, 기근과 세금으로 생활은 핍절했으며, 건축한 성전과 성은 초라했습니다. 무엇보다 포로 귀환한 교회는 점점 하나님을 떠났습니다. 포로에서 돌이켜주신 교회마저 문을 닫을 위기에 처했습니다. 하지만 하나님은 구약 교회에 마지막 기회를 준비하셨습니다.

선지자들을 보내어 돌아오라 하셨던 하나님께서 마지막으로 자기 아들을 보내 주셨습니다. 하지만 선지자들을 잡아 죽였던 후손들은 하나님의 독생자까지도 죽이고 말았습니다. 하나님은 그들을 심판하셨습니다. 이제 교회는 정말 문을 닫아야 했습니다. 하지만 하나님은 심판 가운데서도 새언약의 교회를 보존하셨습니다. 새언약의 교회는 예수님의 열두 제자로 시작하여, 마가 다락방의 백이십여 명의 성도로, 예루살렘교회와 안디옥교회로, 온 세상, 각 나라, 각 족속 교회로 확장되었습니다. 초대교회에도 사탄의 공격이 많았습니다. 내부적으로는 거짓 교사와 거짓 교훈의 공격이 있었습니다. 외부적으로 배교한 옛언약 교회와 로마의 핍박이라는 공격이 있었습니다. 하지만 하나님은 교회를 보존하셨습니다.

2. 교회를 섬기는 자들이 가져야 할 마음과 자세

지금도 교회는 수많은 공격과 위기 앞에 있습니다. 독재자 아래서 박해받는 교회도 있습니다. 공산국가에서 압제당하는 교회도 있습니다. 이방 종교 속에서 핍박받는 교회도 있습니다. 자유주의 신학과 세속적 가치와 사상 속에서 공격당하는 교회도 있습니다. 그래서 점점 진리를 떠나고 사랑을 잃어버리는 교회도 있습니다. 코로나 이후 교회는 위기입니다. 많은 성도가 교회와 멀어졌습니다. 교회에 다음 세대가 없습니다. 주일학교, 교회학교가 사라지고 있습니다. 하나님 중심, 성경 중심, 교회 중심의 신앙은 점점 힘을 잃어가고 있습니다. 거룩함을 잃어가고 있습니다. 교회의 위기입니다. 하지만 교회는 문 닫지 않습니다. 예수님께서 다시 오실 그날까지 거룩한 교회는 보존됩니다.

교회 역사를 기억하십시오. 교회는 사람이 세우는 것이 아니라, 하나님이 세우십니다. 성도들이 잘해서 교회가 보존되었습니까? 하나님이 신실하셔서 보존되었습니다. 예수님은 베드로에게 약속을 주셨습니다.

"너는 베드로라 내가 이 반석 위에 내 교회를 세우리니 음부의 권세가 이기지 못하리라"(마 16:18). 그러나 약속을 받은 바로 그 자리에서 베드로는 사탄 노릇을 했습니다(마 16:23). 구속사는 교회가 실패하는 역사입니다. 동시에 하나님의 신실하심의 역사입니다.

교회를 섬기는 분들은 반드시 기억하고 적용해야 합니다. 사람은 실패합니다. 하지만 하나님은 이루십니다. 사람은 망가뜨립니다. 하지만 하나님은 재건하십니다. 사람은 배반합니다. 하지만 하나님은 돌이키십니다. 사람은 상처를 줍니다. 하지만 하나님은 위로하십니다. 사람은 병들게 합니다. 하지만 하나님은 치료하십니다. 사람은 집니다. 하지만 하나님은 이기게 하십니다. 사람을 믿지 말고, 하나님을 믿으십시오. 사람을 의지하지 말고, 하나님을 의지하십시오. 사람을 소망하지 말고, 하나님을 소망하십시오.

늘 배반하여 딴 길로 갔던 교회였지만, 하나님은 교회를 사랑하셨습니다. 그래서 문 닫지 않게 하셨습니다. 하나님께서 지금도 역사를 운행하시는 이유는 교회 때문입니다. 하나님의 관심은 교회에 있습니다. 그러니 우리의 관심과 사랑도 교회에 있어야 합니다. 교회에 여러 가지 문제가 많습니다. 연약과 실수가 많습니다. 죄와 허물도 많습니다. 거룩한 성도는 적은 것 같습니다. 믿음의 다음 세대는 대가 끊길 것 같습니다. 교회가 우리 눈에는 매우 작게 보이고 거의 사라진 것처럼 보일 때도 낙담하지 말고, 포기하지 말고, 교회를 사랑합시다. 교회를 섬깁시다. 교회를 위해 눈물 흘립시다. 교회를 위해 희생합시다. 하나님은 지금도 자기 교회를 포기하지 않으시고 사랑하십니다. 세상 끝 날까지 교회를 보존하시고 지키실 것입니다. 그러니 우리도 끝까지 교회를 사랑합시다.

제28항

교회를 떠나서는
구원이 없습니다

(고린도전서 12:12-27)

Article XXVIII.

Nous croyons, que puis que ceste saincte Assemblée et congregation est l'assemblée des sauvez, et qu'il n'y a point de salut hors icelle, que nul de quelque estat et qualité qu'il soit ne se doit retirer à part, pour se contenter de sa personne; mais tous ensemble s'y doivent renger et unir entretenans l'unité de l'Eglise, en se submettans à l'instruction et discipline d'icelle, ployans le col soubs le joug de Iesus Christ, et servans à l'edification des freres selon les dons, que Dieu a mis en eux, comme membres communs d'un mesme corps. Et afin que cela se puisse mieux garder, c'est le devoir de tous fideles, selon la parole de Dieu, de se separer de ceux qui ne sont point de l'Eglise, pour se renger à ceste assemblée en quelque lieu que Dieu l'ait mise, encores que les Magistrats, et les edits des Princes fussent contraires, et que la mort et punition corporelle en despendist. Parainsi tous ceux, qui s'en retirent, ou ne s'y rengent contrarient à l'ordonnance de Dieu.

제28항. [하나님의 교회: 구원 받은 자들의 거룩한 모임]

우리는 이 거룩한 회집과 회중이 구원 받는 자들의 모임이므로 이 [모임] 밖에는 결코 구원이 없다는 것을 [믿고], [따라서] 어떤 지위와 성품을 가진 사람이든 아무도 자기 개인의 만족을 위해 [홀로] 떨어져 은둔하지 말아야 한다는 것을 믿습니다. [왜냐하면] 그들 모두가 함께 서로 연대하고 결합함으로써, 교회의 하나 됨을 유지하고, 그 [교회]의 교육와 권징에 순종하며, 예수 그리스도의 멍에에 복종하고, 하나님께서 그들에게 제공하신 은사에 따라 동일한 몸의 상호 지체들로서 형제들을 세우는 [일]에 봉사하기 [때문입니다.] 그리고 그것이 훨씬 더 잘 보존될 수 있도록 모든 신자가 하나님의 말씀에 따라 교회에 속하지 않은 자들에게서 반드시 자신을 분리해야 하는데, 이것은 하나님께서 세우신 곳이 어디든 이 모임에 그들이 연대하기 위함입니다. 심지어 통치자들이, 군주들의 칙령들이 반대할지라도, 죽음과 육체적인 처벌이 따를지라도 [그렇게 해야 합니다]! 따라서 [홀로] 떨어져 은둔하거나 연대하지 않는 자들은 모두 하나님의 질서를 반대하는 자들입니다.

관련성경

시 5:6, 22:23; 엡 4:12; 히 2:12; 마 24:28; 사 49:22, 52:11-12; 행 4:17, 19; 히 10:25; 계 17:2; 행 17:7, 18:13.

교회를 '믿는 사람들의 공동체'라고 정의하곤 합니다. 맞는 말이지만, 매우 부족한 정의입니다. 사람들이 제각각 자발적인 의사와 목적을 갖고 만들어 가는 '사람 공동체'라고 오해할 수 있기 때문입니다. 교회는 사람들의 공동체이기 전에, 삼위 하나님과 연합된 신적 기관이요, '신인(神人) 공동체'입니다. 네덜란드신앙고백서 제28항은 모든 성도가 교회에 가입해야 할 의무에 대해 말하며, 교회 밖에서는 구원이 없음을 고백합니다. 왜 교회 밖에는 구원이 없습니까? 교회가 삼위 하나님과 연합된 신적 기관이라는 점에서 그 이유와 의미를 살펴봅시다.

1. 교회는 성부 하나님의 자녀들입니다.

하나님은 나만 구원하지 않았습니다. 많은 사람 곧 백성을 구원하셨습니다. 내가 예수님 안에서 하나님의 자녀가 되었고, 하나님을 아버지라고 부를 수 있게 되었습니다. 그런데 나보다 먼저 하나님을 아버지라고 부르는 이들이 있습니다. 그러면 그 사람과 나는 어떤 관계입니까? 한 아버지의 아들이니, 형제입니다. 피도, 살도 섞이지 않았지만, 주 안에서 형제입니다. 이렇게 형제자매가 된 가족들이 모인 곳이 교회입니다. 교회는 한 하나님 아버지를 모신 가족 공동체입니다. 교회는 성부 하나님의 자녀들입니다.

고대 아테나고라스(athenagoras)에 따르면, 로마제국이 교회를 핍박한 이유는 크게 세 가지였습니다. 첫째, 그리스도인들은 로마의 신들을 섬기지 않았기 때문입니다. 특히 그들의 로마제국의 수호신인 황제를 숭배하지 않았는데, 이는 로마제국의 안녕을 위협하는 반국가적인 행위였습니다. 둘째, 그리스도인들은 비밀스러운 장소에 모여 피와 인육을 먹는 야만인들이라고 보았기 때문입니다. 이것은 성찬을 오해한 것이지요. 셋째, 그리스도인들은 공공연하게 근친상간을 일삼는 자들이라고 생각했기 때문입니다. 왜냐하면 그리스도인들은 서로를 향해 형제와 자매라고 불렀기 때문입니다. 공공연한 근친상간이 아니고서는 어떻게 저렇게 많은 이들이 서로 형제자매가 될 수 있겠는가 생각했습니다. 그들은 교회가 한 하나님 아버지를 모시는 형제자매라는 사실을 이해할 수 없었던 것입니다.

하나님이 아버지라고 한다면, 교회는 어머니라고 할 수 있습니다(마 12:50; 고전 4:15). 키프리아누스(Thascius Caecilius Cyprianus)는 "교회를 어머니로 갖지 않는 한 하나님을 아버지로 가질 수 없다"라고 했습니다. 교회라는 어머니를 통해 나지 않은 사람은 사생아입니다.

형제끼리 화목하고 우애 있게 지내는 것을 볼 때, 부모의 마음이 좋습니다. 형제끼리 서로 싸우는 것은 부모의 마음을 아프게 합니다. 하나님도 마찬가지입니다. 인간적으로 보면 우리 사이에 공통점이 별로 없습니다. 다르기에 서로 다투고 싸우기도 합니다. 그럼에도 불구하고 함께 사는 이유는 우리가 한 형제자매요, 가족이기 때문입니다. 교회에서 형제자매가 서로 사랑하는 것은 하나님이 우리에게 주신 새 계명입니다. "내 계명은 곧 내가 너희를 사랑한 것 같이 너희도 서로 사랑하라 하는 이것이니라"(요 15:12). 우리는 서로 사랑하면서 하나님의 자녀답게 성숙해 갑니다. 그러니 반드시 교회에 속하여 사생아가 아닌 하나님의 자녀가 되어야 합니다.

2. 교회는 성자 예수님의 몸입니다.

예수님과 연합되고 하나 되는 것이 구원의 핵심입니다. 구원은 그리스도 안에만 있습니다. 우리가 다 각각 예수님과 연합한 사람입니다. 그런데 나 혼자만 예수님과 연합된 것이 아닙니다. 하나님은 교회를 예수님과 연합시키셨습니다. 그래서 예수님은 교회와 자신을 하나로 여기십니다. 교회를 핍박하는 사울에게 예수님은 "네가 어찌하여 나를 박해하느냐"고 하셨지요. 교회가 예수님의 몸이기에, 교회를 떠나서 예수님과 연합될 수 없습니다.

고린도전서에서 바울은 교회를 그리스도의 몸으로 비유하여 교훈합니다. 몸에는 여러 지체들이 있습니다. 손도 있고, 발도 있고, 눈과 코도 있습니다. 서로 다르지만 다 필요합니다. 만일 온몸이 눈뿐이라면, 어디로 듣고 어디로 냄새를 맡겠습니까? "하나님이 그 원하시는 대로 지체를 각각 몸에 두셨으니"(고전 12:18). 그래서 우리는 서로를 향해 쓸데없다고 말하면 안 됩니다. "저 사람이 왜 우리 교회 있을까? 없으면 더 좋겠는데"라고 말하면 안 됩니다. 혹시 성도님들 중에 새끼발가락이 잘 생긴 분이 있습니까? 대부분 새끼발가락이 못났지요. 그래서 굳이 새끼발가락이 있어야 할까 생각하기도 합니다. 하지만 새끼발가락이 없으면 경사로를 내려가기가 어렵다고 합니다. "더 약하게 보이는 몸의 지체가 도리어 요긴하고"(고전 12:22). 못났지만 몸에 필요합니다. 오히려 새끼발가락이 못났기 때문에, 발톱 손질도 하고 색도 칠하고 하지 않습니까? 더 못난 지체를 더 아름답게 하려고 노력합니다. "우리의 아름답지 못한 지체는 더욱 아름다운 것을 얻느니라"(고전 12:23). 만약 손가락에 염증이 생겨 붓고 아프면, 온몸이 아픕니다. 손가락 너만 아프고, 우리는 상관없다 하지 못합니다. "만일 한 지체가 고통을 받으면 모든 지체가 함께 고통을 받고, 한 지체가 영광을 얻으면 모든 지체가 함께 즐거워하느니라"(고전 12:26). 이처럼 하나님은 우리를 예수님 몸의 지체가 되어 함께 살도록 하셨습니다. 함께 사는 일이 마뜩잖다 하더라도, 분리되어서는 안 됩니다. 그리스도의 지체인 교회 성도가 되지 않고서야, 예수님과 연합된 자라 할 수 없습니다. 예수님과 연합되지 않으면 구원이 없습니다. 그러니 반드시 교회에 속하여 예수님의 지체가 되어야 합니다.

무엇보다 예수님은 머리라고 하셨습니다. 교회를 움직이는 분은 예수님이십니다. 손과 발은 머리의 명령을 잘 따라야 합니다. 그래야 몸이 평안합니다. 머리를 따르지 않고 각기 판단하고 각기 행하면 장애가 생깁니다. 교회가 성장하지 못하는 가장 큰 이유는 각 지체가 머리를 붙들지 않기 때문입니다(골 2:19). 머리에게 묻지 않고, 손과 발의 의견만 묻습니다. 그래서 제각각 나누어지고 흩어집니다. 예수님께 묻지 않는 자는 예수님의 지체로 기능할 수 없습니다. 우리는 머리를 붙들므로 잘 성장해야 합니다.

3. 교회는 성령 하나님의 집입니다.

우리가 예수님과 연합될 수 있는 것은 성령님의 사역 때문입니다. 하나님을 아버지라고 부르게 되는 것도 성령님의 사역입니다. 성령님이 우리 각 사람의 마음과 영혼에 역사하셔서 가능한 것입니다. 그런데 성령님은 내 속에만 계시지 않습니다. 성령님은 교회에 내주하십니다. 그래서 교회는 성령님께서 거하시는 집이요, 성전입니다.

구약시대에는 하나님께서 내주하시는 진영 안에 거하는 것이 구원이었습니다. 진영에서 내어 쫓기는 것은 구원을 상실하는 것입니다. "백성 중에서 끊쳐지지라"와 "죽일지니라"라는 명령은 교회의 권징입니다. 백성 중에서 끊어지는 것은 언약 공동체의 교제에서 배제되는 것이기에 수찬 정지 혹은 그 이상의 벌로 적용할 수 있습니다. 신접한 자를 죽이라는 명령은 출교로 이해할 수 있습니다(신득일). 하나님의 집에서 내어 쫓기는 것은 구원을 잃어버리는 것입니다.

신약시대 교회는 성령께서 내주하시는 하나님의 진영이고, 성전입니다. "너희는 너희가 하나님의 성전인 것과 하나님의 성령이 너희 안에 계시는 것을 알지 못하느냐"(고전 3:16). 여기서 "너희"는 성도 각 개인이 아니라, 교회 공동체를 가리킵니다. 교회는 하나님의 집입니다. 하나님의 집을 떠나서는 구원이 없습니다. "너희도 성령 안에서 하나님이 거하실 처소가 되기 위하여 그리스도 예수 안에서 함께 지어져 가느니라"(엡 2:22). 여기 "너희"도 성도 각 개인이 아니라, 교회 공동체를 가리킵니다. 성령님은 나에게도 말씀하시지만, 무엇보다 교회에 말씀하십니다. "귀 있는 자는 성령이 교회들에게 하시는 말씀을 들을지어다(계 2:7). 성령님이 자기 집을 세워가십니다. 성령님이 봉사하게 하십니다(빌 3:3). 성령님이 교회를 하나 되게 하십니다(엡 4:3). 성령님이 열매가 가득하게 하십니다(갈 5:22). 그러니 반드시 교회에 속하여 성령님의 집을 떠나지 말아야 합니다.

마리우스 빅토리누스(Gaius Marius Victorinus)가 물었습니다. "교회의 벽만이 기독교인을 만드는가?" 심플리키아누스(Simplicianus)가 답했습니다. "그렇다. 교회의 벽이 기독교인을 만들고, 교회 밖에는 구원이 없다." 성부, 성자, 성령 하나님을 떠나서 구원이 없듯이, 성부 하나님의 자녀와 백성이 되지 않고서는 구원이 없습니다. 성자 예수님의 지체가 되지 않고서는 구원이 없습니다. 성령 하나님의 집에 함께 살지 않고서는 구원이 없습니다. 그러니 교회에 속한 성도가 되어야 합니다. 하나님의 자녀가 되면 사는 집도 바뀝니다. 하나님의 자녀가 사는 집은 하나님 아버지의 집입니다. 우리는 그 집에서 하나님과 함께 삽니다. 아버지께서 우리를 위해 이 땅에 주신 집은 구약시대에는 성전이었고, 오늘 우리 시대에는 교회입니다. 다윗은 하나님의 집에서 사는 것이 일생일대의 소망이었습니다. "내가 여호와께 바라는 한 가지 일 그것을 구하리니 곧 내가 내 평생에 여호와의 집에 살면서 여호와의 아름다움을 바라보며 그의 성전에서 사모하는 그것이라"(시 27:4). 우리의 소망도 마찬가지입니다. 이 땅에서는 교회라는 하나님의 집에서 살고, 이 땅을 떠나는 날 하늘에 있는 영원한 집에서 사는 것입니다(고후 5:1). 혹시 하나님의 집을 떠난 분들이 계시면 속히 돌아오십시오. 하나님의 집과 멀어진 분들이 계시면 다시 가까워지십시오. 교회를 통해 주시는 구원을 놓치지 마십시오.

제29항

범죄하고 타락하면
거짓교회일까?

(신명기 31:19-30)

Article XXIX.

Nous croyons, qu'il faut bien diligemment discerner, et avec bonne prudence par la parole de Dieu, quelle est la vraye Eglise, à cause que toutes les sectes qui sont aujourd'huy au monde se couvrent de ce nom d'Eglise. Nous ne parlons pas icy de la compagnie des Hypocrites, qui sont meslez parmi les bons en l'Eglise, et cependant n'en sont point, jaçoit qu'ils y soyent presens quant au corps; mais nous parlons de distinguer le corps et la communion de la vraye Eglise, d'avec toutes autres sectes, qui se disent estre l'Eglise. Les marques pour cognoistre la vraye Eglise sont telles: si l'Eglise use de la pure predication de l'Evangile: si elle use de la pure administration des Sacremens comme Christ les a ordonnez: si la discipline Ecclesiastique est en usage pour corriger les vices: bref, si on se regle selon la pure parole de Dieu, rejettant toutes choses contraires à icelle, tenant Iesus Christ pour le seul chef. Par cela peut on estre asseuré de cognoistre la vraye Eglise, et n'est le debvoir d'aucun d'en estre separé. Et quant à ceux que sont de l'Eglise, on les peut cognoistre par les marques de Chrestiens, c'est asavoir, par la foy, et quand ayans receu un seul Sauveur Iesus Christ, ils fuyent le peché, et suivent justice aymans le vray Dieu, et leurs prochains, sans se destourner à dextre ou à senestre, crucifians leur chair avec ses faits: non pas toutefois qu'il n'y ait une grande infirmité en eux; mais ils bataillent alencontre par l'Esprit tous les jours de leur vie, ayans continuellement revours au sang, à la mort, passion, et obeïssance du Seigneur Iesus, par lequel ils ont remission de leurs pechez en la foy d'iceluy. Quant à la fausse Eglise elle s'attribuë à elle et à ses ordonnances plus d'authorité, qu'à la parole de Dieu, elle ne veult s'assujectir au joug de Christ, elle n'administre point les Sacremens selon que Christ a ordonné par sa parole, mais elle y adjouste et diminuë comme il luy plaist, elle se fonde sur les hommes plus que sur Iesus Christ, elle persecute ceux qui vivent sainctement selon la parole de Dieu, et la reprennent de ses vices, de ses avarices, de ses Idolatries. Ces deux Eglises sont aisées à cognoistre, pour les distinguer l'une d'avec l'autre.

제29항. [참 교회의 표지: 복음 설교, 성례 집행, 권징 시행]

우리는 참 교회란 무엇인지 하나님의 말씀으로 열심히, 그리고 아주 현명하게 식별해야 한다고 믿습니다. 왜냐하면 오늘날 세계에 존재하는 모든 분파가 교회라는 이름으로 자신을 포장하고 있기 때문입니다. 우리는 여기서 위선자들의 무리, 즉 교회 안에서 선한 사람들과 섞여 있음에도 불구하고 결코 [교회에 속하지] 않은 자들, 심지어 그들이 [교회의] 몸을 구성하고 있을지라도 그들에 관하여 말하는 것이 아닙니다. 우리는 말하는 것은 참 교회의 몸과 교제를, 스스로 교회라 부르는 다른 모든 분파들과 식별하는 것입니다. 참 교회를 인식하기 위한 표지들은 다음과 같습니다. 만일 교회가 복음의 순수한 설교를 사용한다면, 만일 그 [교회]가 그리스도께서 제정하신 것과 같이 성례의 순수한 집행을 사용한다면, 악행을 교정하기 위한 교회 권징이 있다면! [그곳에 참 교회가 있습니다.] 요약하면, 사람들이 하나님의 순수한 말씀에 따라 자신을 규제한다면! [그곳에 참 교회가 있습니다.] [그래야 그들은] 그 [말씀]과 대립적인 모든 것들을 거절하고 예수 그리스도를 유일한 머리로 유지할 수 있습니다. 이것들을 통해 참 교회를 확실하게 인식할 수 있고, 또한 아무도 그 [교회]로부터 갈라놓지 못합니다. 교회에 속한 자들에 관하여는 그리스도인들의 표지들에 의해 인식할 수 있습니다. 즉 믿음의 의해 [알 수 있습니다.] 유일한 구원자 예수 그리스도를 받아들였을 때, 그들은 죄를 날려버렸고, 의를 추구하며, 참 하나님과 그들의 이웃을 사랑하고, 좌로도 우로도 일탈하지 않으며, 그들의 육신을 공로와 함께 십자가에 못 박습니다. 비록 엄청난 연약함이 그들 속에 남아 있지는 않을지라도 그들은 [연약함]에 대항하여 평생 성령으로 싸우고 주 그리스도의 피와 고난과 죽음과 순종을 끊임없이 의지합니다. 그분 덕분에 그들은 그분을 믿음으로 자신들의 죄 용서를 받습니다. 거짓 교회에 관하여 [말하자면, 거짓 교회는] 하나님의 말씀 보다 자신과 자신의 규정들에 더 큰 권위를 돌리고, 그리스도의 멍에에 복종하기를 원하지 않고, 성례를 그리스도께서 자신의 말씀으로 명령하신 것에 따라 집행하지 않으며, 종

아 보이는 것에 따라 첨삭합니다. 또한 그리스도 보다는 오히려 인간들 위에 자신을 세우고서는 하나님의 말씀에 따라 거룩하게 살고 [거짓 교회의] 악행들과 탐욕들과 우상숭배들로부터 교회를 복구하는 자들을 핍박합니다. 이 두 교회는 쉽게 인식할 수 있는데, [그것은] 하나를 다른 하나와 구별하기 위함입니다.

관련성경

마 13장; 딤후 2:18-20; 롬 9:6; 엡 2:20; 요 10:14, 4; 마 28:20; 갈 1:8; 고전 11:20; 골 1:23; 행 17:11; 요 18:37; 엡 1장; 요 8:47, 17:20; 요일 4:2 (3:9); 롬 6:2; 갈 5:24, 5:17; 롬 7:5; 골 1:12, 2:18-19; 시 2:3; 계 2:9, 17:3; 요 16:2

"한국 교회는 다 썩었어"라고 말하는 분들을 종종 만납니다. 믿지 않는 분들도 있지만, 성도님들 중에도 있습니다. 교회에 대한 어떤 이야기를 하더라도 결론은 "다 썩었어"로 귀결되는 분들도 보았습니다. 그분은 한국 교회가 다 거짓교회라고 보는 것일까요? 네덜란드신앙고백서 제29항은 참된교회와 거짓교회를 다룹니다. 어떤 교회가 참된교회일까요? 또 어떤 교회는 거짓교회일까요?

거짓교회에 대한 오해

성도들이 범죄하고 교회가 타락하면 거짓교회라고 생각하는 분들이 많습니다. 하지만 그렇지 않습니다.

모세는 죽기 전 모압 평지에서 언약의 대표자로서, 하나님과 백성 간의 언약을 갱신합니다. 백성들은 하나님만 섬기겠노라고 맹세합니다. 하지만 모세는 이렇게 말합니다. "내가 알거니와 내가 죽은 후에 너희가 스스로 부패하여 내가 너희에게 명령한 길을 떠나 여호와의 목전에 악을 행하여 너희의 손으로 하는 일로 그를 격노하게 하므로 너희가 후일에 재앙을 당하리라"(신 31:29). 모세는 백성들이 하나님을 떠나 부패하게 될 것을 알았습니다. 여호수아 역시 마찬가지입니다. 세겜에서 하나님과 백성 간의 언약을 갱신합니다. 백성들은 여호와만을 섬기겠노라고 언약합니다. 하지만 여호수아는 이렇게 말합니다. "너희가 여호와를 능히 섬기지 못할 것은 그는 거룩하신 하나님이시요 질투하시는 하나님이시니 너희의 잘못과 죄들을 사하지 아니하실 것임이라"(수 24:19). 백성들은 다짐하고 결심하고 맹세하고 언약하지만, 늘 실패했습니다. 만약 범죄하지 아니하고 타락하지 않는 교회만이 참된교회라고 한다면, 과연 이 땅에 참된교회가 있을 수 있을까요?

족장 시대 교회도 타락했었습니다. 야곱 집의 교회를 보십시오. 거기에는 우상숭배와 성적 타락과 강포함과 악들이 가득했습니다. 광야 시대 교회도 타락했었습니다. 그들은 차라리 애굽 사람들을 섬기는 것이 더 낫겠다고 공공연히 반역했습니다. 하나님은 그들이 열 번이나 반역했다고 했습니다. 사사 시대 교회도 타락했었습니다. 왕국 시대 교회도 타락했었습니다. 예수님 시대 교회도 타락했었습니다. 예수님은 그들을 독사의 새끼들이라고도 하셨습니다. 초대 교회도 타락했었습니다. 고린도 교회를 보십시오. 소아시아 일곱교회를 보십시오. 교회가 타락하지 않았던 적이 있었습니까?

성경의 역사는 하나님과 자기 백성이 맺은 언약의 역사입니다. 그런데 이 언약사는 독특합니다. 한쪽은 늘 언약을 배반하고 파기합니다. 그런데 다른 한쪽은 늘 언약을 유지하고 갱신하고 신실하게 지켜나갑니다. 언약을 파기하는 쪽은 늘 언약 백성들입니다. 즉 교회입니다. 언약을 신실하게 이루는 쪽은 늘 하나님입니다. 그렇기에 백성들이 언약을 파기했다고 해서 다 거짓교회가 되었다고 말할 수 없습니다. 만약 그렇다면 참된교회는 존재하지 않을 것입니다. 어떤 교회가 참된교회냐, 거짓교회냐 하는 여부는 백성의 어떠함에 달린 것이 아닙니다. 오히려 하나님께 달렸습니다. 하나님께서 그 교회를 오래 참으시고 그래도 사랑하시며 놓지 않으시면, 그 교회는 참된교회입니다. 하지만 하나님께서 더 이상 참지 않으시고 놓아버리시면, 그 교회는 거짓교회입니다.

참된교회의 표지

그렇다면 하나님께서 그 교회를 놓지 않으셨다는 증거가 무엇입니까? 첫째, 하나님은 계속 선지자들을 보내십니다. 계속 말씀하십니다. 하나님께서 말씀하신다는 것은 하나님께서 여전히 그들을 자기 백성으로 여기신다는 뜻입니다. 야곱 집안 교회는 범죄했지만, 하나님은 요셉을 통해 말씀하셨습니다. 광야 교회는 반역했지만, 모세를 통해 말씀하셨습니다. 사사 시대 교회는 부패했지만, 사사들과 사무엘이 있었습니다. 왕국 시대 교회는 타락했지만, 엘리야와 엘리사가 있었습니다. 하나님은 예레미야도 보내셨고, 아모스도 보내셨습니다. 말씀을 통해 여전히 그들을 찾아오신다면, 그들은 하나님의 백성들입니다. 그래서 우리는 참된 말씀의 선포가 있는 곳이 참된교회라고 말합니다.

둘째, 말씀하신다는 말은 권징하신다는 뜻이기도 합니다. 회개하라, 돌아오라 말씀하시기 때문입니다. 회개할 기회를 주시고, 오래 참으시는 것입니다. 하나님은 아직 그들에게 은혜를 베풀고 계십니다. 그래서 우리는 바른 권징이 있는 교회는 참된교회라고 말합니다.

셋째, 하나님께서 언약의 증표를 유지하고 계신다면, 그 교회는 참된교회입니다. 언약의 표가 있다는 말은 아직 언약 관계가 유효하다는 증거입니다. 물론 백성들은 껍데기뿐인 표만 가지고 있었던 경우가 많았습니다. 예를 들면 육체에는 할례를 행했지만, 마음에는 행하지 않았습니다. 성전에서 분향하며 양과 소는 죽여 바쳤지만, 죄인인 자신은 드리지 못했습니다. 그러나 그때에도 하나님은 오래 참고 기다리셨습니다. 만약 하나님이 그들과의 언약 관계를 완전히 끝내신다면, 그 표조차도 파괴될 것입니다. 만약 하나님께서 언약의 표를 완전히 파괴하셨는데도 그것이 언약의 증거라고 우긴다면 그것은 자신을 속이는 것입니다. 가짜 표를 가진 교회는 거짓교회입니다. 그래서 우리는 순수한 성례의 집행이 참된교회의 표지라고 말합니다.

옛언약교회는 왜 거짓교회가 되었습니까? 하나님은 그들에게 선지자들을 계속 보냈습니다. 그런데 때리고 가두고 죽였습니다. "예루살렘아 예루살렘아 선지자들을 죽이고 네게 파송된 자들을 돌로 치는 자여 암탉이 그 새끼를 날개 아래에 모음 같이 내가 네 자녀를 모으려 한 일이 몇 번이더냐 그러나 너희가 원하지 아니하였도다"(마 23:27). 그래서 마지막에는 자기 아들을 보내었습니다. 그런데 아들까지 죽여버렸습니다(마 21:38). 마지막 말씀, 마지막 권징을 거절한 것입니다(히 1:2). 그래서 그들에게는 말씀을 거두어버리셨습니다(사 28:11; 고전 14:21). 이로써 그들이 더 이상 참된교회가 아니라 거짓교회임이 드러났습니다. 하나님은 계속된 권징에도 회개하지 않는 그들을 하나님 나라 밖으로 몰아내어 세상과 동일하게 취급하셨습니다(마 8:12; 25:30; 21:21; 18:17). 뿐 아니라, 하나님은 언약의 표를 제거해 버리셨습니다. 하나님과 백성 사이의 언약의 증표가 사라진다는 것은 언약이 파기되었다는 결정적인 증거입니다. 그래서 하나님은 성전을 무너뜨리셨습니다. 성전 파괴는 제사와 절기와 할례와 같은 모든 언약적 표의 파괴입니다. 성례가 무너진 것입니다. 파괴된 옛언약에 속했던 표들을 더 이상 성례라고 말할 수 없습니다. 더 이상 할례가 성례가 아닙니다. 새언약의 참된교회에는 세례와 성찬이 있을 뿐입니다.

핵심은 하나님의 은혜

핵심이 무엇입니까? 참된교회, 거짓교회가 우리의 어떠함에 달린 것이 아니라, 하나님의 은혜에 달렸다는 것입니다. 순수한 말씀의 선포, 순수한 성례의 시행, 올바른 권징의 시행은 물론 우리가 해야 할 일입니다. 그러나 또 다른 측면에서 그것은 하나님의 사역입니다. 하나님께서 구원의 은혜를 베푸시는 증거입니다. 그 은혜가 있다면, 그 교회는 여전히 하나님이 놓지 않으신 참된교회입니다. 성도나 교회가 범죄와 타락을 가볍게 여겨도 된다는 뜻이 아닙니다. 끝내 회개하지 않는 교회에 대해 하나님은 촛대를 옮기실 것입니다(계 2:5). 토하여 버리실 것입니다(계 3:16). 그런데 그들은 늘 실패했고, 범죄했고, 하나님을 떠났습니다. 그럼에도 불구하고 언약을 지키시는 것은 하나님이십니다. 부패한 가운데서도 참된교회를 보존하시는 것은 하나님께서 행하시는 구원 사역입니다. 그 구원 사역의 근거는 하나님의 은혜요, 자비요, 오래 참으심이요, 신실하심입니다. 이 은혜로 교회가 섭니다. 이 은혜로 교회가 회복됩니다. 이 은혜로 교회는 보존됩니다.

그렇다면 우리는 교회에 대해 어떤 마음과 자세를 가져야 하겠습니까? 우리가 결심하고 다짐하고 맹세하면, 교회를 세울 수 있다고 말해야 할까요? 아니면 우리는 전적으로 타락한 아담의 후손이라 교회를 세우는 것은 오직 하나님께만 속했다고 말해야 할까요? 우리가 말씀과 성례와 권징을 잘 행하면 참된교회가 된다고 말해야 할까요? 아니면 우리는 늘 부패하기에 언약에 신실하신 하나님께서 은혜 주시는 방법밖에는 길이 없다고 하나님을 의지해야 할까요? 한국 교회는 다 썩었다고 비난하고 조소해야 할까요? 아니면 나도, 우리 교회도 똑같은 모습과 처지라고 다만 하나님께서 불쌍히 여겨달라고 기도해야 할까요?

한상동 목사님은 인간이란 잠시라도 하나님의 붙드심이 없으면 언제라도 어두워지고 미련해지고 약해져서 무슨 죄라도 다 지을 수 있고 가룟 유다 할아버지도 될 수 있다고 했습니다. 목사님은 자신을 향해 "한상동, 너 천사 아니라 인간이다"하고 사셨습니다. 목사라는 두 글자가 타락을 막는 방패가 되지 못한다고 늘 경계하셨습니다. 성도들도, 교회도 인간임을 알았습니다. 그래서 그의 목회 철학은 '바라고 의지하라'였습니다. 하나님이 은혜 주시도록 하나님만 바라고, 하나님이 일하시도록 하나님만 의지했습니다. 그렇습니다. 바라고 의지하는 성도와 교회가 참된교회로 보존될 것입니다. 우리는 연약하고 미련하고 어둡습니다. 범죄하고 타락하고 부패합니다. 하지만 겸손히 하나님의 붙드심과 불쌍히 여기심을 바라고 의지하는 교회가 됩시다. 하나님은 자기 교회를 지키시고 보호하실 것입니다.

솔로몬의 교회정치

(열왕기상 4:1-20)

Article XXX.

Nous croyons, que ceste vraye Eglise doit estre gouvernée selon la police spirituelle que nostre Seigneur nous a enseignée par sa parole: c'est, qu'il y ait des Ministres ou Pasteurs pour prescher la parole de Dieu, et administrer les Sacremens, qu'il y ait aussi des Surveillans et des Diacres, pour avec les Pasteurs estre comme le Senat de l'Eglise et par ce moyen conserver la vraye religion, et faire que la vraye doctrine ait son cours, et aussi que les hommes vicieux soyent corrigez spirituellement, et tenus soubs bride, afin aussi que les povres et tous affligez soyent secourus et consolez, selong qu'ils en ont de besoin. Par ce moyen toutes choses iront bien et par bon ordre en l'Eglise, quand tels personnages seront esleuz, fideles, et selon la reigle qu'en donne S. Paul à Timothée.

제30항. [영적인 질서공동체로서의 교회]

우리가 믿는 것은 참된 교회는 우리 주님께서 자신의 말씀으로 우리에게 가르치신 영적 [정치]질서에 따라 다스려져야 한다는 것입니다. 왜냐하면 교회에는 하나님의 말씀을 설교하고 성례를 집행하는 봉사자들 또는 목사들이 있고, 또한 목사와 함께 교회의회를 구성하는 장로와 집사들이 있기 때문입니다. 이런 방법으로 참된 믿음을 보존하고 참된 교리가 순조롭게 전파되도록 하며 또한 악한 사람들이 영적으로 교정되도록 하는 것이요, 뿐만 아니라 가난한 사람들과 모든 고통 받는 사람들이 그들의 필요에 따라 도움을 받고 위로를 받도록 하는 것입니다. 이런 방법으로 모든 일이 교회 안에서 품위 있고 질서 있게 행해질 것입니다. 바울 사도가 디모데 서신에서 제시한 규칙에 따라 그런 신실한 사람들이 선출 될 때 [그럴 것입니다.]

관련성경

고전 4:1-2; 고후 5:19; 요 20:23; 행 26:18; 고전 15:10; 마 5:14; 눅 10:16; 갈 2:8; 딛 1:5; 딤전 3장.

솔로몬은 주의 백성을 잘 다스려 하나님 나라를 세우고 싶었습니다. 그것이 왕의 역할이기 때문입니다. 그래서 재판할 수 있는 지혜를 구했습니다. 우리나라의 재판이 헌법의 적용이라고 한다면, 이스라엘의 재판은 율법의 적용입니다. 하나님의 법으로 하나님의 백성을 다스리는 행위가 재판입니다. 결국 솔로몬은 왕의 직무를 위해 지혜를 구한 것입니다. 지혜를 받은 솔로몬이 어떻게 재판했는지가 열왕기상 3장에 나옵니다. 4장에는 솔로몬이 그 지혜로 어떻게 백성을 다스렸는지 보여줍니다. 솔로몬이 어떻게 그 많은 백성을 잘 다스릴 수 있었을까요? 다스리는 조직과 체계를 잘 세웠습니다. 일반적인 정치체계나 행정조직을 말하는 것이 아닙니다. 하나님 나라가 어떻게 조직되고 다스려졌는지를 말하는 것입니다. 그래서 "솔로몬의 교회정치", "하나님 나라의 정치"라고 할 수 있겠습니다.

1. 먼저 하나님 나라 정치를 좀 더 큰 그림으로 봅시다.

하나님 나라를 다스리는 분이 누구십니까? 하나님이십니다. 그런데 하나님은 그의 나라를 그가 세우신 사람들을 통해서 다스리십니다. 족장 시대에는 어땠습니까? 족장들을 통해 다스렸습니다. 아브라함이 그 집안을 다스렸습니다. 아브라함의 집안이 당대 하나님의 백성들이었습니다. 그렇게 이삭이 다스렸고, 야곱이 다스렸습니다. 그런데 야곱 이후에 백성들이 많아졌습니다. 열두 아들을 따라 열두 지파가 생겼습니다. 그러자 하나님은 이렇게 많아진 백성들을 다스리기 위해서 모세를 세우셨습니다. 형 아론도 세우셨습니다. 하지만 생육하고 번성한 백성을 모세와 아론, 두 사람이 다 다스릴 수는 없었습니다. 그래서 재판과 치리를 돕도록 세운 사람들이 있었습니다. 이들을 백성의 장로, 지휘관, 어른이라고 불렀습니다. 모세가 시내산에 올라갔을 때도 칠십 명의 장로들이 함께 있었습니다. 천부장, 백부장, 오십부장, 십부장들도 있었습니다. 이스라엘 열두 지파마다 우두머리들도 있었습니다. 이들은 모세와 아론의 지도를 받아, 백성들을 재판하고 다스리는 일들을 도우라고 세운 사람들이었습니다.

그런데 성경 역사 가운데, 백성의 장로들과 지도자들과 우두머리들이 돕는 역할을 잘했을까요? 잘 못했을까요? 대부분 잘 못합니다. 모세를 도우라고 세운 이들이 돕기는커녕 반역하는 일도 많았습니다. 광야에서 각 지파의 지휘관들이 모세를 반역했습니다. '우리도 다 각각 거룩하고 하나님이 우리 가운데도 계시는데, 왜 모세와 아론 너희만 총회 가운데서 높이느냐'가 이유였습니다. 고라와 다단, 온이 선동을 했지만, "회중 가운데 이름 있는 지휘관 250명과 함께 일어나 모세를 거스르니라"고 했습니다. 모세와 아론을 도와서 백성을 치리해야 했던 자들이, 오히려 모세와 아론의 치리에 반역했던 것입니다.

엘리 제사장 때는 어땠습니까? 이스라엘이 블레셋과의 전투에서 패배했습니다. 그랬더니 언약궤를 모시고 가지 않아 패했다고 판단하고 언약궤를 들고 나가자는 결정을 했는데, 그 결정을 누가 했습니까? 이스라엘의 장로들이 했습니다(삼상 4:3). 결국 언약궤는 빼앗기고, 실로의 성막이 무너집니다.
사무엘에게, 우리도 다른 나라들처럼 우리 싸움을 대신해 줄 왕을 세우자고 요구한 것은 누가 했습니까? 이스라엘의 장로들이 했습니다(삼상 8:4). 결국 백성들이 세운 왕 사울은 실패하고 맙니다.
하지만 하나님은 다윗을 왕으로 세워주셨지요. 이제 이스라엘 장로들은 하나님이 세우신 다윗을 잘 따르고 도와 백성들을 치리해야 했습니다. 그러나 유다 지파 장로들만 다윗을 따를 뿐, 나머지 지파 장로들은 여전히 사울의 집을 따랐습니다. 그래서 7년 반 동안 서로 싸웁니다. 하나님이 세운 왕을 따르지 않겠다고 서로 싸운 것입니다. 7년이 지난 후에야 비로소 각 지파의 장로들이 다윗을 따르겠다고 합니다. 그렇게 해 놓고도 훗날 어떤 일을 합니까? 압살롬이 반역했을 때, 압살롬을 따라서 다윗을 배반합니다(삼하 17:4). 예루살렘이 멸망할 때는 어땠습니까? 장로들이 성전과 성에서 우상숭배를 했습니다(겔 8, 14, 20장). 이처럼 이스라엘의 장로들로 인해 하나님 나라가 세워진 것이 아니라, 오히려 이들 때문에 하나님 나라가 시끄럽고 평안하지 못했습니다.

그런데 솔로몬 때에 비로소 나라가 안정되었습니다. 지혜 있는 왕이 있고, 그 왕 주위에 제사장들과 서기관들이 있었습니다. 이들은 왕에게 하나님의 말씀을 따라 통치하도록 조언하는 자들이었습니다. 이스라엘 각 지파가 각기 소견에 옳은 대로 하는 나라가 아니었습니다. 각 지파에 열두 지방 관장을 보내어 그들로 다스리게 하고, 온 나라 살림을 살피게 했습니다. 그리하여 하나님 나라의 필요를 공급하게 했습니다. 그 결과가 무엇입니까? "유다와 이스라엘의 인구가 바닷가의 모래 같이 많게 되매 먹고 마시며 즐거워하였으며"(20절). 먹고 마시고 즐거워 했다는 것은 잘 먹고 잘 살았다는 뜻이라기보다 평안을 누렸다는 뜻입니다. 즉 솔로몬이 지혜롭게 나라를 조직하고 다스림으로, 하나님의 나라는 더욱 생육하고 번성했고 안식을 누리게 되었습니다. 하나님께서 세우신 왕이 지혜로 나라를 잘 다스릴 때, 이와 같이 하나님의 나라가 평안하고 안식을 누린다는 사실을 보여줍니다.

2. 새언약 시대 하나님 나라의 정치는 어떻습니까?

그렇다면 새언약 시대 하나님 나라의 왕은 누구십니까? 예수 그리스도이십니다. 예수님은 내가 내 교회를 세우겠다 하셨고, 친히 교회의 머리가 되십니다. 그런데 예수님은 승천하셨고, 이 땅에 계시지 않으십니다. 그럼 예수님의 통치가 이 땅의 교회에서 어떻게 이루어집니까? 먼저는 성령님을 통해서 이루어집니다. 성령께서 그리스도의 영으로 이 땅의 하나님 나라를 다스리십니다. 그런데 성령님께서 하시는 일 중 하나가, 교회를 다스리는 자를 세우시는 것입니다. 먼저는 사도들입니다. 이들은 예수님을 증언함으로 교회의 터를 놓고 기초를 닦은 사람들입니다. 그래서 이들을 교회의 창설직원이라고 부릅니다.

사도들이 나가서 각 나라, 각 지역마다 교회를 세웠습니다. 하지만 사도들이 그 많은 교회들을 어떻게 다 다스릴 수 있겠습니까? 그리고 사도들도 죽어 이 땅을 떠납니다. 그래서 사도들은 각 교회에서 장로들을 세웠습니다. 이들을 감독이라고도 불렀습니다. 이들은 사도는 아니지만, 사도적인 역할과 직분을 이어받은 자들입니다. 즉 그리스도를 증거하고, 복음을 가르치고, 그것으로 교회를 다스리는 자입니다. 신약성경에서 말하는 장로(감독)는 말씀을 가르치고, 가르친 말씀으로 교회를 치리하는 자를 가리킵니다. 그런데 교회 역사 가운데 장로 직분이 나뉘게 되었습니다. 가르치고 치리도 하는 장로와 치리만 하는 장로로 나누어졌습니다. 가르치고 치리도 하는 장로를 목사라고 하고, 치리만 하는 장로를 치리장로라고 하게 되었습니다. 칼빈은 그 근거로 디모데전서 5장 17절을 이야기했지만, 사실 그뿐만이 아니지요. 구약시대부터 보십시오. 많은 백성을 치리하기 위해서 가르침을 따라 돕는 치리자들을 세우지 않았습니까? 그래서 목사를 도와 치리에 협력하는 장로들이 필요한 것입니다.

자, 그래서 우리 교회는 누가 다스립니까? 목사입니까? 장로입니까? 아닙니다. 핵심을 놓치지 마십시오. 우리 교회는 하나님 나라의 왕이신 예수님이 다스리십니다. 성령님이 다스리십니다. 그런데 그분께서 목사와 장로를 세워 그렇게 하십니다. 그래서 목사와 장로의 가장 중요한 역할이 무엇일까요? 예수님의 뜻이 무엇인지를 잘 깨닫는 것입니다. 성령님의 뜻이 무엇인지를 잘 살피는 것입니다. 그 뜻을 어떻게 알 수 있습니까? 말씀으로 알 수 있습니다. 그래서 가장 근원적이고도 가장 중요한 일은 목사가 하나님의 말씀을 순전하게 전하고 가르치는 것입니다. 말씀이 없이 다스릴 수 없습니다. 무엇으로 치리하겠습니까? 힘으로 다스리겠습니까? 말발로 다스리겠습니까? 하나님의 말씀이 교회를 다스립니다. 그래서 목사 없이 교회가 없습니다. 목사 없이 교회 없다는 말은 말씀을 전하는 '목사직'이 없이는 교회 치리를 할 수가 없다는 뜻입니다.

치리장로는 목사가 선포하는 말씀으로 백성을 치리하는 일을 돕는 자입니다. 성도들이 말씀대로 사는지를 살펴야 합니다. 그렇게 할 때는 칭찬하고 격려하고, 그렇지 못할 때는 책망하고 견책합니다. 이것이 심방입니다. 이렇게 하려면, 먼저 말씀을 잘 알아야 합니다. 그리고 자신부터 말씀대로 살아야 합니다. 자신이 말씀대로 살지 못하면서 어떻게 성도들을 견책하고 책망할 수 있겠습니까? 물론 누구라도 온전할 수는 없습니다만, 최소한 그렇게 애쓰고 노력한다는 인정을 받아야 합니다. 성도들의 본이 되어야 합니다. 치리장로는 강단에서 전해지는 말씀을 우리 교회에 잘 적용함으로 교회를 다스립니다.

목사와 장로의 치리회를 당회라고 합니다. 당회는 무엇 하는 곳입니까? 교회에 카펫을 깔 것인지, 마루를 깔 것인지를 결정하는 곳이 아닙니다. 당회는 치리하는 곳입니다. 치리의 가장 기본적인 일은 회원권

관리입니다. 천국 문을 열고 닫는 권세가 당회에 있습니다. 교회에 등록하는 일이나 교회를 옮기는 일은 각기 자기 소견에 옳은 대로 하는 일이 아닙니다. 무단으로 출석하지 않는 자가 있는지도 살펴야 합니다. 세례도 받게 해야 하고, 성찬에도 참여하게 해야 합니다. 예배와 섬김도 질서 있게 하도록 지도해야 합니다. 순수한 말씀의 선포를 위해 목사를 도와야 합니다. 성도들을 심방하여 치리해야 합니다.

예수님이 우리 교회를 다스리십니다. 성령님이 우리 교회를 다스리십니다. 하나님 나라의 왕은 하나님이십니다. 그래서 목사든, 장로든 제 마음대로 하지 아니하고, 하나님의 뜻을 묻고 찾고 그 뜻대로 섬겨야 합니다. 좋은 종이 하고 싶은 대로 하지 않습니다. 주인이 시키는 대로 합니다. 솔로몬의 치리로 온 이스라엘이 안식을 누렸듯이, 우리 교회 당회의 치리로 온 교회가 평안과 안식을 누리길 소원합니다.

새언약의 교회정치

(디모데전서 3:1-16)

Article XXXI.

Nous croyons, que les Ministres de la parole de Dieu, Anciens et Diacres doivent estre esleux en leurs offices par election legitime de l'Eglise, avec l'invocation du Nom de Dieu, par bon ordre, comme la parole de Dieu enseigne. Un chacun donc se doit bien donner garde de s'ingerer par moyens illicites, mais doit attendre le temps qu'il soit appelé de Dieu, afin qu'il ait le tesmoignage de sa vocation, pour estre certain et asseuré qu'elle est du Seigneur. Et quant aux Ministres de la parole, en quelques lieux qu'ils soyent, ils ont une mesme puissance et autorité, estans tous ministres de Iesus Christ, seul Evesque universel, et seul Chef de l'Eglise. Outreplus afin que la saincte ordonnance de Dieu ne puisse estre violée, ou venir à mespris, nous disons, qu'un chacun doit avoir les Ministres de la parole, et les Anciens de l'Eglise en singuliere estime pour l'oeuvre qu'ils font, et estre en paix avec eux sans murmure, debat, ou contention autant que faire se peut.

제31항. [교회 직분자의 선출과 권위]

우리는 하나님의 말씀이 가르치는 것처럼 하나님의 말씀 사역자들과 장로들과 집사들이 기도로 선한 질서에 따라 교회의 합법적인 선택에 의해 그들의 직분에 선출되어야 한다고 믿습니다. 따라서 각자는 자신이 부당한 방법으로 밀고 들어가는지 잘 주의해야 하고, 하나님께서 부르시는 때를 기다려야 합니다. 그것은 자신의 부르심에 대한 증거를 갖기 위한 것인데, 그래야 그 [부르심]이 주님께 속한 것임을 확증하고 확신 [할 수 있기 때문]입니다. 말씀 사역자들에 관하여는 그들이 어떤 자리에 있든지 동등한 권력과 권한을 가집니다. 왜냐하면 그들 모두는 유일한 보편적 감독이시며 교회의 유일한 머리이신 예수 그리스도의 사역자들이기 때문입니다. 하나님의 거룩한 규정이 침해되거나 경멸되지 않도록 각자 말씀 사역자들과 교회 장로들을 그들이 행하는 사역 때문에 특별히 존경해야 한다는 것을, [또한] 가능한 한 불평이나 다툼 혹은 언쟁 없이 그들과 평화롭게 지내야 한다는 것을 우리는 주장합니다.

관련성경

행 6:3-4; 딤전 4:13; 행 1:23, 13:2; 딤전 5:22; 고전 12:28; 롬 12:8; 딤전 4:14; 마 18:26; 고전 3:8; 롬 12:7-8; 고후 5:19; 행 26:18; 사 61:1; 엡 1:22; 골 1:28; 살전 5:12-13; 히 13:17.

새언약 시대 하나님 나라의 왕은 누구십니까? 예수님이십니다. 예수님은 친히 교회의 머리가 되십니다. 그런데 예수님은 승천하셨고, 이 땅에 계시지 않으십니다. 그럼 예수님은 이 땅의 교회를 어떻게 다스리십니까? 먼저 성령님을 통해 다스리십니다. 성령께서 그리스도의 영으로 이 땅의 하나님 나라를 다스리십니다. 그런데 성령님은 그 일을 위해 사람들을 세우십니다. 먼저는 사도들입니다. 이들은 예수님을 증언함으로 교회의 터를 놓고 기초를 닦은 사람들입니다. 그래서 이들을 교회의 창설직원이라고 부릅니다. 사도들이 나가서 각 나라, 각 지역에서 교회를 세웠습니다. 그런데 사도들이 그 많은 교회들을 직접 다 다스릴 수 없었습니다. 그리고 사도들도 죽어 이 땅을 떠나야 했습니다. 그래서 사도들은 각 교회에 장로들을 세웠습니다. 이들을 감독이라고도 불렀습니다. 이들은 사도는 아니지만, 사도적인 역할과 직분을 이어받은 자들입니다. 즉 그리스도를 증거하고, 복음을 가르치고, 그것으로 교회를 다스리는 자입니다. 신약성경에서 말하는 장로(감독)는 말씀을 가르치고, 가르친 말씀으로 교회를 치리하는 자를 가리킵니다. 그런데 교회 역사 가운데 장로의 직분이 나뉘게 되었습니다. 가르치고 치리도 하는 장로와 치리만 하는 장로로 나누어졌습니다. 가르치고 치리도 하는 장로를 목사라고 하고, 치리만 하는 장로를 치리장로라고 합니다. 칼빈은 그 근거로 디모데전서 5장 17절을 말했지만, 사실 그뿐이 아니지요. 구약시대부터 보십시오. 많은 백성을 치리하기 위해 가르침을 따라 돕는 치리자들을 세웠습니다. 그래서 목사를 도와 치리에 협력하는 장로들이 필요한 것입니다.

자, 그래서 우리 교회는 누가 다스립니까? 목사입니까? 장로입니까? 아닙니다. 핵심을 놓치지 마십시오. 우리 교회는 하나님 나라의 왕이신 예수님이 다스리십니다. 성령님이 다스리십니다. 그런데 그분께서 목사와 장로를 세워 그렇게 하십니다. 그래서 목사와 장로의 가장 중요한 역할이 무엇입니까? 예수님의 뜻이 무엇인지를 잘 깨닫는 것입니다. 성령님의 뜻이 무엇인지를 잘 살피는 것입니다. 그 뜻을 어떻게 알 수 있습니까? 말씀으로 알 수 있습니다. 그래서 가장 근본적이고도 가장 중요한 일은 목사가 하나님의 말씀을 바르게 분별하고 순전하게 전하고 가르치는 것입니다. 말씀이 없이는 다스릴 수가 없습니다. 힘으로 다스리겠습니까? 말발로 다스리겠습니까? 하나님의 말씀이 교회를 다스립니다. 그래서 목사 없이 교회가 없습니다. 목사 없이 교회 없다는 말은 말씀을 전하는 '목사직'이 없이는 교회 치리가 있을 수 없다는 뜻입니다. 치리장로는 목사가 선포하는 말씀으로 백성을 치리하는 일을 돕는 자입니다. 성도들이 말씀대로 사는지를 살펴야 합니다. 그렇게 할 때는 칭찬하고 격려하고, 그렇지 못할 때는 책망하고 견책합니다. 이것이 심방입니다. 이렇게 하려면, 먼저 말씀을 잘 알아야 합니다. 그리고 자신부터 말씀대로 살아야 합니다. 자신이 말씀대로 살지 못하면서 어떻게 성도들을 견책하고 책망할 수 있겠습니까? 물론 누구라도 온전할 수는 없습니다만, 최소한 성도들의 본이 되어야 합니다. 치리장로는 강단에서 전해지는 말씀을 교회에 잘 적용함으로 교회를 다스립니다(여기까지는 지난번 설교의 복습입니다).

성령님은 또 하나의 직분자를 세우셨는데, 바로 집사입니다. 교회를 다스리시는 예수님은 교회를 사랑하십니다. 그런데 때로는 그 사랑이 육체적인 필요를 돌보는 일로도 나타납니다. 먹지 못하는 자에게 배부르게 하라, 추위에 떠는 자에게 덥게 하라고만 할 수 없기 때문입니다(약 2:16). 구약시대부터 하나님은 고아와 과부, 나그네와 이방인을 돌보라고 하셨습니다. 교회 안에는 환난당한 자나 병자들이 있습니다. 그들의 필요를 채우므로 예수님의 사랑의 통치가 드러나야 합니다. 이 일을 위해 집사직을 주셨습니다.

특히 초대교회 당시에는 집사 직분이 중요했습니다. 그 시대는 박해가 심했습니다. 예수를 믿는다는 이유로 잡혀가고, 재산을 몰수당하고, 사회에서 추방되었습니다. 그런 사람들을 교회에서 먹이고 입히고 재워야 했습니다. 종교개혁 시대에도 박해가 심했습니다. 신앙의 자유를 찾아 피난민들이 된 사람들도 많았습니다. 잘 데도 없고, 먹을 것도 없는 사람들이 많았습니다. 그래서 집사들이 할 일이 많았습니다.

집사 직분은 우리 교회 성도만 돕는 것으로 끝나지 않습니다. 이웃 교회들도 돕고, 우리 교회의 기관들도 돕고, 지경을 확장해 다른 나라의 교회도 도와야 합니다. 바울은 예루살렘교회를 돕기 위해 여러 나라의 교회들에서 구제금을 모았습니다. 집사는 재정적인 면뿐 아니라, 당회의 지도를 받아 병자와 궁핍한 자, 환난당한 자를 돌아보고, 시험 중에 있는 자와 연약한 자를 위로하고 격려하는 일도 합니다.

여기서 집사는 장립집사를 의미합니다. 서리집사는 우리나라의 선교 역사 속에서 생겨난 독특한 직분입니다. 물론 집사를 세우기 전에 "이 사람들을 먼저 시험하여 보고 그 후에 책망할 것이 없으면 집사의 직분을 맡게 할 것이요"(딤전 3:10)라고 하셨기 때문에, 성경적 근거가 전혀 없다고 할 수는 없습니다. 서리집사는 집사를 잘 도와야 합니다.

권사라는 직분도 우리나라 교회에만 있는 독특한 직분입니다. 이는 집사에 준하는 직분입니다. 여자 성도님들은 집사가 될 수 없습니다. 집사의 자격조건에 한 아내의 남편이어야 한다고 명시하고 있기 때문입니다. 하지만 예수님 당시에도 예수님과 제자들을 섬긴 많은 여성 성도들이 있었습니다. 초대교회에서도 사역자들과 교회 성도들을 섬긴 많은 여성 성도들이 있었습니다. 또한 집사의 아내들도 남편을 도와 집사 직분에 조력했습니다(딤전 3:11). 그래서 집사는 아니라 할지라도, 여성 성도들이 집사와 같은 역할을 하며 교회를 섬길 수 있도록 한 직분입니다.

집사직과 권사직은 예수님께서 교회를 사랑하시고 돌보시는 일을 대행합니다. 성도를 긍휼히 여기는 일을 합니다. 이분들은 사랑을 줘야 하는 분들입니다. 그래서 사랑을 못 받는다고 불만이 있는 분이나, 교회가 나를 알아주지 않는다고 섭섭한 마음이 있는 분이나, 이 사람 저 사람을 판단하고 따지기 좋아하는 분은 집사직에 합당하지 않습니다. 집사와 권사는 사랑을 주는 역할이지, 사랑을 받는 역할이 아닙니다. 교회를 섬기면서 성도들 사이에서 왜 섭섭한 일이 없겠습니까? 그러나 하나님이 아신다 생각하고, 때가 되면 하나님께서 해결해 주신다 생각하고 인내하면서 섬겨야 합니다. 섭섭하다는 것을 성도들에게 나팔 부는 분들, 온 교회에 나 섭섭해요 소문을 내는 분들은 집사나 권사가 되지 말고, 그냥 성도로 사랑을 더 받으십시오. 하지만 분명한 것은 예수님은 '주는 것이 받는 것보다 복이 있다'고 하셨습니다. 집사와 권사 직분을 잘한 분들은 복 있는 분들입니다(딤전 3:13). 주는 것이 더 많기 때문입니다. 사랑하려면 자기 것을 내어놓고 희생하고 헌신하는 것이 필수적입니다.

그렇다면 교회의 직분자들은 어떻게 세웁니까? 성도들 중에 장로의 은사가 있는 분을 장로로, 집사의 은사가 있는 분을 집사로 세웁니다. 성도였다가 서리집사였다가 장립집사였다가 장로가 되는 게 아닙니다. 회사에서처럼 대리였다가 과장이었다가 부장이었다가 임원되는 식이 아닙니다. 높고 낮음이 아닙니다. 위계가 아닙니다.

직분자가 되려면 내적소명과 외적소명이 있어야 합니다. 내적소명은 직분을 사모하는 마음입니다(딤전 3:1). 또한 하나님께서 그 직분을 행할 수 있는 은사를 주셨는지를 점검해야 합니다. 목사와 장로에게는 말씀의 은사가 있어야 합니다. 잘 가르치는 은사도 있어야 합니다. 다투지 않고 관용하며 잘 다스리는 은사도 있어야 합니다. 집사에게는 돌아보고 살피는 은사가 있어야 합니다. 이를 탐하지 않고 오히려 내어놓고 헌신하는 은사도 있어야 합니다. 그런데 어떤 분들은 재능이 곧 은사라고 착각하기도 합니다. 재능은 자연인에게도 있습니다. 나에게 잘 가르치는 재능이 있다고 해서, 교회 안에서 마음대로 가르치는 일을 해서는 안 됩니다. 그림을 잘 그리는 재능이 있다고 해서(세상에도 그림 잘 그리는 사람들은 많습니다), 교회에서 마음대로 그것을 발휘하려고 해서는 안 됩니다. 자신에게 직분에 대한 소원과 은사가 있다 하더라도, 외적 부르심이 있어야 합니다. 내적소명은 외적소명을 통해 확인되고 확증되어야 합니다. 외적소명의 방법은 성도들의 인정입니다. 즉 교회의 선거입니다. 예루살렘교회는 성령과 지혜가 충만하여 칭찬 듣는 사람 일곱을 택했습니다(행 6:3). 바울과 바나바는 루스드라, 이고니온, 안디옥의 각 교회에서 장로들을 택하였습니다(행 14:23). 디모데는 여러 교회의 택함을 받았습니다(고후 8:19). 초대교회에서부터 성도들이 직분사를 택하여 세웠습니다. 그렇다고 해서 사람들이 직분자를 세우는 것은 아닙니다. 직분자를 세우시는 분은 성령 하나님이십니다(행 13:2; 20:28). 교회에 내주하시는 성령께서 그리스도의 지체들을 감동하시고 인도하셔서, 그리스도의 몸을 세우십니다.

하나님은 자기 종들을 가볍게 세우지 않습니다. 하나님의 말씀을 전하고, 주의 양 무리를 먹이며, 곁길로 나가는 자를 징계하여 교회를 다스리고 돌보는 일을 어찌 아무에게나 맡기겠습니까? 이 때문에 성도들은 직분자를 알아주어야 합니다(살전 5:12-13). 순종하고 복종해야 합니다

(히 13:17). 존귀하게 여겨야 합니다(빌 2:29). 존경해야 합니다(딤전 5:17). 물론 직분자들도 다른 형제자매들과 똑같이 죄의 본성을 가지고 있고 연약함과 결점들이 있습니다. 그럼에도 불구하고 직분자들이 스스로 그 직분을 취한 것이 아니라, 성령께서 그들을 불러 봉사하게 하셨음을 인정해야 합니다. 우리는 목사와 장로와 집사의 직분에서 교회의 주요, 목자장 되시는 예수님의 다스리심을 봅니다. 신령한 양식을 먹여 길러 주시고 보호해 주시며 돌보아 주시는 그의 은혜의 손길을 경험하게 됩니다.

잊지 마십시오. 예수님이 우리 교회를 다스리십니다. 성령님이 우리 교회를 다스리십니다. 하나님 나라의 왕은 하나님이십니다. 목사든, 장로든, 집사든 제 마음대로 하지 않고, 하나님의 뜻을 묻고 찾고, 그 뜻대로 섬겨야 합니다. 종은 종이 하고 싶은 대로 하지 않고, 주인이 시키는 대로 합니다. 성령님의 인도하심을 따라 순종하며 섬기는 직분자들이 됩시다. 직분자들을 통해 우리 교회가 주님의 은혜의 손길을 맛보게 되길 원합니다.

모세를 비방해
벌 받은 미리암

(민수기 12:1-16)

Article XXXII.

Nous croyons cependant, que combien qu'il soit utile et bon aux Gouverneurs des Eglises d'establir et disposer certain ordre entre eux pour l'entretenement du corps de l'Eglise, qu'ils se doivent toutesfois bien garder de decliner de ce que Christ nostre seul Maistre nous a ordonné. Et pour tant nous rejettons toutes inventions humaines, et toutes loix qu'on voudroit introduire pour servir Dieu, et par icelles lier et estreindre les consciences en quelque sorte que ce soit. Nous recevons donc seulement ce qui est propre pour garder et nourrir concorde et union, et entretenir tout en l'obeissance de Dieu, à quoy est requise l'Excommunication faite selon la parole de Dieu avec ce qui en depend.

제32항. [교회법의 제정과 시행: 권징과 출교]

하지만 비록 교회의 통치자들이 교회라는 몸의 유지를 위해 어떤 질서를 세우고 확정하는 것이 유익하고 선할지라도, 그럼에도 불구하고 그들이 우리의 유일한 주 그리스도께서 우리에게 명령하신 것을 회피하지 않도록 올바르게 주의해야 한다고 우리는 믿습니다. 따라서 우리는 모든 인간적인 발명품을 거부할 뿐만 아니라, 사람들이 하나님을 섬기기 위하여 어떤 방법으로든 도입하길 원했던 모든 법들도 [거부하고], 또한 이것들로 양심을 속박하고 제한하길 [원했던 법들도 거부합니다]. 그러므로 우리는 단지 일치와 연합을 제공하고 보호하기에 적절한 것만 받아들이고, 모든 것을 하나님의 순종 안에서 보존하기에 [적절한 것만 받아들입니다]. 그것을 위해 [하나님의 말씀에 달려 있는 출교가 하나님의 말씀에 따라 시행되는 것은 [반드시] 필요합니다.

관련성경

고전 7:57; 골 2:6-7; 마 15:9; 사 29:13; 갈 5:1; 롬 16:17-18; 마 18:17; 고전 5:5; 딤전 1:20.

모세의 선지자적 권위를 비방했던 미리암이 벌을 받았습니다. 본문을 묵상하며, 네덜란드신앙고백서 제32항 '권징과 출교'에 대한 고백도 함께 생각해 봅시다.

모세가 구스 여자를 취한 사건으로 인해 미리암과 아론이 모세를 비방합니다(1절). 누가 모세를 비방했습니까? 우리 번역에는 "미리암과 아론이 모세를 비방하니라"고 했지만, "비방하니라"는 여성 단수 동사입니다. 그래서 좀 더 적합하게 번역하면, "미리암이 아론과 더불어 모세를 비방하니라"고 해야 할 것입니다. 즉 비방한 주체가 미리암이었고, 아론은 센 누나에게 이끌려 동조했던 것 같습니다.

비방한 내용은 모세가 구스 여자를 취했다는 것입니다. 여기에는 3가지 견해가 있습니다. (1)모세가 본처 십보라를 두고, 구스 여인을 얻어서 일부다처가 되었다는 견해입니다. 하지만 성경 어디에서도 모세의 아내가 2명이었다는 기록은 없습니다. (2)본처 십보라가 죽고, 구스 여인과 재혼했다는 견해입니다. 그런데 시내산에서부터 여기까지 1년여 기간 동안 십보라가 죽고 80세 되는 노인이 새로운 여인을 사랑하여 광야 길에서 새장가를 갔다는 견해는 시간적으로나 상황적으로 의문스럽습니다. (3)구스 여인은 십보라를 가리킨다는 견해입니다. 구스는 전통적으로 에티오피아를 가리키지만, 아라비아 서쪽을 포함한 훨씬 더 넓은 지역을 가리키기도 합니다. 미디안의 한 지역을 구스라고 명하기도 했습니다(합 3:7). 십보라는 미디안 여인이었지요. 어거스틴과 칼빈도 이 견해를 취합니다.

그런데 사실 구스 여인의 문제는 명분 만들기였습니다. 미리암은 모세의 결혼생활을 빌미로, 모세의 선지자적 권위를 비방했습니다. "여호와께서 모세와만 말씀하셨느냐 우리와도 말씀하지 아니하셨느냐"(2절). 미리암은 백성들에게 돌아다니며 이런 말을 퍼뜨렸습니다. 모세를 내가 업어 키웠다는 미담(?)도 곁들였는지 모르겠습니다. 미리암은 이스라엘 가운데서 자신에게 주신 은사와 위치에 만족하지 못하고 교만해졌습니다. 모세처럼 높아지고 싶었습니다.

그런데 모세는 이 일에 대해서 아무 말도 하지 않았던 것 같습니다. 그래서 성경은 "이 사람 모세는 온유함이 지면의 모든 사람보다 더하더라"(3절)고 했습니다. 흠집 내기를 하며 권위를 깎아내리고 선동하는 자에게 변명하거나 설득하려 하지 않았습니다. 모세의 권위가 모세 자신에게서 나온 것이 아니라, 하나님께로부터 나온 것이니 하나님께서 알아서 하신다고 생각하지 않았겠습니까? 그것이 종의 자세이기도 하지요. 모세의 이런 모습에 미리암은 이렇게 말했는지도 모르겠습니다. "이것 봐 아무 말도 못 하잖아. 내 말 틀린 것 하나도 없잖아. 모세는 이제 좀 내려와 있어야 해. 우리가 전면에 등장할게."

하지만 하나님께서 그 말을 들으셨습니다. 그리곤 세 사람을 회막 앞으로 호출하셨습니다. 하나님은 구름 기둥 가운데 강림하셔서 장막 문에 서셨습니다. 서셨다는 표현은 재판장으로서의 모습을 보여줍니다. "여호와께서 변론하러 일어나시며 백성들을 심판하려고 서시도다"(사 3:13). 스데반도 돌에 맞아 순교할 때, 예수님께서 하나님 우편에 서신 것을 보았지요. 재판장이신 하나님은 모세가 일반적인 선지자와는 다르다는 점을 지적하셨습니다. 모세는 여호와의 형상을 보는 자입니다(8절). 이 말씀은 모세에게는 하나님의 특별한 현현이 있다는 말씀입니다. 모세에게는 직접 말씀하십니다(KJV : mouth to mouth, NIV : face to face). 모세는 하나님의 집에 충성된 사람입니다("그는 내 온 집을 위임 받았다"라고 번역할 수도 있습니다). 하나님은 모세의 특별한 선지자적 중보직에 대해 인정하셨습니다.

하나님은 진노하시고 떠나셨습니다. 그리고 미리암은 나병에 걸렸습니다. 나병은 이스라엘 공동체 내에 거할 수 없게 하는 하나님의 벌입니다. 미리암의 죄는 이스라엘 밖으로 추방되어야 하는 죄임을 보여주신 것입니다. 깜짝 놀란 아론이 모세에게 빕니다. 그러자 모세는 미리암을 고쳐 달라고 간구합니다. 중보자 모세의 온유함을 잘 보여줍니다. 그랬더니 떠나셨던 하나님께서 모세와는 말씀하십니다. 그 당대 중보자의 기도를 들어주셨습니다. 모세의 특별한 직분적 권위를 재확인해 주셨습니다. 하나님은 미리암을 이레 동안 진영 밖에 가두고 그 후에 들어오도록 하셨습니다. 통상 나병에서 회복되는 기간은 최소 두 주간이었지만, 미리암은 절반만 격리되어 있었습니다(레 13:5). 회개하고 희생 제사와 정결 의식을 치루고 다시 공동체 안으로 들어왔을 것입니다.

우리는 여기서 교회의 권징을 봅니다. 미리암은 하나님과 교제할 수 없게 되었고, 언약 백성들과도 교제할 수 없게 되었습니다. 이는 큰 벌입니다. 신약적으로 말하면, 미리암은 성찬에 참여하지 못하는 징계를 받은 셈입니다(신득일). 그렇다면 미리암의 죄는 어떤 죄였습니까? 어떤 죄였기에 성도의 교제에서 제외되는 벌을 받았습니까?
다른 사람이 잘 되고 높아지는 것을 시기하고 질투한 죄입니까? 물론 그런 면이 전혀 없다고 할 수는 없습니다. 하지만 미리암은 단지 사촌이 땅을 사서 배가 아팠던 것이 아닙니다. 동창회를 갔다가 나보다 더 잘 사는 친구들 때문에 질투 난 것이 아닙니다. SNS에 올라온 사진을 보다가 시기 난 것이 아닙니다. 미리암은 모세가 가진 독특한 선지자직에 대해 시기했고, 모세의 중보직을 인정하지 않았습니다. 그 당대 하나님이 세우신 중보자를 비방하고 인정하지 않은 죄를 범한 것입니다. 중보자를 인정하지 않으면, 하나님과 교제할 수 없습니다. 그래서 하나님도 그를 떠나셨고, 백성의 공동체 밖으로 쫓아내신 것입니다.

어떤 분은 본문 말씀을 근거로, 목사를 욕하면 벌 받는다고 합니다. 과연 그렇습니까? 물론 목사 욕하지 마십시오. 말씀을 맡은 자에게 말씀으로부터 파생된 권위가 있으니 존중해야 합니다. 대다수 성도들은 목사를 인정하고 존중하지요. 그런데 대다수 성도들이 존중하기 때문에, 나라도 존중하지 않겠다고 결심하는 분도 간혹 있습니다. 모두가 다 존중하면 목사가 교만해질 것을 염려하기 때문이라지요. 아무튼 모세를 목사로, 미리암을 성도로 볼 수 없습니다. 목사는 중보자가 아니기 때문입니다. 만약 목사가 중보자라면, 여러분이 죄를 지으면 무조건 목사에게 와야 합니다. 목사에게 죄를 고백하고 목사가 하나님께 기도해야만 여러분의 죄가 용서받을 수 있습니다. 하지만 그럴 필요가 없습니다. 예수님이 중보자이시기 때문에, 여러분이 직접 예수님의 이름으로 기도하고 회개하면 됩니다. 만약 목사가 중보자라면, 하나님의 뜻을 알기 위해 목사에게 물어야 할 것입니다. 하지만 "목사님, 사업을 하려고 하는데 치킨집을 할까요? 편의점을 할까요?"라고 물을 필요가 없습니다. 성경 말씀을 통해서, 상황을 인도하시는 섭리를 통해서, 기도 중에 깨닫게 하시는 감동을 따라 내가 하나님의 뜻을 알 수 있습니다. 미리암이 모세를 비방한 사건은 성도가 목사를 비방한 사건이 아닙니다. 오히려 중보자를 비방하고 인정하지 않은 사건입니다.

그렇다면 이 말씀을 우리에게 어떻게 적용할 수 있겠습니까?

첫째, 중보자 예수님의 권위를 인정해야 합니다. 예수님은 참으로 하나님을 대면하여 아시는 분입니다(요 6:46). 예수님은 하나님께 받아 말씀하시는 분입니다 (요 8:28). 예수님께서 참 선지자이십니다. 미리암이 모세의 권위를 인정하지 않았듯 우리가 예수님의 선지자직과 중보직을 인정하지 않는다면, 성도의 교제에 참여할 수 없습니다. 또한 교회는 참 선지자이신 예수님의 말씀을 따라 순종해야 합니다. 예수님의 말씀에서 벗어나는 자가 있다면 권징합니다. "주 예수 그리스도께서 명령하신 것에서 벗어나지 않도록 언제나 경계해야 합니다."(네덜란드신앙고백서 제32항)

둘째, 교회의 권위를 인정해야 합니다. 예수님께서 자신의 권위를 위임한 공동체가 교회입니다. "네가 땅에서 무엇이든지 매면 하늘에서도 매일 것이요 네가 땅에서 무엇이든지 풀면 하늘에서도 풀리리라"고 하셨습니다(마 16:19). 그래서 우리는 예수님의 몸인 교회의 권위를 인정하고 존중합니다. 오늘날 많은 성도들이 교회의 치리를 가볍게 여깁니다. 교회나 직분자들을 쉽게 욕하고 비방하기도 합니다. 성도들이 교회와 직분자의 권위를 존중하지 않기에 세상도, 우리의 자녀들도 존중하지 않습니다. 교회는 교회의 치리에 순복하지 않는 자를 시벌합니다. 미리암처럼 허위 사실을 유포하여 교인이나 직분자의 명예를 훼손시키는 사람을 권징합니다(헌법 권징 제5조).

셋째, 성경의 권위를 인정해야 합니다. 모세의 특별한 선지자직을 인정하지 못한다면, 모세오경도 인정할 수 없습니다. 반면 모세의 권위를 인정하는 사람은 그가 하나님께 받아 기록한 성경도 인정합니다. 오늘날 모세오경을 비롯해 성경 말씀을 영감받은 하나님의 말씀으로 믿지 못하는 사람들이 많습니다. 성경의 권위를 인정하지 않으면서부터 유럽의 교회가 급격히 무너졌습니다. 말씀을 말씀대로 믿는 성도들을 무식한 것처럼 여기고, 내가 한 수 가르쳐줄게 하는 식의 학자들이 많았습니다. 성경의 권위를 인정하지 않는 자가 이 시대 미리암입니다. 그들의 영혼과 인식에 나병이 생겼는데도 모르고 있습니다. 그들은 미리암과 같은 벌을 받을 것입니다. "구약과 신약성경은 하나님의 말씀이며 신앙과 행위에 대하여 정확무오한 유일의 법칙으로 믿습니까?" 세례자와 직분자라면 반드시 해야 하는 서약입니다.

우리는 모세와 선지자들을 통해 영감으로 주신 성경 말씀을 하나님의 말씀으로 받고, 유일한 중보자 예수 그리스도를 인정함으로 구원 얻는 자들이 됩시다. 예수님, 성경, 교회를 인정하고 존중하고 받고 따르는 자들이 됩시다. 그리하여 교회의 권위와 질서를 보존합시다.

제33항

왜 지금은 할례를 하지 않습니까?

(창세기 17:1-14)

Article XXXIII.

Nous croyons, que nostre bon Dieu ayant esgard à nostre rudesse et infirmité nous à ordonné des Sacremens, pour seeller en nous ses promesses et nous estre gages de la bonne volonté et grace de Dieu, envers nous, et aussi pour nourrir et soustenir nostre foy, lesquels il a adjoustéz à la parole de l'Evangile, pour mieux representer à nos sens exterieurs tant ce qu'il nous donne à entendre par sa parole, que ce qu'il fait interieurement en nos coeurs, en ratifiant en nous le salut qu'il nous communique. Car ce sont signes et seaux visibles de la chose interieure et invisible, moyennant lesquels Dieu besoygne en nous par la vertu du Sainct Esprit. Les signes donc ne sont pas vains et vuides pour nous tromper et decevoir, car ils ont Iesus Christ pour leur verité, sans lequel ils ne seroyent rien. D'avantage nous nous contentons du nombre des Sacremens que Christ nostre Maistre nous a ordonné, lesquels ne sont que deux seulement, asavoir, Le Sacrement du Baptesme et de la S. Cene de Iesus Christ.

제33항. [주님께서 친히 제정하신 두 종류의 성례 : 세례와 성찬]

우리는 우리의 선하신 하나님께서 우리의 우둔함과 연약함을 고려하셔서 우리에게 성례들을 제정해주셨다고 믿는데, [이것은] 우리 안에 자신의 약속들을 인증하시고 우리를 향한 하나님의 선한 뜻과 은혜를 우리에게 보증하시기 위한 것이요, 또한 우리의 믿음을 먹이시고 유지하시기 위한 것입니다. 그분께서 그것들을[=성례들을] 복음의 말씀에 덧붙이신 것은 우리의 외적인 감각들에 더 잘 나타내기 위한 것입니다. 즉 우리에게 나누어주시는 구원을 우리 안에 확증하심으로 우리의 마음을 내적으로 감동시키시는 것만큼이나 자신의 [외적인] 말씀을 통해 우리를 이해시키시려는 것입니다. 왜냐하면 그것은 내적이고 불가시적인 것들의 가시적인 표지들과 인장들이며, 하나님께서 성령의 능력으로 우리 안에 역사하시는 수단들이기 때문입니다. 그러므로 그 표지들은 결

코 우리를 속이고 실망시키기 위한 헛된 것도 공허한 것도 아닙니다. 왜냐하면 그것들의 진리를 위해 예수 그리스도께서 계시기 때문인데, 그리스도 없이는 그것들은 아무 것도 아닙니다. 더욱이 우리는 우리 주 그리스도 우리에게 제정하신 성례의 수가 두 가지뿐이라는 것에 만족합니다. 즉 [그것은] 세례의 성례와 예수 그리스도의 성찬의 성례입니다.

관련성경

롬 4:11; 창 9:13, 17:10-11; 출 12장; 골 2:1; 고전 5:7; 마 28:19, 26:26; 롬 10:9; 골 1:11; 벧전 3:20; 고전 10:2.

네덜란드신앙고백서 제33항은 성례가 약속에 대한 표와 인이라고 고백합니다. 그리고 오늘날 우리에게 있어 성례는 세례와 성찬이라고 합니다. 사실 이 내용은 이해하기 어렵습니다. 아브라함에게 주셨던 약속과 성례를 살펴보면서, 이 의미가 무엇인지 살펴봅시다.

아브라함에게 주신 약속이 무엇입니까?

성례는 약속에 대한 표와 인이라고 했습니다. 그렇다면 하나님의 약속이 무엇입니까? 하나님이 아브라함에게 약속하신 것은 두 가지입니다. 씨와 땅입니다(창 13:15-16; 15:5-7). 씨는 하나님과 교제하는 백성입니다. 땅은 하나님과 교제하는 장소입니다. 하나님은 아브라함에게 씨와 땅을 주셔서 하나님과 교제하는 백성이 끊어지지 않게 하셨습니다. 오늘은 씨에 대한 약속을 중점적으로 살펴보려 합니다.

하나님이 약속을 이루시는 방법이 무엇입니까?

하나님은 자신이 하신 약속을 자신이 이루십니다. 약속하신 분도 하나님이시고, 약속을 이루시는 분도 하나님이시지요. 그런데 하나님이 원하시는 것이 있습니다. 하나님이 하신 약속을 하나님 자신이 이루신다는 사실을 믿기를 원하십니다. 하나님이 원하시는 것은 단 하나입니다. 믿음입니다. 여기서 믿음의 내용이 중요합니다. 무엇을 믿기 원하시는 것입니까? 하나님이 약속하신 것을 친히 이루신다는 믿음입니다. 즉 하나님이 언약에 신실하시다는 믿음입니다.

그런데 백성들은 이 사실을 잘 믿지 못합니다. 오히려 자신이 스스로 하나님의 약속을 이루려고 합니다. 자신의 힘으로 하나님의 약속을 이루려는 것이 바로 교만입니다. 교만은 자기 자신을 의지하고 육신을 신뢰하여 스스로 약속을 이루려는 것입니다.

하나님은 믿음을 원하시기 때문에, 믿지 못하는 자기 백성에게 믿음 주시길 원하십니다. 믿음이 어떻게 생겨나게 하실까요? 믿음은 약속이 전혀 이루어질 수 없을 것만 같은 상황에서 생깁니다. 내 노력이나 내 힘으로 하나님의 약속을 이룰 수 있다면 믿음이 필요 없습니다. 그래서 하나님은 하나님의 약속이 전혀 이루어질 수 없는 상황으로 자기 백성을 몰아넣습니다. 하나님의 약속과는 전혀 반대되는 일들을 겪게 하십니다. 하나님의 약속을 믿었다가 오히려 고통을 당하게 하십니다. 하나님의 약속이 도무지 비현실적으로 느껴지게 하십니다. 이렇게 하심으로 하나님은 자기 백성을 연단 하십니다. 연단이란 자기 백성이 하나님의 약속을 믿게 하는 훈련 과정입니다.

하나님은 자기 백성에게 연단의 과정을 주심으로, 자신을 포기하게 만드십니다. 자신이 생각한 계획, 여정, 목표를 버리게 하십니다. 그렇게 함으로써 자신의 힘으로 도무지 약속을 이룰 수 없다고 고백하게 됩니다. 약속하신 하나님만이 약속을 이루실 수 있다는 소망을 가지게 됩니다. 이것이 겸손입니다.

하나님의 백성은 연단의 과정을 거쳐 비로소 말씀의 능력을 믿게 됩니다. 하나님이 약속하셨기 때문에 이루어진다는 것을 확신하게 됩니다. 그래서 어떤 상황 속에서도 내 생각이나 내 의지대로 하지 않고, 말씀대로 생각하고 행하게 됩니다. 이를 가리켜 순종이라고 합니다.

하나님이 자기 약속을 이루시는 방법이 무엇입니까? 믿음 없는 자기 백성을 연단하심으로 겸손하게 만들고 말씀에 순종하게 함으로 자신의 약속을 이루어 주십니다. 하나님이 원하시는 믿음은 연단과 겸손과 순종을 통해 만들어집니다.

아브라함에게 하신 약속을 어떻게 이루십니까?

아브라함이 약속을 받았을 때 나이가 75세였습니다. 하지만 씨에 대한 약속을 이루어 주지 않으셨습니다. 하나님의 약속이 이루어지지 않자, 아브라함은 자기 집에 있는 다메섹 엘리에셀을 씨로 삼으려 합니다(창 15:2-3). 하지만 그는 하나님이 약속으로 주신 씨가 아닙니다. 하나님은 더 기다리게 하십니다. 이제 86세가 되었습니다. 그는 더 기다릴 수 없었습니다. 그래서 아내의 몸종인 하갈을 통해 이스마엘을 낳습니다. 하지만 이스마엘은 약속의 씨가 아닙니다. 왜냐하면 하나님이 주신 씨가 아니라, 아브라함이 스스로 낳은 씨이기 때문입니다. 아브라함은 99세까지 기다려야 했습니다. 99세가 되었다는 것이 어떤 의미입니까? 하나님의 약속이 도무지 이루어질 수 없다는 의미입니다. 아브라함과 사라의 생식능력이 끝장났기 때문입니다. 이렇게 하나님은 약속이 전혀 이루어질 수 없을 것만 같은 상황으로 자기 백성을 몰아넣으십니다. 그래야 믿음이 생기기 때문입니다. 지금까지 아브라함은 자신의 힘으로 하나님의 약속을 이루려 했습니다. 하나님은 아브라함을 연단 하셨습니다.

아브라함의 힘으로 약속을 이룰 수 있는 가능성이 사라졌을 때, 하나님은 아브라함에게 자신을 계시하십니다. "나는 전능한 하나님이라"(창 17:1). 왜 99세의 아브라함에게 전능한 하나님으로 자신을 계시하실까요? "아브라함 너의 힘으로 나의 약속을 못 이룬다는 것 잘 알았지? 이제 내가 이루어 줄게"라는 의미입니다. 약속이 도무지 이루어질 수 없는 상황에서 자신의 약속을 이루시는 하나님이 전능한 하나님이십니다.

아브라함에게 할례를 요구하신 이유는 무엇입니까?

이어서 하나님은 약속의 표를 주십니다. 전능한 하나님께서 아브라함에게 약속을 이루어 주신다는 증표입니다. 그것이 할례입니다. "너희는 포피를 베어라 이것이 나와 너희 사이의 언약의 표징이니라"(창 17:11). 할례는 약속을 인치는 표입니다. 이를 성례라고 합니다. 그런데 언약의 표가 왜 할례일까요? 다른 표도 얼마든지 있지 않겠습니까? 예. 약속의 표는 약속이 무엇이냐와 관련이 있습니다. 약속은 씨를 주시겠다는 것이지요. 씨를 주시겠다고 하시고는 포피를 베라고 하십니다. 포피를 베는 것은 자손을 낳는 생식 기관의 일부를 자르는 것입니다. 일부를 자르는 것이지만, 의미는 거세와 같습니다. 즉 내가 약속을 이루는 것이 아님을 인정하는 행위입니다. 아브라함은 이미 생식능력이 끊어졌습니다. 하나님은 이 사실을 아브라함의 몸에 새기기를 원하셨습니다. 아브라함의 힘과 능력으로 약속을 이루는 것이 아님을 그의 몸에 증표로 새기기를 원하셨습니다. 그러므로 할례는 약속에 관하여 아브라함은 죽었음을 인정하는 표입니다. 할례는 약속을 친히 이루시겠다는 하나님의 언약의 표이고, 동시에 하나님의 약속은 내가 이룰 수 없다는 아브라함의 믿음의 표이기도 합니다.

왜 지금은 할례를 하지 않습니까?

약속의 표가 할례라면, 오늘날에도 할례를 행해야 하지 않습니까? 할례가 성례인데, 왜 오늘날 성례는 세례와 성찬이라고 합니까? 이를 이해하려면 아브라함에게 주신 약속이 어떻게 성취되었는지를 알아야 합니다. 아브라함에게 주신 씨에 대한 약속이 어떻게 성취되었습니까? 하나님이 아브라함에게 약속하신 씨의 실체가 예수님입니다. 하나님은 아브라함의 씨로 예수님을 주셨습니다(마 1:1). 이삭이 아브라함의 씨였지만, 하나님이 약속하신 참 씨는 예수님입니다(갈 3:16). 하나님과 교제하는 후손이 씨라고 했지요? 하나님과 교제하는 유일한 씨는 예수님뿐입니다. 독생자 예수님만 하나님을 보고 알고 함께 계셨기 때문입니다. 예수님이 씨에 대한 약속의 성취입니다. 예수님만 참 씨라면, 우리는 어떻게 약속하신 씨가 됩니까? 참 씨이신 예수님 안에서 씨가 됩니다. 다시 말해 하나님께서 자신의 약속을 우리에게도 이루시는 방법이 있습니다. 참 씨이신 예수님과 연합되고 하나 되게 하시는 것입니다. 참 씨이신 예수님 안에서 우리도 하나님과 교제하는 씨가 됩니다. 씨에 대한 약속을 그리스도 안에서 우리에게도 이루어 주시는 것입니다.

그렇다면 오늘 우리에게 있어 약속의 표, 성례는 무엇입니까? 우리가 예수님과 연합됨으로 하나님의 약속이 이루어집니다. 그렇다면 약속의 표는 우리가 그리스도와 하나 되어 있음을 인치는 세례와 성찬입니다. 세례는 우리가 예수님과 하나 되었다는 표입니다. 성찬 역시 예수님이 내 안에, 내가 예수님 안에 있음을 인치는 것입니다. 세례와 성찬으로 하나님의 약속이 우리에게 이루어졌음을 확증합니다. 그러니 세례와 성찬이 약속에 대한 표와 인이지요. 우리 힘으로 씨가 되었습니까? 아닙니다. 죄인은 씨가 될 수 없습니다. 우리는 약속에 대하여 죽었습니다. 죄인은 그리스도와 함께 죽었습니다. 그래서 스스로 씨가 될 수 없습니다. 그런데 그리스도께서 부활하셔서 그분 안에서 우리도 씨가 되었습니다. 이것이 하나님이 원하시는 믿음입니다. 이것이 하나님이 원하시는 진정한 할례입니다. "또 그 안에서 너희가 손으로 하지 아니한 할례를 받았으니 곧 육의 몸을 벗는 것이요 그리스도의 할례니라 너희가 세례로 그리스도와 함께 장사되고 또 죽은 자들 가운데서 그를 일으키신 하나님의 역사를 믿음으로 말미암아 그 안에서 함께 일으키심을 받았느니라 (골 2:11-12).

아브라함은 하나님이 친히 약속을 이루신다는 표로 할례를 받았습니다. 우리는 하나님이 친히 약속을 이루신다는 표로 세례와 성찬을 받습니다. 이삭을 주심으로 이루어 주셨던 하나님의 약속이 그리스도를 주심으로 성취되었기 때문입니다. 구약시대 성례는 할례입니다. 우리에게 성례는 세례와 성찬입니다. 이 둘은 서로 다른 것이 아닙니다. 아브라함도 약속에 대하여 죽은 자임을 고백하고, 죽은 자를 살리시는 전능하신 하나님만이 약속을 이루신다는 믿음으로 약속을 받았습니다. 우리도 약속에 대하여 죽은 자임을 고백하고, 그리스도를 죽은 자 가운데서 살리는 하나님이 약속을 이루신다는 믿음으로 약속을 받습니다.

우리가 약속의 표와 인인 세례와 성찬을 받았다는 것은 얼마나 큰 복입니까? 우리는 세례와 성찬을 행하며 하나님의 약속이 우리 가운데 성취되었음으로 인해 기뻐하며 감사해야 합니다. 그리고 하나님이 이 약속을 끝까지 이루시고 완성해 달라고 간구해야 합니다. 내가 아니라 하나님이 이루시기 때문입니다.

성경이 말하는 세례
(요한복음 3:5)

Article XXXIV.

Nous croyons et confessons que Iesus Christ, qui est la fin de la Loy, par son sang respandu a mis fin à tout autre effusion de sang qu'on pourroit ou voudroit faire pour propitiation ou satisfaction des pechez, et ayant aboli la Circoncision qui se faisoit par sang, a ordonné au lieu d'icelle le Sacrement du Baptesme, par lequel nous sommes receus en l'Eglise de Dieu et separez de tout autres peuples, et de toutes religions estranges, pour estre intierement dediez à luy, portans sa marque et son enseigne; et nous sert de tesmoignage, qu'il nouss sera Dieu à jamais, nous estant Pere propice. Il a donc commandé de baptizer tous ceux qui sont siens au nom du Pere et du Fils et du S. Esprit avec eau pure, nous signifiant par cela, que comme l'eau lave les ordures du corps, quand elle est espanduë sur nous, laquelle aussi est veuë sur le corps du baptizé, et l'arrouse: ainsi le sang de Christ par le S. Esprit fait le mesme interieurement en l'ame, l'arrousant et nettoyant de ses pechez, et nous regenerant d'enfans d'ire en enfans de Dieu. Non pas que l'eau materielle face cela; mais c'est l'arrousement du precieux sang du fils de Dieu, lequel est nostre mer rouge par laquelle il nous faut passer pour sortir hors de la tyrannie de Pharao, qui est le Diable, et entrer en la terre spirituelle de Canaan. Parainsi les Ministres nous baillent de leur part le Sacrement, et ce qui est visible; mais nostre Seigneur donne ce qui est signifié par le Sacrement, asavoir les dons et graces invisibles, lavant purgeant, et nettoyant nos ames de toutes ordures et iniquitez, renouvelant nos coeurs et les remplissant de toute consolation, nous donnant vraye asseurance de sa bonté paternelle, nous vestant le nouvel homme, et despouillant le vieil avec tous ses faits. Pour ceste cause nous croyons que quiconque pretend parvenir à la vie eternelle doit estre une fois baptizé, sans jamais le reiterer, car aussi nous ne pouvons naistre deux fois. Et toutesfois ce Baptesme ne profite pas seulement quand l'eau est sur nous, et que nous la recevons; mais profite tout le temps de noste vie. Sur cecy nous detestons l'erreur des Anabaptistes qui ne se contentent pas d'un seul Baptesme une fois reçeu, et outreplus

condamnent le Baptesme des petits enfans des fideles; lesquels nous croyons devoir estre baptizés et seellés du signe de l'alliance comme les petits enfans estoyent corconcis en Israël sur les mesmes promesses qui sont faites à nos enfans. Et aussi à la verité, Christ n'a pas moins espandu son sang pour laver les petits enfans des fideles, qu'il a fait pour les grands. Et pourtant doivent ils recevoir le signe et le Sacrement de ce que Christ a fait pour eux: comme en la Loy le Seigneur commandoit, qu'on leur communiquast le Sacrement de la mort et passion de Christ quand ils estoyent nouveau-nez en offrant pour eux un Agneau, qui estoit le Sacrement de Iesus Christ. Et d'avantage ce que faisoit la Circoncision au peuple Iudaique, le Baptesme fait le mesme envers nos enfans. C'est la cause pourquoy S. Paul appele le Baptesme la Circoncision de Christ.

제34항. [세례의 성례: 교회 회원으로 가입하는 표식]

우리는 율법의 마침이신 예수 그리스도께서 흘리신 자기 피로 다른 모든 피 부음을 끝내셨다는 것을 믿고 고백합니다. [다른 모든 피 부음이란 죄들을 속하거나 만족시키기 위해 행할 수 있거나 행하길 원하는 것[을 의미합니다]. [그리스도께서는] 피로 집행된 할례를 폐지하시고 그 자리에 세례의 성례를 제정하셨는데, 그 [세례]에 의해 우리는 하나님의 교회에 영접되고 다른 모든 민족과 거짓 종교들로부터 분리되어 온전히 그분께 헌신되기 위해 그분의 표지와 깃발을 가집니다. 또한 [세례는 그분이 우리에게 인자하신 아버지가 되심으로 영원히 우리에게 하나님이 되시리라는 증거를 우리에게 제시합니다. 그러므로 그분은[=예수 그리스도께서]는 그분께 속한 모든 사람에게 성부와 성자와 성령의 이름으로 세례를 순수한 물로써 베풀라고 명령하셨습니다. 이로써 물이 우리 위로 부어질 때 몸의 더러움을 씻어내는 것처럼, 그리고 또한 참으로 물이 세례 받고 적셔진 자의 몸 위에 보이고 것처럼, 그리스도의 피가 성령을 통해 [영혼을] 적시고 죄악들로부터 깨끗하게 하며 하나님의 자녀를 진노의 자녀로부터 중생시킴으로써 영혼에게 내적으로 동일한 일을 합니다. 이것을 행하는 것은 물질적인 물이 아니라 하나님의 아들의 보배로운 피의 적심인데, 이 [적심]은 우리가 마귀인 바로의 폭정으로부

터 벗어나 영적인 가나안 땅에 들어가기 위해 반드시 통과해야만 하는 우리의 홍해입니다. 따라서 목사들은 자기들 편에서 우리에게 그 성례와 가시적인 것을 주지만 우리 주님께서는 그 성례가 의미하는 것을, 즉 불가시적인 은사들과 은혜들을 주십니다. [우리 주님께서는] 모든 더러움과 불의로부터 우리의 영혼을 씻으시고 청결하게 하시며 깨끗하게 하십니다. 우리의 마음을 갱신하시고 모든 위로로 채우시며 자신의 부성적인 선하심에 대한 참된 확신을 우리에게 주시고 우리에게 새 사람을 입히시며 자신의 모든 행위로 옛 [사람]을 벗겨버리십니다. 그렇기 때문에 우리는 영원한 생명에 이르기를 바라는 자마다 결코 반복하는 것 없이 한 번만 세례를 받아야만 한다고 믿습니다. 왜냐하면 우리 역시 두 번 태어날 수 없기 때문입니다. 그럼에도 불구하고 세례는 물이 우리 위에 있을 때 우리가 그것을 받는 것도 유익할 뿐만 아니라, 또한 우리 평생에 유익합니다. 그러므로 우리는 재세례파의 오류를 거절합니다. 그들은 한 번 받은 세례만으로 만족하지 않고 더욱이 신자들의 갓난아이들의 세례를 정죄합니다. 하지만 우리는 이스라엘에서 갓난아이들이 할례를 받았던 것처럼, 우리의 어린아이들에게 행해진 동일한 약속 때문에 [신자들의 아이들이] 세례를 받아야 하고 언약의 표지로 봉인되어야 한다고 믿습니다. 그리고 또한 참으로 그리스도께서는 신자들의 갓난아이들을 씻기시기 위해 자신의 피를 흘리셨을 뿐만 아니라, 성인을 위해서도 그렇게 하셨습니다. 그러므로 주님께서 그들이 갓 태어났을 때 그들을 위해 예수 그리스도의 성례였던 어린양을 바침으로 그리스도의 죽음과 고난의 성례를 그들에게 나누어주도록 율법으로 명령하신 것처럼 그들은 그리스도께서 그들을 위해 행하신 그것의 표지와 성례를 받아야만 합니다. 게다가 할례가 이스라엘 백성에게 했던 것과 동일하게 세례는 우리의 어린아이들에게 행합니다. 이것은 성 바울이 세례를 그리스도의 할례라 부른 바로 그 이유입니다.

관련성경

마 28:19; 고전 6:11; 딛 3:5; 히 9:14; 요일 1:7 (계 1:5); 벧전 1:2, 2:24; 딛 3:5; 요일 5:16; 요 19:34; 마 3:11; 고전 3:7; 롬 6:3; 엡 5:26; 행 22:16; 벧전 3:21; 갈 3:27; 고전 12:13; 마 28:19; 엡 4:5; 히 6:1-2; 행 8:16, 2:38, 41; 마 19:14; 고전 7:14; 창 17:11; 골 2:11; 레 12:6.

언젠가 군대에서 세례를 받았던 한 청년이 다시 세례를 받을 수 없느냐고 물었습니다. 그때는 세례가 무엇인지도 모른 채 초코파이에 끌려 세례를 받았다고 후회했습니다. 그렇습니다. 세례가 무엇인지 그 의미를 알고 세례를 받아야 하지 않겠습니까? 성경이 말하는 세례가 무엇인지 함께 살펴보고자 합니다.

노아 홍수

성경은 노아 홍수의 물을 세례라고 말합니다. "방주에서 물로 말미암아 구원을 얻은 자가 몇 명뿐이니 겨우 여덟 명이라 물은 예수 그리스도께서 부활하심으로 말미암아 이제 너희를 구원하는 표니 곧 세례라"(벧전 3:20-21). 홍수의 물을 어떻게 세례라고 말할 수 있을까요?

노아 시대 온 세상이 타락했습니다. 사람들은 부패했고 포악했습니다. 셋의 후손들까지도 그랬습니다. 경건한 후손은 여덟 명뿐이었습니다. 하나님은 그들을 홍수의 물로 심판하셨습니다. 그래서 홍수의 물은 심판입니다. 그런데 홍수의 물은 구원이기도 합니다. 왜냐하면 악한 세상을 심판하심으로 경건한 자손을 보존하셨기 때문입니다. 그렇지 않았더라면 포악하고 부패한 악인들 사이에서 노아와 일곱 식구는 보존되지 못했을 것입니다. 하나님은 홍수 물로 경건한 자손이 끊어지지 않게 하신 것입니다(벧전 2:5). 그런 점에서 홍수의 물은 구원입니다.

세례의 물은 심판이자 구원입니다. 세례는 죄인이 죽는 심판의 물입니다. 그런데 하나님은 그 물에서부터 자기 백성을 건져 올리십니다. 그러니 부활입니다. 세례는 죄인이 심판당하여 죽는 것이고, 그 가운데서 의인을 건져내어 보존하시는 방법입니다.

그런데 세례는 물로만 된 것이 아닙니다. 노아 홍수 후 세상을 뒤덮고 있던 죽음의 물에서 자기 백성을 건져내신 방법이 무엇이었습니까? 그 많은 물이 어떻게 마르게 되었습니까? "하나님이 노아와 그와 함께 방주에 있는 모든 들짐승과 가축을 기억하사 하나님이 바람을 땅 위에 불게 하시매 물이 줄어들었고"(창 8:1). 심판의 물을 빼시고 새 땅을 내어 방주가 안착하게 하신 방법이 무엇입니까? 바람을 불게 하신 것입니다. 바람(루아흐)은 하나님의 영이기도 합니다. 하나님은 물과 성령으로 노아 가족을 죽음에서 살리시고, 씨와 땅에 대한 약속을 이어 가십니다. 이것이 세례입니다.

홍해 도하

성경은 홍해 도하가 세례라고 말합니다. "우리 조상들이 다 구름 아래에 있고 바다 가운데로 지나며 모세에게 속하여 다 구름과 바다에서 세례를 받고"(고전 10:1-2). 홍해 도하를 어떻게 세례라고 말할 수 있을까요?

하나님은 자기 백성이 하나님이 약속하신 땅에서 하나님과 함께 살도록 해 주시겠다고 약속하셨습니다. 그런데 하나님의 백성들이 애굽 땅에서 애굽 왕을 섬기고 있었습니다. 하나님은 약속을 이루시기 위해 자기 백성을 애굽에서 나오게 하십니다. 왜 출애굽해야 합니까? 약속을 이루시기 위해서입니다. 하나님이 임재하시는 땅에서 하나님과 교제하고 예배하기 위함입니다(출 3:18; 5:3). 그렇게 하나님은 자기 약속을 이루시지만, 정작 자기 백성들은 약속에 관심이 없었습니다. 홍해를 만났을 때 이스라엘은 애굽 사람과 다를 바 없었습니다. 애굽 왕을 섬기는 것이 더 낫겠다고 말합니다. "우리가 애굽에서 당신에게 이른 말이 이것이 아니냐 이르기를 우리를 내버려 두라 우리가 애굽 사람을 섬길 것이라 하지 아니하더냐 애굽 사람을 섬기는 것이 광야에서 죽는 것보다 낫겠노라"(출 14:12). 그들은 죄인입니다. 그들은 홍해 물에 들어가야 했습니다. 홍해 물은 심판의 물입니다. 실제로 하나님은 애굽 사람들과 말과 마병을 홍해 물로 죽이셨습니다. 이스라엘도 마찬가지로 죽어야 했습니다. 하지만 하나님은 자기 약속을 이루시기 위해, 홍해 물 속에서 자기 백성을 건져내십니다. 홍해의 물에서 나와 가나안으로 들어가게 하십니다. 홍해는 뒤쫓아오는 애굽 군대로부터 이스라엘을 구원하는 물이기도 했습니다.

세례의 물은 심판이자 구원입니다. 세례는 죄인이 죽는 심판의 물입니다. 그런데 하나님은 그 물에서부터 자기 백성을 건져 올리십니다. 그러니 부활입니다. 세례는 죄인이 심판당하여 죽는 것이고, 그 가운데서 의인을 건져내어 약속을 이루시는 방법입니다. 네덜란드신앙고백서 제34항은 이렇게 고백합니다. "세례는 마귀의 학정에서부터 벗어나 영적 가나안 땅에 들어가게 되는 우리의 홍해이다". 기막힌 고백입니다.

그런데 세례는 물로만 된 것이 아닙니다. 죽음과 심판의 홍해 물에서 이스라엘을 나오게 하신 방법이 무엇입니까? "모세가 바다 위로 손을 내밀매 여호와께서 큰 동풍이 밤새도록 바닷물을 물러가게 하시니 물이 갈라져 바다가 마른 땅이 된지라"(출 14:21). 노아 홍수의 물을 바람으로 마르게 하셨듯이, 홍해 물을 바람으로 물러가게 하셨습니다. 바람(루아흐)은 하나님의 영이기도 합니다. 하나님은 물과 성령으로 이스라엘을 죽음에서 살리시고 약속을 이어가십니다. 이것이 세례입니다.

예수님의 수세

성경은 예수님께서 세례받으신 사건을 기록합니다. 사실 예수님은 세례 받으실 필요가 없습니다. 왜냐하면 죄가 없으시기 때문입니다. 세례 요한도 "내가 당신에게 세례를 받아야 할 터인데 당신이 내게로 오시나이까"라고 했습니다(마 3:14). 그럼에도 예수님께서 세례를 받으신 이유는 무엇입니까? 예수님이 죄인인 자기 백성과 하나가 되셨기 때문입니다. 예수님은 자기 백성의 죄를 담당하심으로 죄인이 되셨습니다. 그렇게 죄인이 되신 예수님은 죽음의 물, 심판의 물속에 들어가셨습니다. 하지만 하나님은 예수님을 그 물에서 건져내시고 나오게 하셨습니다. 부활입니다. 이런 점에서 예수님의 수세는 훗날 예수님께서 십자가에 죽으시고 부활하실 것에 대한 예표입니다. 네덜란드신앙고백서 제34항은 이렇게 고백합니다. "세례는 그리스도의 고난과 죽음의 상징이다."

그런데 세례는 물로만 된 것이 아닙니다. 죄인을 죽이고 심판하는 요단강 물에서 예수님을 나오게 하신 방법이 무엇입니까? "예수께서 세례를 받으시고 곧 물에서 올라오실새 하늘이 열리고 하나님의 성령이 비둘기 같이 내려 자기 위에 임하심을 보시더니"(마 3:16). 홍수 물 위에 바람(영)이 불었듯이, 홍해 물 위에 바람(영)이 불었듯이, 요단강 물 위에 성령이 임하셨습니다. 하나님은 물과 성령으로 예수님을 죽음에서 살리시고 약속을 이루셨습니다. 세례로 예수님과 연합한 자, 예수님 안에 있는 자만이 약속하신 땅에서 하나님을 섬기는 약속의 자손이 됩니다.

성도의 수세

예수님은 승천하시기 전, 제자들에게 세례를 주라고 명령하셨습니다.

"그러므로 너희는 가서 모든 민족을 제자로 삼아 아버지와 아들과 성령의 이름으로 세례를 베풀고"(마 28:19). 그래서 베드로도 세례를 주었습니다(행 2:38, 41). 빌립도 세례를 주었습니다(행 8:12). 바울도 세례를 주었습니다(행 16:33; 18:8; 19:2). 왜 세례를 주어야 할까요? 성도들은 왜 세례를 받는 것입니까? 성도들이 받는 세례의 의미는 무엇입니까? 세례는 죄인인 우리가 예수님과 합하여 죽었고, 예수님과 합하여 다시 살았다는 것을 인치는 행위입니다. "무릇 그리스도 예수와 합하여 세례를 받은 우리는 그의 죽으심과 합하여 세례를 받은 줄을 알지 못하느냐 그러므로 우리가 그의 죽으심과 합하여 세례를 받음으로 그와 함께 장사되었나니 이는 아버지의 영광으로 말미암아 그리스도를 죽은 자 가운데서 살리심과 같이 우리로 또한 새 생명 가운데서 행하게 하려 함이라"(롬 6:3-4).

우리는 예수님 안에서 심판과 죽음의 물에서 죽었고, 예수님 안에서 물 밖으로 나온 자입니다. 노아 가족이 홍수 물에서 나오게 하셨듯이, 이스라엘이 홍해 물에서 나오게 하셨듯이, 우리는 세례의 물에서 나온 자입니다. 예수님과 함께 요단강 물에서 나와 가나안 땅으로 들어가게 된 자들입니다. 예수님과 함께 죽고 예수님과 함께 산 자가 되었습니다.

그런데 이 일은 물로만 된 일이 아닙니다. 성령으로 된 일입니다. 홍수 물과 홍해 물과 요단 물에서 건져내신 분도 성령님이시듯, 성도를 물에서 건져내는 분도 성령님이십니다(롬 8:15; 고전 12:13). 우리가 세례를 받는 것도 성령님으로 되는 일입니다. 우리는 물과 성령으로 세례 받은 자입니다. 세례 받은 자가 약속하신 땅에서 하나님을 섬기는 약속의 자손이 됩니다.

우리는 비로소 본문 말씀의 의미를 깨닫게 됩니다. "예수께서 대답하시되 진실로 진실로 네게 이르노니 사람이 물과 성령으로 나지 아니하면 하나님의 나라에 들어갈 수 없느니라"(요 3:5). 물과 성령으로 나는 것이 세례의 의미가 아닙니까? 우리는 물과 성령으로 난 자입니다.

"우리를 구원하시되 우리가 행한 바 의로운 행위로 말미암지 아니하고 오직 그의 긍휼하심을 따라 중생의 씻음과 성령의 새롭게 하심으로 하셨나니"(딛 3:5). 중생의 씻음과 성령의 새롭게 하심이 세례의 의미가 아닙니까? 우리가 중생의 씻음과 성령의 새롭게 하심으로 난 자입니다. 그리스도 안에서 심판과 구원, 죽음과 부활을 경험한 우리가 세례자입니다.

성찬의 3가지 시제

(사도행전 20:7-12)

Article XXXV.

Nous croyons et confessons que nostre Sauveur Iesus Christ a ordonné et institué le Sacrement de la S. Cene pour nourrir et substanter ceux qu'il a desja regenerez et entez en sa famille, qui est son Eglise. Or ceux qui sont regenerez ont en eux deux vies: l'une corporelle et temporelle, laquelle ils ont apportée dés leur premiere nativité, et est commune à tous l'autre est spirituelle et celeste laquelle leur est donnée en la seconde nativité, qui se fait par la parole de l'Evangile en la communion du corps de Christ, et ceste vie n'est commune sinon aux esleus de Dieu. Ainsi Dieu nous a ordonné pour l'entretenement de la vie corporelle et terrestre, un pain terrestre et materiel qui est propre à cela, lequel pain est commun à tous, comme aussi est la vie; mais pour entretenir la vie spirituelle et celeste laquelle est aux fideles, il leur a envoyé un pain vif, qui est descendu du ciel, asavoir Iesus Christ, lequel nourrit et entretient la vie spirituelle des fideles, estant mangé, c'est à dire, appliqué et receu par foy en l'esprit. Pour nous figurer ce pain spirituel et celeste Christ a ordonné un pain terrestre et visible, qui est sacrement de son corps, et le vin pour le Sacrement de son sang, pour nous testifier, qu'aussi veritablement que nous prenons et tenons le Sacrement en nos mains, et le mangeons et beuvons en nos bouches, dont puis apres nostre vie est substantée: aussi vrayement par foy (qui est la main, et la bouche de nostrew ame) nous recevons le vray corps, et le vray sang de Christ nostre seul Sauveur en nos ames pour nostre vie spirituelle. Or c'est une chose asseurée que Iesus Christ ne nous a pas recommandé ses Sacremens pour neant. Partant il fait en nous tout ce qu'il nous represente par ces signes sacrez, combien que la maniere outrepasse nos entendemens, et nous soit incomprehensible, comme l'operation de l'Esprit de Dieu est secrette et incomprehensible. Cependant nous ne faillons pas, en disant, que ce qui est mangé est le propre et naturel corps de Christ et son propre sang, ce qui est beu: mais la maniere par laquelle nous le mangeons n'est pas la bouche; ains l'Esprit par la Foy. Parainsi Iesus Christ demeure tousjours assis à la dextre de Dieu son Pere és cieux,

et ne laisse pas pour cela de se communiquer à nous par la foy. Ce banquet est une table spirituelle en laquelle Christ se communique à nous avec tous se biens, et nous fait joüir en icelle tant de luy-mesme que du merite de sa mort et passion, nourrissant, fortifiant, et consolant nostre pauvre ame desoée par le manger de sa chair, et la soulageant et recreant par le breuvage de son sang. Outreplus jaçoit que les Sacremens soyent conjoincts à la chose signifiée, ils ne sont pas toutesfois receus, de tous avec ces deux choses. Le meschant prend bien le Sacrement à sa condamnation; mais il ne recoit pas la Verité du Sacrement: comme Iudas et Simon le Magicien recevoyent bien tous deux le Sacrement; mais non pas Christ qui est signifié par iceluy: ce qui est seulement communiqué aux fideles. Finalement nous recevons le S. Sacrement en l'assemblée du peuple de Dieu avec humilité et reverence en faisant entre nous une saincte memoire de la mort de Christ nostre Sauveur avec actions de graces et faisons confession de nostre foy et religion Chrestienne. Parquoy nul ne se doit presenter qu'il ne se soit bien esprouvé soy mesme, de peur qu'en mangeant de ce pain et beuvant de ceste couppe, il ne mange et boive son jugement. Bref nous sommes par l'usage de ce S. Sacrement esmeus à une ardente amour envers Dieu, et nos prochains. En quoy nous rejettons toutes les brouilleries et inventions damnablles, que les hommes ont adjoustées et meslées aux Sacremens, comme prophanations d'iceux, et disons, qu'on se doit contenter de l'ordre que Christ et les Apostres nous en ont enseigné, et parler comme ils en ont parlé.

제35항. [성찬의 성례
: 지상에서 누리는 영적이고 천상적인 삶]

우리는 우리 주 예수 그리스도께서 성만찬의 성례를 정하시고 세우셨다는 것을 믿고 고백합니다. 이는 그분이 이미 거듭나게 하셔서 자신의 가정 즉 자신의 교회에 접붙이신 자들을 먹이시고 지키시기 위함입니

다. 거듭난 자들은 지금 두 종류의 삶(=생명)을 삽니다. 즉 하나는 그들이 자신들의 첫 출생에 수반하는 육체적이고 한시적인 [삶]인데, 모든 사람에게 공통적입니다. 다른 하나는 복음의 말씀을 통해 그리스도의 몸의 교제 안에서 발생하는 두 번째 출생으로 그들에게 주어진 영적이고 천상적인 [삶]인데, 이 삶은 하나님께서 택하신 자들에게만 공통적입니다. 또 하나님께서는 우리에게 육체적이고 지상적인 삶의 유지를 위해 지상적이고 물질적인 빵을 유용한 것으로 정하셨는데, 삶 역시 그런 것처럼 빵도 모든 사람에게 공통적입니다. 하지만 신자들이 영적이고 천상적인 삶을 유지하도록 [하나님]께서는 그들에게 살아 있는 빵을 보내셨는데, 그것은 하늘로부터 내려온 [빵] 즉 예수 그리스도이십니다. 이분은 [신자들에게] 먹히심으로 즉 믿음을 통해 영으로 접촉되시고 수용되심으로 신자들의 영적 삶을 먹이시고 유지하십니다. 우리에게 영적이고 천상적인 빵을 보여주시기 위해 그리스도께서는 지상적이고 가시적인 빵을 자기 몸의 성례로, 또한 포도주를 자기 피의 성례로 정하셨습니다. 이것은 [다음과 같은 사실을] 우리에게 증거하기 위함인데, 즉 진실로 우리가 그 성례를 우리 손으로 받아서 취하고 그것을 우리 입으로 먹고 마실 때 그것으로 우리의 삶이 계속 유지된다는 것과, 또한 참으로 우리가 우리 영혼의 손과 입인 믿음을 통해, 우리의 유일한 구세주이신 그리스도의 참된 몸과 참된 피를, 우리의 영적 삶을 위하여 우리 영혼으로 받을 때도 역시 [그렇다는] 것입니다. 예수 그리스도께서 자신의 성례들을 우리에게 헛되이 명령하지 않으셨다는 것은 이제 확실합니다. 그러므로 그분은 이 거룩한 표지들을 통해 우리에게 나타내 보이시는 모든 것들을 우리 안에서 행하시는데, 그 방법이 얼마나 우리의 이해를 초월하고 우리에게 불가해한지 하나님의 영이 비밀스럽고 불가해한 것과 같습니다. 그럼에도 불구하고 먹히는 그것이 그리스도 자신의 타고난 몸이요, 마셔지는 그것이 그분 자신의 피라고 우리가 말하는 것은 잘못이 아닙니다. 그러나 우리가 그것을 먹는 방법은 입이 아니라 믿음을 통한 영입니다. 그러므로 예수 그리스도께서는 하늘에 계신 자신의 아버지 하나님 우편에 항상 머물러 계시지만 믿음을 통해 자기 자신을 우리에게 나누어주시기를 포기하지 않으십니다. 이 만찬은 영적 식탁인데 이 [식탁에서] 그리스도께서는 자신의 모든 선한 것들과 더불어 자기 자신을 우리에게 나누어주시고 또한 우리가 그분의 고난과 죽음의 공로뿐만 아니라 그분 자신까지도 즐기도록 하십니다. [우리가] 그분의 몸을 먹음

으로 그분은 우리의 황폐하고 가난한 영혼을 양육하시고 강화하시고 위로하시며, [우리가] 그분의 피를 마심으로 그분은 [우리의 황폐하고 가난한 영혼을] 살아나게 하시고 새롭게 하십니다. 더욱이 성례들이 의미하는 것들과 결합되어 있음에도 불구하고 그것들이 모두에 의해 두 가지로 받아들여지는 것은 아닙니다. 악한 자는 자신의 판단대로 성례를 좋게 붙잡지만 성례의 진리를 받지는 못합니다. [그것은] 마치 유다와 마술사 시몬 둘 다 성례를 받았지만 성례가 의미하는 그리스도를 못 [받았던] 것과 같습니다. [왜냐하면] 그것은 신자들에게만 나누어지는 것이기 [때문입니다]. 마지막으로 우리는 하나님의 백성의 모임에서 거룩한 성례를 겸손과 공경으로 받는데, 우리가 감사(=은혜의 행위)로 우리 주 그리스도의 죽으심을 거룩하게 기억함으로써, 우리의 믿음과 기독교를 고백함으로써 [받습니다]. 그러므로 아무도 먼저 자신을 살피지 않고 나타나는 일은 없어야 하는데, [이것은] 그가 이 빵을 먹고 이 잔을 마실 때 자신의 심판을 먹고 마시지 않도록 하기 위함입니다. 요컨대 우리는 이 거룩한 성례의 사용을 통해 하나님과 우리의 이웃을 향한 불타는 사랑으로 감동됩니다. 따라서 우리는 인간들이 거룩한 성례들에 첨가하고 뒤섞은 모든 혼합물들과 저주받을 발명품들을 동일한 신성모독처럼 거부합니다. 그리고 [우리는] 그리스도와 사도들이 우리에게 가르쳐주신 규정으로 만족해야 하고 그분들이 그것에 대해 말씀하셨던 것과 같이 말해야 한다고 주장합니다.

관련성경

마 26:26; 막 14:17; 눅 22:19; 고전 11:24; 요 3:6, 10:10, 5:25, 6:48, 51, 63; 고전 10:27; 엡 3:17; 요 6:35; 고전 10:16; 행 3:21; 요 6:35; 고전 10:16; 행 3:21; 막 16:14; 마 26:11; 고전 10:3-4, 11:29; 롬 8:22; 고후 6:15; 고전 2:14; 행 2:42; 행 20:7; 고전 11:28.

그리스도인들이 모이는 이유가 무엇입니까? 제각기 예수님 잘 믿으면 되지 않을까요? 각자 말씀 읽고 기도 하고 신앙생활 하면 되지 않을까요? 그리스도인들은 언제부터 모이기 시작했을까요? 그리고 왜 모였을까요?

그리스도인들이 함께 모인 최초의 이유는 떡을 떼기 위해서였습니다(행 2:42, 46; 20:7; 고전 10:16). 떡을 뗀다는 것은 성찬을 의미합니다. 왜 성찬을 하기 위해 모였을까요? 예수님께서 하라고 하신 것이었기 때문입니다. 예수님께서는 잡히시기 전에도 떡을 떼셨고(마 26:26), 부활하신 후에도 떡을 떼셨습니다(눅 24:30; 행 10:41). 그리고 이것을 기념하라고 하셨습니다(눅 22:19; 고전 11:24). 또 예수님은 자신을 먹고 마시라고 하셨습니다. 예수님을 먹는 자만이 생명을 얻기 때문입니다(요 6:51-55). 그래서 오순절 이후 성령님으로 말미암아 그리스도인이 된 사람들은 예수님의 명령을 지키기 위해 모였고 함께 떡을 떼었습니다. 성찬은 그리스도인들이 회집한 핵심적인 이유였습니다(고전 11:18, 33). 초대교회는 성찬을 행하려고 모였습니다. 그들에게 성찬 없는 예배는 상상할 수 없었습니다. 오늘은 교회 회집의 핵심적인 목적과 이유인 성찬에 대해 알아봅시다. 성찬을 3가지 시제를 통해 살펴보려 합니다.

1. 성찬의 과거시제

예수님께서 성찬을 제정하신 때로 돌아가 봅시다. 예수님께서 십자가에 달리시기 전날 밤, 곧 유월절 전날 밤이었습니다. 원래 유월절 밤에 하는 일이 있었습니다. 바로 유월절 식사입니다. 하나님께서 애굽의 처음 난 것들을 다 죽이려 하셨습니다. 이스라엘의 장자들도 죽어야 했지만, 하나님은 그들에게는 살길을 주셨습니다. 어린양을 잡고, 그 피를 문설주와 인방에 바르고, 그 양을 집 안에서 함께 먹도록 하셨습니다. 그러면 죽음의 천사가 그 집을 넘어갔습니다. 이스라엘은 어린양의 피를 바르고, 그 양을 먹음으로 구원을 받았습니다. 이 구원 사건을 기념하기 위해서 유월절이 되면 어린양을 잡아서 유월절 식사를 했던 것입니다.

예수님도 이 절기를 제자들과 함께 하셨습니다. "내가 고난을 받기 전에 너희와 함께 이 유월절 먹기를 원하고 원하였노라"(눅 22:15). 예수님도 제자들과 한 집에서 유월절 식사를 하셨는데, 차이점이 있습니다. 양을 잡아서 먹도록 주신 것이 아니라, 예수님 자신을 주셨습니다. '받아 먹으라. 이것은 너희를 위하는 내 몸이니라. 받아 마시라. 이것은 죄 사함을 위하여 흘리는 내 피니라.' 이것이 무슨 뜻일까요? 예수님이 유월절 어린양이심을 보여주신 것입니다. 예수님의 희생이 유월절 어린양의 희생임을 가르쳐 주신 것입니다. 이스라엘 백성들이 유월절 양을 먹음으로 애굽에서 구원을 얻었듯이, 유월절 양이신 예수님을 먹음으로 죄와 사망으로부터 구원 얻음을 가르쳐 주신 것입니다.

유월절 어린양의 피를 바르고 양을 먹은 그 집은 왜 죽이는 천사가 넘어갔나요? 양의 피가 부적 같은 것이었습니까? 아닙니다. 이 집의 장자는 이미 죽었다고 인정해 주셨기 때문입니다. 즉 문 앞에 발린 피를 장자의 피로 인정해 주신 것입니다. 이것이 어떻게 가능합니까? 양을 먹었기 때문에 가능합니다. 먹음은 연합의 상징입니다. 집 안의 모든 사람들이 희생 당한 양을 먹음으로, 양과 연합한 것입니다. 그래서 하나님은 어린양의 피를 장자의 피로 보시고, 그 집의 장자는 이미 죽었다고 인정해 주신 것입니다.

예수님께서 유월절에 십자가에서 희생되신 이유가 무엇입니까? 예수님이 유월절 양이시기 때문입니다. 예수님이 유월절 전날, 성찬을 행하신 이유는 무엇입니까? 구원 받을 자들이 유월절 양과 연합되어야 하기 때문입니다. 그렇게 함으로 예수님의 죽음이 우리의 죽음이 됩니다. 예수님의 부활이 우리의 부활이 됩니다. 예수님께서 죽으셨지만, 우리가 죽었다고 인정해 주십니다. 우리의 죄의 대가를 다 치루었다고 인정해 주십니다.

오늘날 우리는 성찬을 시행하면서 예수님께서 유월절 어린양이 되어 우리의 구원을 이루신 것을 기억하고 감사합니다. 성찬을 통해 유월절 어린양을 먹음으로 예수님과 하나 되었음을 깨닫습니다. 어린양의 죽음이 우리의 죽음이 되었습니다. 어린양의 피가 발림으로 우리가 살았습니다. 예수님의 죽으심으로 우리의 모든 죄책이 사라졌고 생명을 얻게 되었음을 확증합니다. 성찬은 우리를 살리는 유월절 식사입니다.

2. 성찬의 현재 시제

성찬은 지금 우리가 먹고 마시는 생명의 양식입니다. 우리 육신도 먹고 마시지 않으면 살 수 없듯이, 우리의 영혼도 먹고 마셔야 살 수 있습니다. 우리의 일용할 양식이 바로 예수님입니다. 예수님을 먹고 마셔야 살아갈 힘을 얻습니다. "내 살은 참된 양식이요 내 피는 참된 음료로다 내 살을 먹고 내 피를 마시는 자는 내 안에 거하고 나도 그의 안에 거하나니 살아 계신 아버지께서 나를 보내시매 내가 아버지로 말미암아 사는 것 같이 나를 먹는 그 사람도 나로 말미암아 살리라"(요 6:55-57).

성찬이 우리의 살이 되고 피가 됩니다. 지금 예수님의 몸은 하나님 보좌 우편에 계시지만, 성찬을 행할 때 떡과 잔에 영적으로 임하십니다. 내 입이 떡을 먹고 포도주를 마십니다. 그것이 내 배로 들어갑니다. 우리가 먹고 마신 것이 우리의 살이 되고 피가 됩니다. 식품영양학과 교수님이 말하기를 "내가 먹는 그것이 곧 나다"고 했습니다. 그렇습니다. 우리는 예수님을 먹고 마심으로 그분과 하나 될 뿐 아니라, 양분을 얻어서 건강해집니다. 힘이 생깁니다. 강해집니다. 성찬은 우리가 이 땅을 예수님으로 말미암아 살게 하는 생명의 식탁입니다. 성찬을 행한 사람은 '이제 내가 사는 것은 내가 사는 것이 아니요 내 안에 그리스도께서 사신 것'이라고 말할 수 있습니다. 성찬은 영상(온라인)으로 할 수 없습니다. 아무리 먹방을 많이 봐도, 먹는 그 사람이 배부르지 내 배가 부르지 않기 때문입니다.

그런데 식사를 나 홀로 하지 않습니다. 우리는 '혼밥'하지 않습니다. 교회 성도들이 함께 식사합니다. 성찬은 나뿐 아니라, 우리가 예수님과 연합되어 있음을 확증하는 자리입니다. 떡과 잔에 함께 참여하는 자들이 있기 때문입니다. 나도 그리스도의 몸에 연합되었고, 우리 교회의 형제자매들도 그리스도의 몸에 연합되었습니다. 함께 식탁에 앉은 우리는 한 피 받아 한 몸 이룬 예수님 몸의 지체입니다. 교회가 하나 되는 방법이 무엇입니까? 레크레이션을 자주 하고, 야유회를 자주 가면 하나 될 수 있습니까? 성찬을 행함으로 하나 됩니다. 성찬은 모든 성도가 한 지체임을 확증하는 표입니다.

고린도교회에서는 성찬을 행하면서 하나 되지 못했습니다. 나누어졌고 싸우고 다투었습니다. 그래서 바울 사도의 책망을 받았습니다. 성찬은 예수님 안에서 우리가 하나임을 확인하는 표인데, 성찬을 행하면서도 부한 자와 가난한 자가 나누어지고, 자유인과 종이 나누어지고, 배

부른 자와 배고픈 자가 나누어졌기 때문입니다. 하지만 성도는 한 식탁에 앉는 한 집안 사람, 한 식구입니다.

성찬은 오늘을 살아갈 힘을 주는 일용할 양식, 생명의 양식입니다. 성찬은 성도를 한 식구로 만드는 연합의 식탁입니다.

3. 성찬의 미래 시제

현재 성찬은 미래 성찬의 보증이기도 합니다. 지금 이 땅에서 우리가 누리는 성찬은 맛보기입니다. 온전한 성찬은 천국에서 누릴 것입니다. 교회에서의 성찬은 천국 잔치에 참여하게 될 것의 보증입니다. 보증금은 십분의 일만 받습니다. 천국에서 누릴 것에 비하면, 오늘 우리가 교회에서 받는 것은 지극히 작은 것입니다. 하지만 잠시 후면 온전한 것을 받게 될 것입니다. 천국의 언약 잔치가 준비되어 있습니다. 이 땅에서도 한 식탁에 참여했으니, 천국에서 한 식탁에 참여할 것입니다. 이 땅에서도 함께 살았으니, 천국에서도 함께 살 것입니다.

성찬은 복음의 핵심을 담고 있습니다. 우리는 유월절 양이신 그리스도와 연합하여, 예수님과 함께 죽고 예수님과 함께 산 사람입니다. 성찬은 그리스도 안에서 새생명을 주셨음을 감사하고 찬송하는 식탁입니다. 우리는 지금도 그리스도와 신비하게 연합하여 살고 있습니다. 내가 사는 것이 내가 사는 것이 아니라, 내 안에 예수님이 사시는 것입니다. 성찬은 이를 몸소 확인하고, 예수님을 영양분 삼아 살아갈 힘을 얻는 일용한 양식입니다. 또 우리는 홀로 식사하지 않습니다. 함께 식탁에 앉았습니다. 주 안에서 우리는 한 식구입니다. 성찬은 우리 모두가 한 지체임을 확증하는 연합의 식탁입니다. 뿐 아니라, 이 식사는 천국에서도 계속될 것입니다. 이 땅에서의 성찬은 천국에서 누릴 영원하고 온전한 언약 잔치를 미리 맛보고 누리는 맛보기이자 보증입니다. 성찬에 참여하실 때마다 이 복음을 맛보십시오. 이 복음을 머리가 아니라 몸으로 체득하십시오.

기독교 신앙이
조롱받는 세상에서

(다니엘 1:8-21)

Article XXXVI.

Nous croyons que nostre bon Dieu à cause de la depravation du genre humain a ordonné des Roys, Princes, et Magistrats, voulant que le monde soit gouverné par loix et plices, afin que le desbordement des hommes soit reprimé et que tout se conduise par bon ordre entre les hommes. Pour ceste fin il a mis le glaive és mains du Magistrat pour punir les meschans, et maintenir les gens de bien. Et non seulement leur office est, de prendre garde et veiller sur la police; ains aussi de maintenir le sacr"e ministere, pour oster et ruiner toute Idolatrieet faux service de l'antechrist, et advancer le royaume de Iesus Christ, faire prescher la parole de l'Evangile par tout, afin que Dieu soit honnoré et servi d'un chacun, comme il le requiert par sa parole. D'avantage un chacun de quelque qualité, condition, ou estat qu'il soit, doit estre subject aux Magistrats, et payer les tributs, les avoir en honneur et reverence, et leur obeïr en toutes choses, qui ne sont point contrevenantes à la parole de Dieu, priant pour eux en leurs oraisons, afin que le Seigneur les vueille diriger en toutes leurs voyes, et que nous menions vie paisible et tranquille en toute pieté et honnesteté. Et sur cecy nous detestons les Anabaptistes et autres mutins, et en general tous ceux ui veulent rejetter les superioritez en Magistrats, et renverser la justice, establissans communautez que Dieu a mis entre les hommes.

제36항. [국가와 정부의 통치권에 대한 그리스도인의 순종]

우리는 우리의 선하신 하나님께서 인류의 타락 때문에 왕들과 군주들과 통치자들을 세우셨다고 믿습니다. [하나님께서는] 인간의 무질서가 통제되고 모든 일이 사람들 사이에서 선한 질서를 통해 수행되도록 세상이 법과 정치체제로 다스려지기를 바라십니다. 이런 목적으로 악인을 처벌하고 선인을 보호하도록 통치자들의 손에 칼을 쥐어주셨습니다. 그들의 직무는 정치체제를 지키고 감시하는 것뿐만 아니라, 또한 거룩한 사역을 유지하는 것인데, 이것은 모든 우상숭배 및 하나님에 대한 거짓

섬김을 제거하고 소멸하기 위함이요, 적그리스도의 왕국을 파괴하고 예수 그리스도의 왕국을 전진시키기 위함이요, 하나님께서 자신의 말씀을 통해 요구하시는 것처럼 각 사람으로부터 경외를 받으시고 섬김을 받으시도록 모두에게 복음의 말씀을 전하기 위함입니다. 나아가 모든 사람은 어떤 자질이나 지위나 신분에 관계없이 통치자들에게 복종해야 하고, 세금을 지불해야 하며, 그들을 경외심과 존경심으로 대해야 하고 하나님의 말씀에 위배되지 않는 모든 일에 그들에게 순종해야 하며, 자신들의 기도 속에 그들을 위해 기도하되 주님께서 모든 길에서 그들을 인도하시도록, 우리도 모든 경건함과 정직함으로 평화롭고 조용한 삶을 살 수 있도록 [기도하는 것입니다. 그리고 이것으로 우리는 재세례파들과 다른 반역자들, 그리고 재산의 공유 [공동체]를 세우고 하나님께서 사람들 사이에 두신 정직함을 교란함으로써 높은 권세들과 통치자들을 거부하고 정의를 뒤집어엎으려고 하는 모든 일반 사람들을 배격합니다.

관련성경

출 18:20; 롬 13:1; 잠 8:15; 렘 22:3; 시 82편; 신 1:16, 17:16, 16:19; 고후 10:6; 시 101편; 렘 21:12; 삿 21:25; 렘 22:3; 단 2:21-22 (5:8); 사 49:23; 왕하 23장; 왕상 15:12; 롬 13:1; 눅 22장; 벧전 2:17; 딛 3장; 마 17:27; 행 4:17-19, 5장, 2장; 호 5:11; 렘 27:5; 벧후 2:10; 유 1:10; 딤전 2:2.

오늘날 세상은 기독교 신앙을 조롱하고 모욕합니다. 분당에 사는 중학교 2학년 친구는 성실하고 공부도 잘하는 모태신앙인입니다. 하루는 반에서 동성애를 주제로 토론을 하게 되었습니다. 18명 중 17명이 동성애를 찬성하고 옹호하고 지지했습니다. 혼자 동성애자는 미워하지 말아야 하지만 동성애는 반대한다고 했습니다. 이후로 반에서 왕따를 당하고 독단적이고 인권을 무시하는 개독교인이라는 소리를 들어야 했습니다. 큰 충격을 받아 정신과 치료도 받고 힘든 학교생활을 하고 있습니다.

얼마 전 국가인권위원장 후보자에 대한 인사청문회가 있었습니다. 우리는 이 자리에서 심각한 인권 침해를 목도했습니다. 안창호 후보자의 양심과 종교를 헐뜯는 발언이 난무했습니다. 인권을 말하면서 기독교인의 인권은 짓밟았습니다. 종교적 자유와 신념, 신앙에 대한 검열이 마구잡이로 자행되었습니다. 기독교인은 공직을 수행할 수 없는 부적격자인 것처럼 매도했습니다. 소수자는 차별 배제하지 말라면서, 기독교인은 차별 배제했습니다. 편향된 인권이요, 가짜 인권입니다. 자신을 기독교인이라고 밝히면서, 안 후보자에 대해 "보수기독교 탈레반주의자"라고 한 김성회 의원은 반드시 권징해야 합니다.

이처럼 기독교인과 기독교 신앙을 조롱하고 모욕하는 단계를 넘어, 이제는 법으로 처벌하려는 단계까지 왔습니다. 이것이 포괄적 차별금지법의 문제입니다. 인종이나 성별, 장애에 따른 차별을 반대하지 않을 사람이 어디 있겠습니까? 그러나 포괄적 차별금지법은 LGBTQ를 차별하거나 혐오하면 처벌하겠다는 독소조항이 포함되어 있습니다. 그들이 좋아하는 것을 그들만 행하는 것이 무슨 문제겠습니까? 그런데 이 법은 그들이 말하고 행하는 것을 찬성만 하게 하는 법입니다. 혐오와

차별이라는 명목으로 반대할 자유를 빼앗습니다. 그래서 결과적으로는 LGBTQ를 정상적인 것으로 칭찬하고 장려하고 권장하게 하는 법입니다. 지금은 동성애자들이 소수이고 약자라고 하지만, 이 법이 통과되면 성은 남성과 여성 뿐이라고 말하는 자들이 소수고 약자가 될 것입니다. 기독교인에 대한 역차별이 일어날 것입니다. 무엇보다 성경이 동성애를 죄라고 규정하고 있기 때문에 성경은 차별을 조장하는 책이고 성경을 믿는 그리스도인들은 근본적으로 차별주의자가 됩니다. 하나님이 사람을 남자와 여자로 지으셨다는 것을 자기 자녀들에게도 가르칠 수 없습니다. 학교에서도 가르칠 수 없습니다. 기독교 학교에서도 마찬가지입니다. 실제로 미국의 한 중학교에서는 성별은 남녀 두 가지라고 주장하던 학생이 퇴학당하기도 했습니다. 미국질병관리본부의 보고에 따르면, 에이즈 환자의 70%가 남성 동성성애자입니다. 하지만 이런 의학적인 사실도 보도하지 못합니다. 차별이고 혐오이기 때문입니다. 무엇보다 이 법은 생명과 가정을 무너뜨립니다. 남자와 여자가 결혼하여 가정을 이루고 자녀를 낳는 것은 하나님의 뜻이고 질서이지만, 이를 정면으로 가로막고 허뭅니다.

미국 상원 청문회에서 라일리 게인스라는 여자수영선수가 나와 증언을 했습니다. 생물학적으로 남성이 여성 샤워실과 탈의실에 들어오는 것을 보고 항의했지만, 제지하지 못했다고 합니다. 인권법 때문입니다. 이 법 때문에 자신이 여성이라고 주장하는 생물학적 남성이 여성 샤워실에 들어오는 것을 막을 수 없습니다. 생물학적으로 여성들이 가장 큰 피해자가 됩니다. 사라 넷번(당시 뉴욕 남부지방법원 치안판사)의 판결도 문제가 되었습니다. 키가 190센티에 가까운 남성 죄수가 있었는데, 그는 아동 성범죄를 비롯해서 여러 건의 성범죄를 저지른 자였습니다. 그런데 재판 과정에서 자신의 성정체성은 여성이라고 주장했고, 판사는 그 사람을 여자교도소에 수감시켰습니다. 이런 경우 여성교도소에 수감 된 여성들의 인권과 권리는 어떻게 됩니까? 누가 그들을 보호해 줍니까? 포괄적 차별금지법이 통과되면, 우리나라에서도 일어날 일입니다. 얼마 전 동성 커플 배우자의 건강보험 피부양자 자격을 인정하는 대법원 판결이 있었습니다. 이는 매우 우려스러운 일이며, 제74회 고신총회에서 이 법에 대한 악법 반대 성명서를 채택하기도 했습니다.

이와 같이 우리의 신앙이 비난당하고 조롱받는, 더 나아가 협박받는 세상에서 어떻게 살아야 할까요? 먼저, 우리가 하지 말아야 할 일이 있습니다. 첫째, 우리는 정부나 국가를 부정하지 말아야 합니다. 왜냐하면 국가와 정부의 권력을 주신 분도 하나님이시기 때문입니다. "각 사람은 위에 있는 권세들에게 복종하라 권세는 하나님으로부터 나지 않음이 없나니 모든 권세는 다 하나님께서 정하신 바라"(롬 13:1). 네덜란드신앙고백서 제36항은 사람들의 방종을 억제하고, 악한 자들을 처벌하고, 선한 질서를 따라 다스리기 위해 세상의 권세를 허락하셨다고 고백합니다. 그래서 우리는 국가에 대한 의무를 다해야 합니다. 세금도 내고, 국방의 의무도 합니다. 하나님의 말씀에 위배 되지 않는 한, 법도 준수합니다. 나라가 교회와 성도를 핍박한다고 해도, 국가를 부정하거나 무력으로 전복시키려 해서는 안 됩니다. 둘째, 정부나 국가를 교회로 만들려 하지 말아야 합니다. 이 세상에 두신 유일한 구원의 기관이요, 하나님 백성의 공동체는 교회입니다. 이 땅의 정부나 사회는 교회가 아닙니다. 하나님은 이 세상을 구원하기 원하시지만 이 세상 자체를 하나님 나라로 만드시는 것이 아니라, 세상 가운데 선택하신 자기 백성을 교회로 들어오게 하는 방법으로 구원하십니다. 주님이 다시 오실 때까지 세상은 여전히 세상일 것이고, 악할 것이며, 하나님을 반역할 것입니다. 중세교회는 세상 나라를 지배하려 했습니다. 세상 나라를 교회의 지배

아래 두려 했습니다. 그것은 잘못입니다.

반면 우리가 해야 할 일은 무엇입니까? 첫째, 정부나 국가가 존재하는 이유와 목적이 무엇인지 말해야 합니다. 네덜란드신앙고백서 제36항은 국가의 존재 목적이 교회와 교회 사역을 보호하기 위함이라고 합니다. 선한 일을 행하는 자들을 보호하기 위함입니다. 정부는 교회가 말씀을 따라 예배하고 설교하며 복음을 전할 수 있도록 보호해야 합니다. 한국은 다종교문화의 나라이므로, 종교의 자유를 보호할 의무가 있습니다. 국가와 위정자들이 그 의무를 하지 않고 오히려 위배되는 일을 할 때, 교회는 국가와 위정자들에게 청원할 수 있습니다. 그렇게 하면 안 된다고 말할 수 있습니다. 어떤 분은 '동성부부'라는 기사를 볼 때마다 기사를 쓴 기자에게 메일을 보내 헌법에 위배되는 표현이라고 수정을 요구합니다. 청와대와 국회, 사법부와 언론계 등에 청원하고 의견서를 내고 서명하는 일을 할 수 있습니다. 정치계, 법조계, 교육계, 문화계, 경제계에서 그리스도인 국민으로서, 그리스도인 시민으로서 소리를 낼 수 있습니다. 둘째, 국가와 위정자들을 위해 기도해야 합니다. "그러므로 내가 첫째로 권하노니 모든 사람을 위하여 간구와 기도와 도고와 감사를 하되 임금들과 높은 지위에 있는 모든 사람을 위하여 하라 이는 우리가 모든 경건과 단정함으로 고요하고 평안한 생활을 하려 함이라"(딤전 2:1-2).

우리는 다니엘서를 통해 세상 속에서 성도가 어떻게 살아야 하는지 발견할 수 있습니다. 다니엘은 하나님 나라의 백성이었지만, 세상 나라 속에서 살았습니다. 하나님이 왜 바벨론의 왕들에게 권세를 주셨습니까? 바벨론에 남아있는 하나님의 백성(교회)을 보호하라고 주신 것입니다. 그런데 왕들이 권세를 남용하고 교만하여졌을 때 하나님은 그들을 심판하셨습니다. 우리는 하나님의 심판을 믿고 기도해야 합니다.

다니엘은 바벨론 왕을 섬겼습니다. 그 나라를 위해 일했습니다. 총리도 되었습니다. 이방 나라를 부정하거나 무너뜨리려 하지 않았습니다. 그러면서 동시에 하나님의 법과 위배 되는 일에 대해서는 목숨을 내놓고 거부했습니다. 끌려와서 바벨론 왕궁에서 사는 것은 어쩌겠습니까? 히브리식 이름을 바벨론식으로 바꾸는 것은 어쩌겠습니까? 하지만 왕의 식탁에 참여하지는 않으려 했습니다. 왜 그랬습니까? 자신을 더럽히지 않기 위해서입니다. 왕의 음식 중에는 율법에서 금하는 부정한 음식들도 많았을 것입니다. 또한 상에서 먹는 것은 소속과 참여를 나타내는 일이었습니다. 바알의 선지자들을 가리켜 이세벨의 상에서 먹는 자라고 표현한 것을 보십시오. 율법이 부정한 음식을 금하여 가나안 족속과 동화되는 것을 막았듯이, 다니엘은 왕의 음식에 참여하지 않음으로 자신을 더럽히지 않기로 결심합니다. 포로 소년이 뜻을 정했다고 그대로 될 일입니까? 목이 달아날 일이지요. 하지만 하나님은 이방 관리에게도 은혜를 입게 하셨습니다.

다니엘의 세 친구들은 큰 금 신상을 만들어놓고 절하라는 왕명을 거부했습니다. 다니엘은 30일 동안 다른 신에게 기도하지 말라는 어명을 어겼습니다. 그때마다 하나님은 자기 백성을 지키고, 보호하셨습니다. 풀무불에서도 나오게 하셨고, 사자들의 입을 막기도 하셨습니다. 사드락, 메삭, 아벳느고의 결단이 무엇이었습니까? "그렇게 하지 아니하실지라도 왕이여 우리가 왕의 신들을 섬기지도 아니하고 왕이 세우신 금 신상에게 절하지도 아니할 줄을 아옵소서"(단 3:18). 그들은 하나님의 백성답게 살기 위해 순교도 각오했습니다.

믿음의 다음 세대들이 살아가야 할 이 세상이 걱정스럽습니다. 날이 갈수록 성도와 교회가 세상 가운데 사는 일이 힘들어질 것입니다. 하지만 하나님이 교회를 지키고 보호하실 것을 믿습니다. 뜻을 정한 자들에게 은혜를 입게 하실 것입니다. 그렇게 아니하실지라도, 우리가 받은 신앙의 유산과 절개를 지켜냅시다. 순교도 각오하며 삽시다. 세상이 어떻게 변하든지 끝까지 믿음을 지키는 자가 됩시다. 모든 사람이 다 주를 버릴지라도 믿음의 절개를 잃지 않는 자가 됩시다.

제37항

하나님의 관심은
알곡에 있다

(마태복음 13:24-30)

Article XXXVII.

Finalement nous croyons selon la parole de Dieu que quand le temps ordonné du Seigneur sera venu (lequel est incognu à toutes creatures) et le nombre des esleus sera accompli, nostre Seigneur Iesus Christ viendra du ciel corporellement et visiblement, comme il y est monté, avec grande gloire et jajeste, pour se declarer estre le Iuge de vivans et des morts, mettant en feu et en flamme ce vieil monde pour le purger. Et lors comparoistront personnellement devant ce grand Iuge toutes creatures himains, tant hommes que femmes et enfans, qui auront esté depuis le commencement du monde jusques à la fin, y estans adjournez par la voix d'archange, et par le son de la trompette divine. Car tous ceux qui auront paravant esté morts, ressusciteront de la terre, estant l'esprit joint et uni avec son propre corps auquel il a vescu. Et quant à ceux qui survivront lors, ils ne mourront point comme les autres; mais seront changez en un clin d'oeil, de corruption en incorruption. Adonc seront les livres ouverts (c'est a dire les Consciences) et seront jugez les morts selon les choses qu'ils auront faictes en ce monde, soit bien, soit mal. Voire les hommes rendront compte de toutes paroles oiseuses, qu'ils auront parlé, lesquelles le monde n'estime que jeux et passetemps: et lors les cachettes et les hypocrisies des hommes seront descouvertes publiquement devant tous. Et pourtant à bon droict la souvenance de ce jugement est horrible et espouvantable aux iniquis et meschans; et fort desirable et de grande consolation aux bons et esleus, d'autant que lors sera accomplie leur redemption totale, et recevront lá les fruicts des labeurs et travaux qu'ils auront soustenus, leur innocence sara apertement cogneuë de tous, et verront la vengeance horrible que Dieu fera des meschans, qui les auront tyrannisez, affligez, et tourmentez en ce monde. Lesquels seront convaincus par le propre tesmoignage de leurs consciences, et seront rendus immortels de telle façon que ce sera pour estre tourmentez au feu eternel, qui est preparé au Diable et à ses Anges; et au contraire le fideles et esleus seront couronnez de gloire et d'honneur: le fils de Dieu confessera leur nom

devant Dieu son pere et les saincts Anges esleus, toutes larmes seront essuyées de leurs yeux: leur cause, à present condamnée par plusieurs Iuges et Magistrats comme heretique et meschante, sera cognue estre la cause du fils de Dieu: et pour recompense gratuite le Seigneur leur fera posseder une gloire telle, que jamais coeur d'homme ne pourroit penser. Pource nous attendons ce grand jour avec disir, pour jouir à plein des promesses de Dieu en Iesus Christ nostre Seigneur.

제37항. [그리스도의 재림과 최후 심판의 날]

마지막으로 하나님의 말씀에 따라 우리는 정해진 주님의 시간이 모든 피조물에게 알려지지 않았으나 도래하게 되고 선택받은 자의 수가 차게 될 때, 우리 주 예수 그리스도께서 자신이 산 자와 죽은 자의 심판자이심을 선포하시기 위해, 승천하신 그대로 육체적이고 가시적으로 하늘로부터 큰 영광과 위엄을 가지고 오셔서 이 옛 세상을 불과 불꽃으로 정화하실 것을 믿습니다. 또한 그 때 세상의 태초부터 끝 날까지 존재하게 될 남녀[노]소 모든 인간 피조물은 이 위대한 심판자 앞에 개인적으로 나타나게 될 것이고 천사장의 소리와 하나님의 나팔소리에 의해 그에게로 소환될 것입니다. 왜냐하면 이전에 죽었던 모든 사람들은 땅에서 부활할 것이며, 그들의 영혼은 그들이 살았던 육체와 결합하여 하나가 될 것이기 때문입니다. 그리고 살아남은 사람들은 다른 사람들처럼 죽지 않고 순식간에 부패에서 부패하지 않는 것으로 변화될 것입니다. 그 때 책들(즉 양심들)이 열릴 것이요, 죽은 자들은 이 세상에서 행한 선악에 따라 심판을 받게 될 것입니다. 또한 사람들은 세상이 놀이와 농담으로만 여기는 말들을 했던 그 모든 무익한 말에 대해서도 책임지게 될 것이며 사람들의 은폐와 위선이 만인 앞에 공개적으로 드러날 것입니다. 그러므로 이 심판을 기억하는 것이 불의한 자들과 악인들에게는 끔찍하고 경악스럽겠지만 선인들과 선택받은 자들에게는 매우 희망적이고 큰 위로가 됩니다. 왜냐하면 그 때 [선인들의 완전한 구속이 이루어질 것이고, 그들이 감당했을 노력과 수고의 열매를 받게 될 것이며, 그들의 무죄함이 만인에 의해 분명하게 인정될 것이고, 이 세상에서 그들을 폭압하고 핍박하며 괴롭힌 악인들에게 하나님께서 행하실 끔찍한 복수를 보게

될 것이기 때문입니다. 하지만 [악인]들은 자기들의 양심의 증거로 입증될 것이며 마귀와 그의 천사들을 위해 준비된 영원한 불로 괴롭혀지는 그 방법으로 불멸할 것입니다. 반대로 신실하고 선택 받은 자들은 영광과 영예의 면류관을 받게 될 것입니다. 하나님의 아들이 자신의 아버지 하나님과 거룩한 천사들 앞에서 그들의 이름을 고백하실 것이요, 그들의 눈에서는 모든 눈물이 닦일 것입니다. 수많은 재판관들과 위정자들에 의해 이단과 악인처럼 현재 정죄된 그들의 소송은 하나님의 아들의 소송으로 인정받게 될 것이며, 주님은 은혜로운 보상으로써 인간의 마음이 상상할 수없는 그런 영광을 그들이 소유하게 하실 것입니다. 그러므로 우리는 우리 주 예수 그리스도 안에서 하나님의 약속을 마음껏 누리기 위해 이 위대한 날을 소망함으로 기다립니다.

관련성경

마 13:23, 25:13; 살전 5:1-2; 마 24:36; 계 6:11; 행 1:11; 벧후 3:10; 마 24:30; 계 21:11; 마 25:31; 유 1:15; 벧전 4:5; 딤후 4:1; 살전 4:16; 고전 15:51; 마 11:22; 막 12:18; 마 23:23; 요 5:29; 롬 2:5; 히 6:2; 히 9:27; 마 12:36; 살후 1:5; (히 10:27); 요일 4:17; 계 14:7; 눅 14:14; 고후 5:10; 계 21:8; 지혜서 5장; 계 22:12; 단 7장; 마 25:41; 벧후 2:9; 사 25:8; 마 10:32; 계 21:4; 사 66:5; 눅 14:14; 고전 2:9.

네덜란드신앙고백서는 최후 심판에 대한 고백으로 끝납니다(제37항). 예수님의 비유 세 편을 통해 최후 심판에 대해 묵상해 봅시다.

1. 알곡과 가라지 비유 (마태복음 13:36-43)

한 사람이 자기 밭에 좋은 씨를 뿌렸습니다. 그런데 원수가 가라지를 덧뿌리고 갔습니다. 싹이 나고 결실할 때가 되었는데 가라지가 보입니다. 종들이 "뽑을까요" 물었습니다. 주인은 추수 때까지 함께 자라도록 놔두라 합니다. 추수 때에 가라지는 거두어 불사르고 곡식은 모아 곳간에 넣겠다 하십니다.

씨는 남은 자, 말씀, 예수님 자신, 천국의 자녀를 가리킵니다. 씨가 뿌려진다는 것은 하나님 나라가 회복되고 있음을 의미합니다. 그것은 예수님으로부터 시작하여, 열두 제자, 120문도, 예루살렘교회와 온 세상의 교회로 확장됩니다. 그런 점에서 밭은 교회입니다.

그런데 밭에는 가라지가 있습니다. 이 땅의 교회에는 가라지가 있습니다. 알곡과 가라지는 같은 점도 있습니다. 둘 다 생명이 있습니다. 둘 다 자랍니다. 둘 다 열매를 맺습니다. 그러나 이 둘은 확실히 다릅니다. 뿌린 자가 다릅니다. 종자가 다릅니다. 결과가 다릅니다. 그렇기에 이 말씀은 가라지가 정신 차리고 변화되어 알곡이 되라는 말씀이 아닙니다. 가라지는 가라지고, 알곡은 알곡입니다. 이 비유는 지상교회에는 알곡만 있는 것이 아니라, 가라지도 있다는 사실을 보여줍니다. 지상의 교회에는 반드시 가라지가 있기 때문에, 추수 때가 있습니다. 심판이 있습니다. 알곡과 가라지를 나누는 심판입니다. 이 심판은 자기 밭에서 일어나는 일입니다. 교회의 심판입니다.

그런데 궁금한 점이 있습니다. 왜 추수 때까지 기다립니까? 가라지는 그때그때 뽑아주면 더 좋지 않습니까? 그렇지요. 하지만 곡식과 가라지는 겉으로 보아 구분이 어렵습니다. 가라지를 뽑으려다 알곡을 뽑을 수도 있습니다. 밭에 들어갔다가 알곡을 발로 밟을 수도 있습니다. 주인은 알곡 때문에 가라지를 뽑지 않습니다. 주인은 가라지가 아니라 알곡에 관심이 있습니다. 주인에게는 알곡이 중요합니다.

지상의 하나님 나라, 교회에는 가라지와 같은 악한 자들이 있습니다. 원수의 활동도 있습니다. 예수님의 열두 제자 안에도 가룟 유다가 있었습니다. 교회 생활을 하다 보면, 이들 때문에 상처를 받고 낙담하기도 합니다. 하지만 가라지에 관심을 두지 말고, 알곡에 관심을 두십시오. 밭 주인이 가라지가 아니라, 알곡에 관심이 있기 때문입니다. 만약 주인의 눈에 가라지가 자꾸 보이고 가라지에 초점을 두었다면, 벌써 뽑아버렸겠지요. 그냥 놔두겠습니까? 하지만 주인은 가라지에는 관심이 없습니다. 알곡에 관심이 있습니다. 그래서 알곡 때문에 가라지를 뽑지 않았습니다. 가라지를 보지 말고 알곡을 보십시오.

목사도 가라지를 보고 목회하면 안 됩니다. 알곡을 보고 목회해야 합니다. 성도도 가라지를 보고 교회 생활 하면 안 됩니다. 가라지에 관심이 있는 사람은 늘 교회를 비난하고 비판합니다. 가라지만 보이기 때문입니다. 가라지를 들추어내고 뽑으려고 합니다. 이런 분은 자기도 모르게 교회를 무너뜨립니다. 알곡을 발로 밟고 다닙니다. 교회개혁과 갱신을 말하는 분들 중에 교회를 밟고 알곡을 뽑는 경우가 많습니다. 가라지만 보기 때문입니다. 주인은 알곡을 보는데 말입니다.

누구는 가라지고, 누구는 알곡이라고 판단하지 마십시오. 추수 때 가봐야 합니다. 심판은 내가 아니라 하나님이 하십니다. 그날 가라지는 묶어서 불에 던지고, 곡식은 모아서 곳간에 넣으실 것입니다. 곳간에 들어간 곡식은 어떻게 됩니까? "그 때에 의인들은 자기 아버지 나라에서 해와 같이 빛나리라"(43절). 알곡이 들어갈 곳간은 하늘의 아버지 나라, 천국입니다. 알곡에게 최후 심판은 신원하여 주시는 날이요, 인정해 주시는 날입니다.

2. 그물 비유 (마태복음 13:47-50)

밭에 씨가 뿌려졌다면, 바다에는 그물이 던져집니다. 바다는 이방 세상을 상징합니다. 물고기는 이방인들을 상징합니다. 예수님께서 어부들을 제자로 부르신 것은 하나님 백성의 범위가 이스라엘을 넘어서 온 세상으로 확장될 것을 암시합니다. 교회는 그물과 같습니다. 오대양 육대주 세상이라는 넓은 바다에 그물을 치고 고기를 모읍니다. 그물은 고기의 종류를 가리지 않습니다. 남녀노소, 인종과 종족도 가리지 않습니다. 그래서 교회에는 여러 종류의 다양한 사람들이 있습니다. 중요한 것은 반드시 그물에 들어와야 한다는 것입니다. 교회는 세상 가운데 있지만 구별된 곳입니다. 바다에 있는 고기와 그물 안에 있는 고기는 분명한 구분이 있습니다. 바다에 있는 고기는 반드시 그물 안에 들어가야 합니다.

그런데 바다에서 그물 안으로 들어오기만 하면 끝입니까? 아닙니다. 그물 안에서도 골라냄이 있습니다. 그물이 각양 고기들로 가득 차면 뭍으로 끌어올립니다. 그런 뒤에 그물 안에 있는 고기를 몽땅 다 집으로 가지고 가지 않습니다. 골라냅니다. 좋은 고기는 그릇에 담고, 못된 것은 내버립니다. 좋은 고기는 알곡과 같고, 못된 고기는 가라지와 같습니다. 좋은 고기는 어디로 옮겨집니까? 그릇으로 옮겨집니다. 추수 밭에서 곳간으로 옮겨지는 것과 같습니다.

그물 안에 좋은 고기도 있고 나쁜 고기도 있지만, 그물이 바다 속에 있을 때에는 골라낼 수 없습니다. 그러면 좋은 고기들도 다 놓칩니다. 나쁜 고기는 그물을 뭍으로 끌어 올려서 골라내야 합니다. 그렇기 때문에 마지막 심판이 있습니다. 그물 속에 나쁜 고기가 있다고 그물 밖으로 나가지 마십시오. 바다로 돌아가지 마십시오. 그러면 그릇에 들어가지 못합니다.

3. 혼인 잔치의 예복 비유 (마태복음 22:1-14)

한 임금이 자기 아들을 위하여 혼인 잔치를 베풀었습니다. 때가 되어 종들을 보내 청한 사람들을 불렀습니다. 그런데 그들이 오기 싫어했습니다. 오히려 종들을 잡아 죽였습니다. 이들이 누구입니까? 옛언약 백성들입니다. 이들이 선지자들을 죽였습니다. 임금이 노하여 군대를 보내어 그들을 진멸하고 동네를 불살랐습니다. 이는 옛언약 백성에 대한 심판으로, 역사적으로 주후 70년 예루살렘 멸망으로 성취됩니다. 이제 종들은 나가서 만나는 대로 사람들을 데리고 옵니다. 악한 자나 선한 자나 만나는 대로 데려왔습니다. 그리하여 잔치 자리가 가득하게 되었습니다. 이처럼 새언약의 교회는 모든 자들에게 열려 있습니다.

그래서 잔치를 잘 마쳤나요? 아닙니다. 임금이 손님을 보러 들어왔는데, 예복을 입지 않은 사람을 보았습니다. 예복을 입는다는 것은 그리스도로 옷 입는 것을 의미합니다. "어찌하여 예복을 입지 않고 여기 들어왔느뇨" 물었더니, 유구무언이었습니다. 임금은 그의 손발을 묶어 바

갑 어두운 데 내던집니다. 교회를 향한 심판입니다. 비유의 결론이 무엇입니까? "청함을 받은 자는 많되 택함을 입은 자는 적으니라" 잔치 자리에 앉아 있는 것으로 끝나지 않습니다. 택함을 받은 자가 누군지 마지막 날에 드러날 것입니다.

우리가 교회에 속한 자가 된 것은 복입니다. 가라지와 함께 있어도 하나님의 밭에 심겨진 것이 복입니다. 나쁜 고기가 있어도 하나님의 그물에 들어간 것이 복입니다. 예복을 입지 않은 손님들이 있지만, 혼인 잔치 자리에 있는 것이 복입니다.

지상의 하나님 나라는 온전하지 못합니다. 가라지도 있고, 나쁜 고기도 있고, 예복을 입지 않은 손님도 있습니다. 이렇게 공존할 수밖에 없으니 이 때문에 낙망하지 마십시오. 하나님 나라의 완성을 조급해하며 내 힘으로 악을 다 제거하여 온전한 나라를 만들려 하지 마십시오. 어떻게 교회 안에 이런 일이 있을 수 있느냐며, 가라지는 뽑고 나쁜 고기는 그물에서 쫓아내는 일에 집중하지 마십시오. 너는 가라지고 너는 알곡이고, 너는 좋은 고기고 너는 나쁜 고기라며 하나님 노릇을 하려 하지 마십시오.

종말에는 반드시 심판이 있습니다. 그때는 하나님이 판단하시고 골라내십니다. 판단과 심판은 하나님께 맡깁시다. 다만 내가 밭에서 곳간에 들어가는 곡식이 되기를 원합시다. 내가 그물에서 그릇에 담기는 고기가 되기를 원합시다. 잔치 자리에 들어가 끝까지 잔치를 누리는 사람이 되기를 원합시다. 왜냐하면 하나님의 관심은 알곡에 있기 때문입니다. 두렵고 떨림으로 우리의 구원을 이룹시다. 하나님께서 우리를 불쌍히 여기시고 붙들어주시길 기도합니다. 우리 모두 하늘의 아버지 곳간에서 만납시다. 그때 주님께서 우리 눈에 맺힌 눈물을 다 닦아주실 것입니다. 그때 우리는 해 같이 빛날 것입니다. 아멘 주 예수여 오시옵소서.